WAS IST DEIN DING?

Richard Nelson Bolles ist einer der weltweit führenden und einflussreichsten Experten für Karriere- und Lebensplanung. Von den deutschsprachigen Ausgaben seiner Bücher wurden insgesamt mehr als 150 000 Exemplare verkauft. Er lebt in der San Francisco Bay Area.

Carol Christen ist als Karriereberaterin bereits seit 1979 tätig und hat sich auf die Arbeit mit Teenagern spezialisiert. Sie lebt an der Kalifornischen Zentralküste.

Jean M. Blomquist ist freiberufliche Redakteurin und Autorin mit Erfahrungen als Studienberaterin.

RICHARD NELSON BOLLES
CAROL CHRISTEN, JEAN M. BLOMQUIST

WAS IST DEIN DING?

**EINFACH DEINEN TRAUMJOB FINDEN –
DURCHSTARTEN ZUM TRAUMJOB
FÜR TEENAGER**

Campus Verlag
Frankfurt / New York

Die amerikanische Ausgabe erschien 2006 unter dem Titel
»What Color Is Your Parachute? For Teens«.
Copyright © 2006, 2010 by Richard Nelson Bolles and Carol Christen.
This translation is published by arrangement with Ten Speed Press,
an imprint of The Crown Publishing Group, a division of Random House,
Inc., New York.

Dieses Werk wurde vermittelt durch die
Literarische Agentur Thomas Schlück GmbH, 30827 Garbsen.

ISBN 978-3-593-39834-1

Das Werk einschließlich aller seiner Teile ist urheberrechtlich geschützt.
Jede Verwertung ist ohne Zustimmung des Verlags unzulässig. Das gilt
insbesondere für Vervielfältigungen, Übersetzungen, Mikroverfilmungen
und die Einspeicherung und Verarbeitung in elektronischen Systemen.
Copyright © 2013. Alle deutschsprachigen Rechte bei
Campus Verlag GmbH, Frankfurt am Main.
Umschlaggestaltung: Guido Klütsch, Köln
Satz: Publikations Atelier, Dreieich
Gesetzt aus der Sabon und der DIN
Druck und Bindung: Beltz Druckpartner, Hemsbach
Printed in Germany

www.campus.de

Mein Fallschirm

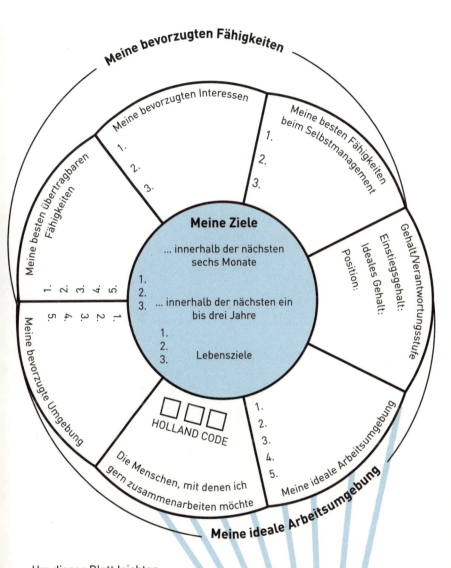

Um dieses Blatt leichter ausfüllen zu können, empfehlen wir dir, diese Seite zu kopieren und zu vergrößern.

Inhalt

Vorwort 9

Einleitung 15

Teil I
Wie du deinen Traumjob findest 19

1 Was tust du gern? Deine bevorzugten Interessen
   und besten Fähigkeiten. 22

2 Mit wem arbeitest du gern zusammen?
   Die Menschen, mit denen du harmonierst 43

3 Wo bist du gern? Deine ideale Arbeitsumgebung. ... 53

4 Die Teile zusammenfügen: Identifiziere deine
   potenziellen Traumjobs 67

Teil II
Auf dem Weg in deine Zukunft 93

5 Was machst du jetzt?
   Das Beste aus der Schulzeit machen 95

6 Was kommt als Nächstes?
   Das Studium bestmöglich nutzen 126

7 Ziele festlegen: Ein Werkzeug
zur Gestaltung deiner Zukunft 147

8 Soziale Netzwerke: Wie du deiner Karriere
mit Social Media Schwung gibst 154

Teil III
Hol dir den Traumjob ... und noch mehr 167

9 Wie man nach dem Traumjob sucht – und ihn findet . . 169

10 Die 10 häufigsten Fehler von Jobsuchenden –
und wie du sie vermeiden kannst 218

11 Neue Berufe ausfindig machen:
Grüne Berufe und Nachhaltigkeit 227

12 Über den Traumjob hinaus: Das Leben,
das du dir wünschst 236

Anhang 247

Entscheidungsmatrix 248

Was jeder wissen will: Wo sind die Jobs? 249

Du willst auf die Uni? 253

Danksagungen 257
Über die Autoren 259

Vorwort

Willkommen im Abenteuer deines Lebens!

Aber Moment mal! Geht es in diesem Buch nicht um die Wahl eines Berufs? Ja, aber bevor du anfängst, eine Entscheidung über deinen beruflichen Werdegang zu treffen, musst du unbedingt darüber nachdenken, welches Leben du am liebsten führen würdest und welche Arbeit dir dabei helfen kann, dir dieses Leben zu schaffen. Welchen Sinn willst du deinem Leben geben? Welchen Zweck soll die Arbeit haben, die du in deinem Leben verrichtest?

Dieses Buch hilft dir dabei, diese Fragen zu beantworten. Indem du es liest und die Übungen machst, lernst du, das Leben zu beschreiben, das du dir als junger Erwachsener (oder auch in späteren Jahren) wünschst. Du führst dir vor Augen, was du von deinem Traumjob erwartest und wie du diese Information nutzen kannst, um herauszufinden, welche Weiterbildung, welche Ausbildung und welche Jobs dazu beitragen können, dass du die Erfahrung und die Fähigkeiten erlangst, die du als Grundqualifikation für deinen Traumjob benötigst.

Eine Arbeit, die aus deinen Werten – also aus dem, was dir wichtig ist – erwächst, wirst du automatisch lieben. Dieses Buch wurde geschrieben, um dir dabei zu helfen, Schritt für Schritt herauszufinden, welche Werte dir wichtig sind und welches Leben du dir wünschst. So kannst du beschreiben, wie ein Job beschaffen sein muss, der gut für dich ist, und wie du vorgehen musst, um ihn zu ergattern.

Wir wissen, dass du eigentlich keine rechte Lust hast, dieses Buch zu lesen. Du fragst dich: »Gibt es nicht eine schnellere Methode, um zu erfahren, welcher Werdegang der richtige für mich ist?« Es wäre so viel einfacher, wenn es eine narrensichere Methode gäbe, durch die jeder Jugendliche den idealen Job für sich fände. Es wäre einfach herrlich, wenn es auch für Berufe einen »sprechenden Hut« gäbe. Man müsste ihn nur aufsetzen, und statt zu erfahren, in welches Hogwarts-Haus man gehört, würde er dir mitteilen, welcher Job für dich am geeignetsten ist. Aber in Wirklichkeit gibt es keinen perfekten Job, den du – wenn du das Glück hast, den richtigen zu erraten – dein Leben lang ausüben wirst. Was für dich ideal ist, ändert sich im Laufe der Jahre – durch dein Alter, deine Erfahrung und durch die Wirtschaftslage.

Du befindest dich also in der gleichen Situation wie die Ritter der Tafelrunde – du bist auf einer Gralssuche. Doch statt des Heiligen Grals willst du deinen Platz in der Welt finden, willst herausfinden, welche Art von Leben du dir wünschst und wie du deinen Lebensunterhalt auf eine einigermaßen vergnügliche Art und Weise verdienen kannst. Die meisten Halbwüchsigen wünschen sich, als Erwachsene ein erfülltes und fröhliches Leben zu führen – was nur schwer möglich ist, wenn man seinen Job hasst.

Da du ein faszinierendes und vielschichtiges Wesen bist, kann es eine Weile dauern, bis du dich selbst kennen gelernt und die Informationen über dich selbst und die Arbeitswelt zusammengetragen hast. Untersucht man die Frage, wie erfolgreich junge Erwachsene den Übergang von der Schule zum Berufsleben meistern, stellt man überraschenderweise fest, dass etwa zehn Jahre vonnöten sind, um von vollkommener Ahnungslosigkeit zu einem detaillierten Plan oder gar zu einem Anstellungsverhältnis zu gelangen. Wenn du also an deinem 25. Geburtstag deinen persönlichen und beruflichen Erfolg feiern willst, dann solltest du etwa mit 15 Jahren beginnen, deine diesbezüglichen Neigungen und Wünsche auszuloten.

Warum mit 15? Es gibt viele Gründe, aber der überzeugendste ist, dass du jetzt noch genug Zeit hast, um dich über eine Vielzahl von Berufen zu informieren, sie abzuklopfen, zu verwerfen, noch ein paar ausfindig zu machen und schließlich ein paar Optionen herauszufiltern, die dich wirklich interessieren. Außerdem gibt dir diese Art der Vorausplanung die Möglichkeit, Kurse zu belegen, die deine Fähigkeiten verbessern, deine Chancen auf Einstellung erhöhen oder dir mehr Einblick in die von dir bevorzugten Themengebiete gewähren.

Wenn du gerade erst 15 bist, dann kannst du die ersten vier Kapitel (vorerst) überschlagen. Lies sie, wenn du 17 oder 18 bist. Diese Kapitel richten sich an ältere Jugendliche mit etwas Arbeitserfahrung und zeigen dir, wie du die von dir bevorzugten Interessen, Fähigkeiten und Ziele herausfinden kannst, um eine Beschreibung dessen zu erhalten, was du dir im Job wünschst. Wir schlagen dir vor, mit der Lektüre des Buches von hinten zu beginnen. In Kapitel 12 gehen wir darauf ein, welches Leben du dir mit Anfang 20 wünschst, ein gutes Ziel, über das du dir jetzt schon Gedanken machen solltest! Lies vielleicht auch den Abschnitt aus Kapitel 1 mit dem Titel *Wie du das findest, was du gern tust: Wie du deine Interessen beim Namen nennst* (Kapitel 1, Seite 24). Und mach die Party-Übung (Kapitel 2, Seite 44), um dir darüber klar zu werden, welche Berufsfelder es näher zu erforschen gilt.

Gründe deinen eigenen Karriere-Buchclub

Wenn es an deiner Schule keine Berufsberatung gibt, such dir ein paar ehrgeizige Freunde und gründe deinen eigenen Karriere-Buchclub oder deinen eigenen Kurs mit dem Titel *Einführung in die Berufsplanung*. Zusätzlich zu dem vorliegenden Buch hier noch eine kleine Auswahl von Titeln zum gleichen Thema:
- Schmitz-Gümbel, Eva, Karin Wistuba, *Erfolgreich zum Traumjob: Coaching zur Berufswahl für Eltern und Schüler*. Linde Verlag, 2008.

- Ebner, Peter H., Sabine Fritz, *Berufswahl: Das will ich – das kann ich – das mach ich: Lebensplanung spielerisch ausprobieren.* Verlag an der Ruhr, 2005.
- Ebner, Peter H., Sabine Fritz, *Portfoliomappe Berufsfindung: Arbeitsmaterialien zur Selbsteinschätzung.* Verlag an der Ruhr, 2008.
- Heitmann, Friedhelm, *Bausteine zur Berufsorientierung. Konzepte zur Vorbereitung auf das Berufsleben.* Kohl-Verlag, 2009.

15 ist ein gutes Alter, um sich selbst die folgende Frage zu stellen: »Ist es mir wichtig, mein Leben und meine Arbeit selbst zu wählen und zu gestalten, oder bin ich bereit, mich mit dem zufriedenzugeben, was gerade verfügbar ist?« Wenn du dein Leben selbst gestalten und eine Wahl haben willst, liegt ein großes Abenteuer vor dir. Aber zunächst musst du ein paar neue Fähigkeiten erlernen, um Entscheidungen treffen zu können. Dieses Buch wird dir diese Fähigkeiten nahebringen. Und wie bei allen neuen Fähigkeiten, so gilt auch hier: Du wirst umso besser werden, je mehr du sie nutzt.

Wenn du selbstbestimmt und eigenverantwortlich über dein Schicksal bestimmen und deine Berufswahl dementsprechend ausrichten willst, dann empfehlen wir dir die Gesamtlektüre dieses Buches – vom Anfang bis zum Ende und inklusive aller Übungen –, sobald du 17 geworden bist. In deinem letzten Schuljahr (oder auch schon vorher, wenn du eher der vorausplanende Typ bist) solltest du fundierte und wohlüberlegte Strategien entwickelt haben, durch die du deine beruflichen und persönlichen Ziele erreichen kannst. Dabei ist es nicht wichtig, welchen Beruf du wählst, sondern vielmehr, welchen Weg du einschlägst, um diesen Beruf zu finden. Immerhin haben die meisten Erwachsenen durchaus einige Jobs, bevor sie ihren Traumjob finden.

Jobs sind wie Kleidungsstücke: Man muss etliche anprobieren, bis man seinen eigenen Stil und die Outfits, die gut zu einem passen, gefunden hat. Und der Stellenmarkt ist genauso schnelllebig und veränderlich wie der Modemarkt. Einige Jobs, die noch vor zehn Jahren »in Mode« waren, existieren heute nicht einmal mehr. Und Jobs, die dir mit 30, 40 oder gar 50 richtigen Spaß machen werden, existieren heute vielleicht *noch* nicht. Viele Studenten entscheiden sich für einen Traumjob, doch während sie sich darauf vorbereiten, finden sie Tätigkeiten, die ihnen noch besser zusagen. Daher solltest du jetzt, noch während deiner Schulzeit, damit anfangen, dich mit dem Thema auseinanderzusetzen. Je eher du also anfängst, umso eher bekommst du im Leben das, was du willst.

Du bist älter als 15 und hast dich mit dem Thema Berufswahl noch nicht intensiver auseinandergesetzt? Verzweifle nicht. Lies einfach nur dieses Buch und hol auf. Herauszufinden, was du willst, und einen Karriereplan zu entwerfen wird dir in jedem Fall weiterhelfen, egal, wie alt du bist.

Dieses Buch ist auf dem neuesten Stand. Die Wirtschaft hat sich verändert, und das Gleiche gilt für den Arbeitsmarkt. Zwar sind die Aussichten, eine Festanstellung zu finden, für Hochschulabsolventen in Deutschland recht gut (laut Bundesagentur für Arbeit lag die Arbeitslosenquote für Akademiker im Jahr 2011 bei 2,5 Prozent.) Trotzdem unterliegt die Konjunktur ständigen Schwankungen, und ein Studium dauert lang. Niemand kann voraussagen, wie die Jobaussichten sind, wenn du dein Studium beendet hast. Wenn du aber weißt, was dich fasziniert, und du deine beruflichen Pläne und Ziele beständig weiterentwickelst und überarbeitest, bist du deutlich besser vorbereitet als andere Bewerber, wenn es darum geht, eine feste Stelle zu ergattern! Außerdem wollen wir dir einen Überblick über die aktuellsten Ideen, Hilfsmittel, Statistiken und Ressourcen bieten, die dir dabei helfen können, das Leben zu entdecken, das du dir für dich selbst wünschst, und tolle Jobs, um dieses Leben auch zu finanzieren.

Get in touch!

Vielen Dank an alle, die uns geschrieben haben und uns an ihren Erfahrungen mit der ersten Ausgabe dieses Buches teilhaben ließen. Autoren finden nichts schöner, als das Feedback ihrer Leser zu erhalten. Ihre Geschichten tragen dazu bei, die nachfolgenden Ausgaben dieses Buches zu verbessern. Wenn du über deine Erfahrungen schreiben willst oder mir deine Gedanken darüber, wie man sich das Leben oder den beruflichen Werdegang ermöglicht, den man sich wünschst, mitteilen willst, oder wenn du ein gutes Buch oder eine informative Website zu dem Thema gefunden hast, dann schick mir eine Mail: carol@carolchristen.com. Wer des Englischen mächtig ist, der kann Karrierefragen und die neuesten Erkenntnisse in folgendem Blog nachlesen: www.parachute4teens.wordpress.com. Außerdem kannst du mit dem Vater dieser Ideen Kontakt aufnehmen, mit Richard Nelson Bolles, und über seine Website auch seinen Blog besuchen: www.jobhuntersbible.com.

Weiterführende Literaturhinweise und Links findest du unter www.campus.de/pdf/bolles_was_ist_dein_ding.pdf

Einleitung

In diesem Buch geht es um dich – und um deine Zukunft –, also um ein sehr spannendes und faszinierendes Thema! Wir wollen herausfinden, was dir wichtig ist und was du gern tust. Warum? Wir glauben, dass man das Leben in vollen Zügen auskosten sollte, und wir wollen dir die Hilfsmittel an die Hand geben, mit denen du dir das Leben schaffen kannst, das du dir wünschst. Wir wollen dich in die Lage versetzen zu erkennen, was du am liebsten mit deinem Leben anfangen willst, wobei wir uns ganz besonders auf den beruflichen Bereich konzentrieren werden.

»Aber ich bin doch erst 14 (oder 15, 16, 17, 18)«, wirst du jetzt vielleicht einwenden. »Ich bin zu jung, um mir Gedanken über meine berufliche Lebensplanung zu machen!« Da sind wir vollkommen einer Meinung. Wir erwarten jetzt nicht von dir, dass du deinen gesamten Werdegang in der Schule oder gar auf der Universität jetzt schon parat hast. Dieses Buch soll dir lediglich dabei helfen, den ersten Schritt in die richtige Richtung zu machen. Die Richtung wird dadurch bestimmt, wie du in Zukunft deinen Lebensunterhalt bestreiten willst. Je eher du über deine Zukunft nachdenkst, umso mehr Zeit hast du, um sämtliche Optionen auszuloten.

Wir finden, dass gerade die Jugendjahre hervorragend geeignet sind, um über die berufliche Lebensplanung Klarheit zu gewinnen. Für viele ist die Schulzeit die einzige Zeit, in der sie genug Zeit haben, um sämtliche Jobs zu überprüfen, die ihren

Interessen entgegenkommen. Natürlich kannst du dich um dieses Thema auch kümmern, wenn du eine eigene Wohnung hast, aber solange deine Eltern noch alle Rechnungen bezahlen, ist es viel einfacher! Als junger Erwachsener beginnst du gerade zu entdecken, was dir wichtig ist – wie du gern deine Zeit verbringst, mit wem du gern zusammen bist, welche Kurse dich interessieren (und welche nicht). Und wahrscheinlich wird dir bewusst, dass manche Erwachsene, die du kennst – Lehrer, Eltern, Trainer und andere –, ihre Arbeit wirklich genießen, während für andere der Beruf eine Quälerei darstellt. Wir wollen dir dabei helfen, Arbeit zu finden, die du genießt – Arbeit, die Spaß macht, die befriedigend ist und dich fordert, und das alles in einem.

Wer sollte dieses Buch lesen?

Ob du nach der Schule nun eine Ausbildung machst oder ein Studium anstrebst, dieses Buch ist für dich genau das richtige, wenn folgende Aussagen auf dich zutreffen:

- Dir ist es nicht egal, wie du später einmal deinen Lebensunterhalt verdienst.
- Du hast zwar Karriereziele, weißt aber vielleicht nicht, wie du sie erreichen kannst.
- Du willst ein Studienfach finden, das auf dich zugeschnitten ist.
- Du willst dein Leben so weit wie möglich selbst in der Hand haben.
- Du willst so bald wie möglich finanziell unabhängig sein.
- Du erhoffst dir einen Job, der dir Spaß macht und mit dem du dein Leben finanzieren kannst, während du dir überlegst, was du beruflich wirklich tun willst, welche Art von Leben du führen willst und wie du dir dieses Leben schaffen kannst. Und natürlich fragst du dich auch allgemein: Was für ein Mensch möchte ich sein?

Kurz gesagt, wenn du dir einen Job wünschst, den du liebst, genießt und der genau auf dich zugeschnitten ist, und wenn du bereit bist, einige Zeit zu investieren, um etwas über dich selbst und über das Berufsleben im Allgemeinen zu erfahren, dann ist dieses Buch für dich wie geschaffen.

Warum haben wir dieses Buch geschrieben?

Wir wollen, dass du einen Job findest, den du liebst, oder dass du dir das Leben schaffst, das du dir wünschst, durch einen Job, den du gern ausübst. Wir wollen dir die Fähigkeiten an die Hand geben, die notwendig sind, um herauszufinden, was genau du gern tun würdest, und um einen Arbeitsplatz zu finden, wo du diese Neigungen auch tatsächlich realisieren kannst.

Im Rahmen unserer Arbeit stoßen wir auf Tausende von Erwachsenen, die nicht wissen, wie sie die Arbeit finden sollen, mit der sie sich identifizieren können. In der Schule erlernen nur sehr wenige von ihnen effektive Methoden zur Jobsuche – es gibt eben kaum Kurse oder Unterricht in diesem Fach. Obwohl man von dem normalen Erwachsenen erwartet, dass er seinen Lebensunterhalt durch Arbeit bestreitet, haben nur wenige gelernt zu entdecken, was sie sich von Arbeit und Leben am meisten wünschen. Genauso wenig ist ihnen klar, was Arbeitgeber von ihnen erwarten. Selbst zukünftige Studenten bekommen keine Hilfestellung bei der Wahl ihres Studienfachs. Wir wollen, dass dein Leben anders verläuft! Wir wünschen uns, dass du sowohl die Fähigkeiten als auch die Sachkenntnisse hast, die notwendig sind, um eine gute und befriedigende Arbeit zu finden.

Das Arbeitsleben unterliegt ständigem Wandel. Einige Berufe verschwinden, andere entstehen neu; andere wiederum verändern sich beträchtlich, und zwar aufgrund des wissenschaftlichen Fortschritts, neuer Technologien oder der Bedürfnisse und

Erwartungen der Gesellschaft. Die Wirtschaftslage beeinflusst zudem die Anzahl und die Art der verfügbaren Jobs. Wenn du über solide Kenntnisse der Methoden der Jobsuche verfügst und weißt, was du wirklich willst, dann kannst du auch in Zeiten des Wandels noch Erfolg haben – wie eine Katze, die immer wieder auf den Füßen landet.

> **Reality Check:** Investiere nur 20 Minuten pro Tag in deine Karriereplanung (dazu gehört z. B. auch die Lektüre dieses Buches) und du machst Riesenschritte in Richtung deines beruflichen Erfolgs.

Vielleicht hattest du ja schon ein paar Teilzeitjobs. Vielleicht gefielen sie dir, vielleicht auch nicht. Wahrscheinlich gab es ein paar Teilbereiche, die dir zusagten, während andere dir missfielen. Derlei Arbeitserfahrungen sind – wie sämtliche Lebenserfahrungen – sehr wertvoll, denn sie können dir wichtige Dinge über dich selbst und über den Job, den du dir wünschst, vermitteln.

Bist du zu einem Abenteuer bereit? Großartig! Genau das kann dieses Buch dir bieten – ein Abenteuer, bei dem du mehr über dich selbst entdeckst und über das, was dir wichtig ist. Fangen wir also an. Betrachten wir dein Leben genauer und entdecken wir die Antwort auf folgende Frage: Wie finde ich einen Job, den ich wirklich gern ausübe?

Karriereplanung: Was das ist und nicht ist.

Einige Menschen glauben, dass Karriereplanung ihre Wahlmöglichkeiten einschränkt und sie früh auf einen bestimmten Weg festlegt. Gute Karriereplanung – die Art, die du durch die Lektüre dieses Buches lernen sollst – tut beides nicht. Unsere Art der Karriereplanung mit Fallschirm ist ein Entscheidungsprozess, bei dem du viel über dich und den Arbeitsmarkt lernst, sodass du das Spektrum deiner Möglichkeiten erweiterst – nicht einschränkst.

TEIL I

WIE DU DEINEN TRAUMJOB FINDEST

Du willst Feuerwehrmann, Kapitän, Arzt oder Krankenschwester werden? Halte an deinen Träumen fest. Lass dir von anderen nicht weismachen, dass deine Träume dumm sind. Ich glaube, dass viele Leute – bewusst oder unbewusst – letztlich nur das tun, was andere Menschen von ihnen erwarten, oder dass sie sich mit weniger zufriedengeben, weil sie vermuten, dass es zu schwer ist, ihre Träume Wirklichkeit werden zu lassen.

Rob Sanders,
Kinderarzt, 28 Jahre

Weißt du, wie dein Traumjob aussieht? Wenn du mit sechs Leuten gesprochen hast, die diesen Beruf ausüben, und absolut sicher bist, dass du dich nach genau dieser Tätigkeit sehnst, dann ist das großartig. Aber vielleicht bist du dir ja auch gar nicht so sicher. Auch daran gibt es nichts auszusetzen. Vielleicht bekommt dein Traumjob mit der Zeit ja deutlichere Konturen, wie es bei vielen Menschen der Fall ist. Wir glauben, dass die Suche nach deinem Traumjob sehr wichtig ist. Immerhin verbringst du einen Großteil deines Erwachsenenlebens bei der Arbeit, weshalb dein gesamtes Leben befriedigender, lohnender und amüsanter wird, wenn du einen Job findest, den du lieben kannst.

Und wo wir gerade von Spaß reden: Auch die Suche nach dem Traumjob selbst kann Spaß machen. Du verwandelst dich in einen Detektiv, der im eigenen Leben nach sachdienlichen Hinweisen sucht, entdeckt, was dir am wichtigsten ist: was du gern tust, mit was für Menschen du am liebsten zusammenarbeitest, wo du am liebsten arbeiten würdest. Indem du fleißig Spuren und Hinweise aus deinem eigenen Leben sammelst, entdeckst du gleichzeitig die Basis, um die Arbeit zu finden, die du liebst.

Die meisten Menschen finden ihren Traumjob nie, weil sie glauben, dass es nicht möglich ist, den ganzen Traum wahr werden zu lassen. Vielleicht verfolgen sie ihn nur teilweise – nur das bisschen, von dem sie auch glauben können, dass es sich realisieren lässt. Das Problem ist jedoch folgendes: Wenn du deinen Traum nur zur Hälfte verfolgst, bist du nicht mit ganzem Herzen bei der Sache. Du verfolgst den halben Traum nur halbherzig, und so kann auch nur die Hälfte deines Traums wirklich wahr werden.

Wir möchten, dass du deinen vollständigen Lebenstraum entdeckst und verfolgst, und zwar mit Leib und Seele. Dazu stellen wir dir in Teil 1 dieses Buches drei grundlegende Fragen: Was möchtest du tun, und worin bist du gut? Mit wem (also mit welcher Art von Menschen) möchtest du zusammenarbeiten? Wo möchtest du arbeiten? Wenn du dir erst einmal über das Was, Wer und Wo klar geworden bist, wirst du auch herausfinden, welche Arbeit dir besonders zusagt. *Wie* du diesen Job erlangen kannst, schauen wir uns in Teil 3 genauer an. Aber vorher widmen wir uns in Teil 2 der Frage, welche Maßnahmen du jetzt schon ergreifen kannst, um zielstrebig auf deinen Traumjob zuzusteuern.

> »Ich hatte Glück – ich fand schon sehr früh im Leben heraus, was ich tun wollte.«
> STEVE JOBS, Mitbegründer und früherer CEO von Apple

Bevor du jedoch mit deiner Detektivarbeit beginnst, hast du vielleicht noch eine andere Frage, die dir am Herzen liegt. Warum benutzen wir in diesem Buch die Metapher des Fallschirms? Ganz einfach: Weil ein Fallschirm dir dabei hilft, dort zu landen, wo du landen willst. Wenn es darum geht, deinen Traumjob zu finden, dann besteht dein Fallschirm aus deinen Fähigkeiten, Zielen, Wünschen oder Träumen. Jeder Fallschirm hat eine andere Farbe, weil die Fähigkeiten, Ziele und Wünsche eines jeden Menschen sich auf unterschiedliche Weise miteinander kombinieren. Während du den Fragen Was, Wer und Wo (und später in Teil 3 auch der Frage Wie) auf den Grund gehst, notiere die wichtigsten Erkenntnisse über dich selbst in deinem eigenen Fallschirm-Diagramm (siehe Seite 5).

Vielleicht möchtest du deine Antworten in einem Tagebuch notieren und dich in ein paar Monaten erneut diesen Fragen widmen, wenn du deinen ersten Job angetreten hast oder nachdem du eine Fachausbildung oder ein Studium begonnen hast. Deine Antworten werden sich verändern, da du mehr Lebens- und Arbeitserfahrung sammelst. Auf manch eine Frage musst du vielleicht jetzt noch eine Antwort schuldig bleiben, aber auch das wird sich im Laufe der Zeit ändern. Antworten wiederum, bei denen du dir jetzt schon sicher bist, werden auch im Laufe der Jahre konstant bleiben, was wiederum ihre Bedeutung in deinem Leben unterstreicht.

Wenn du all dein Was, Wer und Wo an einem Ort zusammenschreibst (nämlich auf deinem Fallschirm), hast du eine anschauliche grafische Darstellung deiner Bedürfnisse. Welche Farbe er auch haben mag, dein Fallschirm ist ein ideales Hilfsmittel, um dir dabei zu helfen, genau am richtigen Punkt im Leben zu landen – in einem Job, den du liebst.

1
Was tust du gern?
Deine bevorzugten Interessen und besten Fähigkeiten

Warum konzentriert sich dieses erste Kapitel auf das, was du am liebsten tust? Weil es deine Interessen und Fähigkeiten widerspiegelt. Diese bevorzugten Interessen und Fähigkeiten, insbesondere solche, die du besonders gern einsetzt (weshalb wir sie als »beste« Fähigkeiten bezeichnen), sind die wichtigsten Hilfsmittel, um eine Tätigkeit zu finden, die du ebenfalls lieben wirst. Werfen wir deshalb einen scharfen Blick auf deine Interessen.

Entdecke deine bevorzugten Interessen

Halte einen Augenblick lang inne und denke darüber nach, wie du deine Zeit verbringst. Was macht dir von sämtlichen Tätigkeiten am meisten Spaß? Was fesselt deine Aufmerksamkeit – und deine Fantasie? Was ist dein Lieblingsfach in der Schule? Jeder hat auf diese Frage unterschiedliche Antworten – je nach der persönlichen Kombination von Interessen. Danika beispielsweise liebt Kinofilme. Jeff verbringt Stunden an seinem Computer und versucht neue Methoden zu entwickeln, um bestimmte Arbeitsabläufe zu optimieren. Jessica liebt Pflanzen und arbeitet gern im Garten, und Darnel lebt und atmet für den Sport – für sämtliche Sportarten. Wie also können diese verschiedenen Interessen einen Anhaltspunkt für Danika, Jeff, Jessica und Darnel bieten, um die Arbeit zu finden, die sie lieben?

Schauen wir uns zunächst einmal Danikas Interessen an. Sie liebt Kinofilme. Was könnte sie tun, wenn sie die Filmbranche als Berufsfeld wählen würde? Natürlich denken wir dabei dann immer erst einmal an das Offensichtliche: Sie könnte Schauspielerin, Drehbuchautorin oder Regisseurin oder auch Filmkritikerin werden (dann könnte sie sich jede Menge Filme ansehen). Aber es gibt noch viel mehr Möglichkeiten, aus denen sie auswählen kann. Sie könnte in der Filmrecherche arbeiten (das gilt insbesondere für historische Filme), Travel Expert werden (um Locations zu finden), Innenraumdesignerin (um das Bühnenbild zu entwerfen), Zimmermann (um das Bühnenbild zu errichten), Maler (für die Kulissen und so weiter), Kostümbildnerin, Maskenbildnerin, Hair Stylistin, Kamerafrau, Beleuchtungstechnikerin, Tonmeisterin oder Komponistin (für die Soundtracks), Stuntfrau, Caterer, persönliche Assistentin (des Regisseurs oder des Ensembles). Sie könnte als Sanitäter arbeiten, als Sekretärin, Pressesprecherin, als Buchhalterin und vieles mehr.

Außerdem liebt Danika Tiere und hat ein Händchen dafür, ihnen etwas beizubringen. Sie könnte also ihre Interessen – Kino und Tiere – miteinander kombinieren und als Trainerin für Tiere am Set arbeiten. An solch eine Tätigkeit denken die wenigsten Menschen, wenn sie eine Laufbahn beim Film anstreben.

Welchen beruflichen Werdegang könnte Jeff mit seinem Interesse an Computern anstreben? Er könnte als Programmierer arbeiten, könnte Computer reparieren oder Computerspiele entwickeln. Da er auch ein Faible für Kunst hat, könnte er mit Danika zusammen in der Filmbranche arbeiten, und zwar als Computer-Grafikdesigner (für die Special Effects).

Mit ihrem Interesse an Blumen und ihrer Freude bei der Gartenarbeit könnte Jessica Floristin oder Botanikerin werden. Sie könnte neue Pflanzensorten entwickeln oder ihre eigene Firma zur Landschaftspflege leiten. Sie könnte Expertin für Rasenpflege werden oder in einer Baumschule arbeiten. Darnels Liebe zum

Sport könnte ihn zum Profisportler machen. Er könnte aber auch als Trainer tätig sein oder vielleicht – weil er gern mit Kindern arbeitet und einen kleinen Bruder hat, der an zerebraler Kinderlähmung erkrankt ist – als Ergotherapeut oder im Behindertensport, um Kindern mit einer körperlichen Behinderung dabei zu helfen, die Bewegung zu bekommen, die sie brauchen.

Du siehst also, dass deine Interessen dich im Berufsleben in viele verschiedene Richtungen führen können. Natürlich stimmt es, dass Interessen sich im Laufe der Zeit verändern: Wir werden älter, lernen immer mehr neue Menschen und Orte kennen und machen unsere Erfahrungen. Genauso richtig ist es aber, dass deine heutigen Interessen dich dein ganzes Leben nicht verlassen. Diese Interessen zu benennen ist also ein guter Anfang, um den Beruf zu finden, den du lieben wirst. Schauen wir uns deine Interessen nun genauer an.

DISCOVERY EXERCISE

Wie du das findest, was du gern tust:
Wie du deine Interessen beim Namen nennst

Notiere deine Antwort auf jede Frage auf ein Blatt Papier oder einen Klebezettel.

- Was tust du gern in deiner Freizeit?
- Was ist in der Schule dein Lieblingsfach?
- Nach welcher Art von Zeitschrift greifst du zuerst, wenn du dich in der Zeitschriftenabteilung deiner Schulbücherei oder in einer Buchhandlung befindest (Computer, Mode, Sport usw.)?
- Ergänze: Wenn ich _____, vergesse ich die Zeit und möchte von niemandem gestört werden.
- Was würdest du antworten, wenn jemand dich fragte, was deine bevorzugten Interessen sind?

- Was sind deine wichtigsten Hobbys? Welche Sportart übst du aus? Welche Freizeitaktivitäten genießt du besonders?
- Welche Websites gehören zu deinen Favoriten? Um welches Thema geht es auf diesen Sites?
- Welche Art von Problemen löst du am liebsten?
- Bei welchen Fragestellungen lassen deine Freunde oder Klassenkameraden sich von dir helfen?

Wenn du sämtliche Fragen beantwortet hast, stelle die Antworten auf einer Liste zusammen. Ordne deine Interessen unter Einsatz von Klebezetteln nach Prioritäten. (Oder experimentiere mit der Entscheidungsmatrix nach Richard Nelson Bolles, die du im Anhang findest (siehe S. 247). Trage dann deine drei wichtigsten Interessen in das Feld *Meine bevorzugten Interessen* deines Fallschirm-Diagramms ein. Achte darauf, deinen Fallschirm stets zu aktualisieren, wenn sich deine Interessen verändern.

Viel Erfolg! Der erste Schritt zu einem guten Start ist gemacht.

Fähigkeiten, die du gern einsetzt

Deine Interessen sind eng mit deinen Fähigkeiten verbunden, insbesondere mit den Fähigkeiten, die du am liebsten benutzt. Wir bezeichnen diese als deine »besten« Fähigkeiten, weil sie das Beste sind, was du einsetzen kannst, um einen Job zu finden, den du liebst. Wie? Es ist wohl durchaus nachvollziehbar, dass in den Jobs, die dir am meisten Spaß machen, deine bevorzugten Fähigkeiten genutzt werden. Nach der Einstellung wirst du deinen Job am ehesten behalten, wenn dieser mit deinen Interessen und besten Fähigkeiten einhergeht. Warum? Um in den meisten Aufgabenbereichen Erfolg zu haben, musst du Überstunden machen. Es ist nicht einfach, Erfolg zu haben, wenn du das, was du tust, nicht magst. Dann willst du nämlich *weniger* Zeit bei der Arbeit verbringen und nicht *mehr*.

»Aber ich habe keine Fähigkeiten«, sagst du.

Doch wahrscheinlich verfügst du über mehr Fähigkeiten, als du denkst. Häufig sind unsere besten Fähigkeiten uns so nahe, dass wir uns ihrer noch nicht einmal bewusst sind. Sie kommen uns so leicht und natürlich vor, dass wir vermuten, jeder beherrsche sie so wie wir. Es stimmt, dass du wahrscheinlich nicht genauso viele Fähigkeiten besitzt wie dein älterer Bruder oder deine ältere Schwester, und die wiederum haben nicht so viele Fähigkeiten wie deine Eltern oder dein Lieblingslehrer. Die Fähigkeiten wachsen mit uns.

Während wir mehr Lebenserfahrung sammeln, unsere Ausbildung vervollkommnen oder über einen längeren Zeitraum hinweg in einem bestimmten Beruf arbeiten, erlangen wir auch mehr Fähigkeiten. Aber auch als Teenager verfügst du schon über viele Fähigkeiten.

Übertragbare Fähigkeiten

Auf einer sehr grundlegenden Ebene ist eine Fähigkeit eine weiter entwickelte Geschicklichkeit oder eine Eignung für etwas. Hierbei kann es sich um grundlegende Fähigkeiten wie die, einen Wasserhahn aufzudrehen, handeln (wozu wir erst in der Lage sind, wenn wir groß genug sind, um den Wasserhahn zu erreichen, und stark genug, um ihn aufzudrehen), aber auch um eine fortgeschrittenere Fähigkeit wie die des Autofahrens. (Fähigkeiten werden manchmal als »Talente« oder »Begabung« bezeichnet. In diesem Buch benutzen wir grundsätzlich das Wort »Fähigkeiten«.)

Es gibt viele verschiedene Arten von Fähigkeiten, von denen die wichtigsten die übertragbaren Fähigkeiten sind. Zusammen mit deinen Interessen sind die übertragbaren Fähigkeiten die Grundlage, anhand derer du erkennen kannst, was du gern und mit Leib und Seele tust. Manchmal bezeichnet man diese Fähigkeiten auch als »funktionale« Fähigkeiten. Hierzu gehören Tätigkeiten wie das Sammeln von Informationen oder Daten, aber genauso gut auch das Arbeiten mit Menschen oder Dingen. Nehmen wir an, du fährst gern Skateboard. (Vielleicht gehört das zu den von dir zuvor aufgelisteten Interessen.) Wenn du skatest, arbeitest du mit einem »Ding« (dem Skateboard nämlich), und damit zu fahren ist das, was du damit tust. Wie sehen deine übertragbaren Fähigkeiten also aus? Du verfügst über eine gute Hand-Auge-Fuß-Koordination, bist sehr beweglich, hast einen hervorragenden Gleichgewichtssinn und kannst blitzschnell Entscheidungen treffen oder Risiken eingehen. Diese Fähigkeiten sind aber keineswegs nur auf den Umgang mit dem Skateboard beschränkt. Auch bei anderen Tätigkeiten können sie sehr wertvoll (eben »übertragbar«) sein, wie z. B. bei der Arbeit als Surflehrer, Forstwirt, Rettungssanitäter oder bei vielen anderen Jobs.

Übertragbare Fähigkeiten lassen sich in drei verschiedene Kategorien einteilen: körperliche, mentale und zwischenmenschliche. Auf der physischen Ebene werden vornehmlich die Hände oder der Körper eingesetzt. Außerdem arbeitet man hier mit Dingen (bestimmten Materialien, einer bestimmten Ausrüstung oder mit Objekten wie mit deinem Skateboard). Auch Dinge aus der Natur können dazugehören (wie Pflanzen oder Tiere). Unsere mentalen Fähigkeiten setzen wir auf geistiger Ebene ein: Wir arbeiten mit Daten, Informationen, Zahlen oder Ideen. Unsere zwischenmenschlichen Fähigkeiten benötigen wir, wenn wir anderen Menschen dienen oder ihnen bei der Befriedigung ihrer Bedürfnisse oder der Lösung ihrer Probleme behilflich sind. Diese unterschiedlichen Typen von Fähigkeiten nennen wir Skill TIPs – also Fähigkeiten (Engl.: Skills), die du nutzt, wenn du mit Dingen (englisch: things), Informationen/Ideen (englisch: information) oder Menschen (englisch: people) arbeitest. Bist du also ein guter Skateboard-Fahrer, dann zählen physische Fähigkeiten (Hand-Auge-Fuß-Koordination, Beweglichkeit, Gleichgewichtssinn und Beherrschung des Skateboards) und mentale Fähigkeiten (blitzschnelle Entscheidungen) zu deinem Repertoire. Sogar zwischenmenschliche Fähigkeiten können hier gefragt sein, besonders wenn du diesen Sport im Team ausübst, andere trainierst und ihnen diese Kunst vermittelst oder bestimmte Tricks oder Manöver erlernst.

Warum sind meine übertragbaren Fähigkeiten wichtig?

Deine übertragbaren Fähigkeiten sind ganz besonders wichtig bei der Suche nach deinem Traumjob, denn sie lassen sich auf alle anderen Tätigkeitsfelder oder Berufe übertragen, die du dir aussuchst, und zwar unabhängig davon, wie lange du sie schon besitzt. Du bist ein guter Schwimmer? Auf folgende Berufsfelder lässt sich diese Fähigkeit übertragen: auf die Arbeit als Lebensretter, als Schwimmtrainer oder als Betreuer in einem Ferienlager.

DISCOVERY EXERCISE

Wie du das findest, was du gern tust:
Die Identifizierung deiner Fähigkeiten

Zunächst einmal betrachtest du dein Leben genauer. Denke darüber nach, welche Projekte du zu Ende gebracht hast, welche Probleme du vor Kurzem gelöst hast. Überlege, welche Hobbys du hast und woran du Freude hast. Das können Erfahrungen aus der Schule sein, aus ehrenamtlichen Tätigkeiten, bezahlter Arbeit oder aus deiner Freizeit.

Wähle ein Projekt oder eine Aktivität aus, die dir Spaß gemacht hat und die ein bestimmtes Ergebnis hatte – vielleicht hast du ein Referat geschrieben, bei der Organisation irgendeiner Veranstaltung mitgeholfen, etwas Neues gelernt – wie eine Sportart oder ein Hobby.

Rich Feller, ein international anerkannter Karriereberater und Autor des (leider nicht in deutscher Übersetzung erhältlichen) Buches *Knowledge Nomads and the Nervously Employed,* sagt, dass 70 Prozent unserer Fähigkeiten aus Problemlösungsstrategien erwachsen, 20 Prozent aus der Beobachtung anderer und 10 Prozent aus Kursen oder Lektüre. Vielleicht hast du mit allen drei Kategorien deine ganz eigenen Erfahrungen gemacht. Aber wenn du wirklich gar keinen blassen Schimmer hast, wie du eine gute Geschichte über deine eigenen Fähigkeiten schreiben kannst, dann wirf einen besonders genauen Blick auf die Probleme, die du gelöst hast. Sobald dir der Anfang einer Geschichte einfällt, schreibe einen kurzen Absatz, der beschreibt, wie du dein Projekt vollendet oder eine Lösung für das spezielle Problem entwickelt hast.

Gib deinem Projekt, deinem Problem oder deiner Aktivität einen Titel. Beantworte dann diese Fragen:

- Ziel oder Problem: Welche Ziele hattest du? Was wolltest du erreichen, oder welches Problem versuchtest du zu lösen?
- Hindernisse: Was erschwerte dir das Erreichen des Ziels (oder die Lösung des Problems)? Wie hast du diese Hindernisse überwunden?
- Zeitrahmen: Wie lange hast du gebraucht, um dein Ziel zu erreichen oder dein Problem zu lösen?
- Ergebnis: Was ist passiert? Lief alles wie erwartet, oder ist etwas Unerwartetes geschehen?

Übertragbare Fähigkeiten sind die Grundbausteine eines jeden Jobs oder Werdegangs. Die meisten Jobs beruhen auf nur vier bis sieben Hauptfähigkeiten. (Diese Gruppe von Fähigkeiten wird manchmal auch als »Skill Set« bezeichnet.) Deshalb ist es auch so wichtig, die deinen zu identifizieren. Wenn du deine besten übertragbaren Fähigkeiten kennst, kannst du die Fähigkeiten, die du für einen bestimmten Job benötigst, mit denen vergleichen, die du gut und gern einsetzt. Diese Art des Vergleichs hilft dir, den Arbeitsplatz zu finden, den du liebst. Je mehr deiner besten Fähigkeiten du im Job einsetzt, umso wahrscheinlicher ist es, dass du ihn lieben wirst.

Du brauchst für deine Geschichte eine kleine Anleitung? Serena Brewer, eine 17-jährige High-School-Absolventin, verfasste folgenden Bericht:

Meine ehrenamtliche Tätigkeit

Von Serena Brewer, Athenian School (Danville, Kalifornien)

Die High School, die ich besuchte, verlangte von älteren Schülern, sich ein komplettes Projekt im gemeinnützigen Bereich auszudenken und es durchzuführen. Mein Projekt ergab sich daraus, dass ich zum einen anderen gerne das Skifahren beibringe und sich zum anderen bei einem Telefonat mit meinem Dad eine einzigartige Gelegenheit ergab.

Mein Vater war Schulinspektor für einen Schulbereich in der Nähe der Berge. Eine seiner Schulen bot für die Viert- bis Achtklässler kostengünstige Kurse in Skiabfahrts- und Skilanglauf an. In dieser Schule gab es auch einen Kurs für Kinder, die am Downsyndrom erkrankt waren. Ich fragte nach, ob die Kinder aus dieser Klasse ebenfalls an den Skikursen teilnahmen. Als mein Vater verneinte, wusste ich sofort, wie mein gemeinnütziges Projekt aussehen würde. Die meisten Kinder, die an diesem Syndrom leiden, besitzen genug motorische Fähigkeiten, um an

Aktivitäten wie dem Skifahren teilzunehmen. Ich wollte diesen Kindern die Chance geben, ein bisschen Spaß im Schnee zu haben und vielleicht sogar Ski fahren zu lernen.

Nachdem ich seine anfänglichen Vorbehalte überwunden hatte, stellte mein Vater den Kontakt zwischen mir und der Dame her, die die Klasse mit den am Downsyndrom erkrankten Kindern unterrichtete. Außerdem wandte er sich an eine Familie, die mutmaßlich bereit sein würde, mich mit ihren Kindern arbeiten zu lassen. Ich überlegte mir eine grobe Struktur dessen, was wir tun würden und wie ich sie unterrichten würde. Ich traf mich mit der Lehrerin und der Familie. Ich überzeugte den ortsansässigen Betreiber des Skigebiets, uns eine entsprechende Ausrüstung zu leihen und uns Zugang zum Lift und zum Anfängerbereich zur Verfügung zu stellen. Von einer Unterrichtsstunde zur nächsten behielten die Kinder zwar nicht allzu viel. Aber sie erlebten etwas Neues und amüsierten sich.

Meine High School gehörte zu einer Gruppe von Schulen auf der Welt, die besonderen Wert auf ehrenamtliche Tätigkeit legen. Mein Direktor reichte mein Projekt bei einem entsprechenden Wettbewerb ein. Ich war erstaunt, als ich einen internationalen Preis für ehrenamtliche Tätigkeiten erhielt.

> **Wie können übertragbare Fähigkeiten mir helfen, meinen Traumjob zu finden?**
>
> Jeder Job ist durch bestimmte Kerntätigkeiten oder Aufgaben geprägt, die sich ständig wiederholen. Zur Ausführung dieser Tätigkeiten benötigst du bestimmte Fähigkeiten. Vergleiche die dort notwendigen mit deinen besten Fähigkeiten. Kannst du nicht mindestens drei Viertel davon einsetzen, wirst du darin nicht glücklich werden.

Gemeinnützige Projekte

Ziel oder Problem: Ein gemeinnütziges Projekt ins Leben zu rufen, das die schulischen Vorgaben erfüllt.

Hindernisse: Die Menschen davon zu überzeugen, dass Schüler mit Downsyndrom in der Lage sind, das Skifahren zu erlernen und sich im Schnee genauso zu amüsieren wie andere Schüler der Unter- und Mittelstufe; kostenlose Skiausrüstung und kostenlose Skipässe zu erhalten.

Zeitrahmen: Drei Monate (Januar bis März)

Ergebnis: Fünf am Downsyndrom erkrankte Schüler konnten das Skifahren ausprobieren; Preis für ehrenamtliche Tätigkeiten verliehen bekommen.

Bist du jetzt bereit dazu, etwas Detektivarbeit zu leisten? Gut! Dann richten wir unser Augenmerk jetzt auf dein Leben und finden heraus, welche Fähigkeiten – und im Einzelnen, welche besten Fähigkeiten – du hast.

Entdecke deine Fähigkeiten

Nachdem du nun den Bericht über »Meine ehrenamtliche Tätigkeit« gelesen hast, solltest du dich nochmals auf deine eigene Geschichte konzentrieren. Nutze die Liste der Skill TIPs (Seiten 36-38), um die Fähigkeiten zu identifizieren, die du in deiner Geschichte einsetzt. Sämtliche dieser Fähigkeiten sind übertragbar, das heißt du kannst sie in unterschiedlichen Bezugsrahmen oder Jobs einsetzen. Es empfiehlt sich, die Skill-TIPs-Liste zunächst zu fotokopieren, falls du diese Übung irgendwann noch einmal wiederholen oder sie vielleicht mit einem Freund zusammen machen willst.

Bei der Durchsicht der Skill-TIPs-Liste markierst du jedes erste Kästchen unter der betreffenden Fähigkeit, die du in der von dir geschriebenen Geschichte genutzt hast. Nehmen wir also an, du nutzt die Fähigkeit »etwas herstellen« in deiner Geschichte (du hast beispielsweise ein Kleid genäht oder eine Skulptur geschaffen), dann kreuzt du Kästchen Nr. 1 unter »mit den Händen arbeiten« an, das du auf der Seite »Fähigkeiten im Umgang mit Gegenständen – Things« findest (Seite 36).

Im Folgenden listen wir ein paar der Fähigkeiten auf, die Serena in ihrem Bericht über ihr ehrenamtliches Projekt erwähnt und vielleicht angekreuzt hätte:

- Fähigkeiten im Umgang mit Gegenständen (körperlich): gute Ganzkörperkoordination (Skifahren)
- Fähigkeit im Umgang mit Informationen (mental): sich etwas vorstellen, erfinden, neu erschaffen oder neue Ideen entwerfen (wie zum Beispiel die Planung eines Skikurses für Schüler mit Downsyndrom)
- Fähigkeiten im Umgang mit Menschen (zwischenmenschlich): lehren, ausbilden oder pädagogische Veranstaltungen organisieren (am Downsyndrom erkrankten Schülern das Skifahren beibringen und ein pädagogisches Konzept dafür entwickeln)

Nun hast du diese Form der Selbsterkundung einmal durchgemacht und verstanden, wie der Hase läuft. Schreibe jetzt vier weitere Geschichten dieser Art, bis du fünf Stück zusammenhast. Wenn du in deiner ersten Geschichte von einem Projekt berichtet hast, versuche, dich jetzt mit etwas anderem zu befassen: zum Beispiel damit, wie du deiner kleinen Schwester das Fahrradfahren beigebracht hast, wie du das Eislaufen erlernt hast, wie du dich mit einer Freundin auseinandergesetzt hast, die hinter deinem Rücken über dich hergezogen ist. Mithilfe der fünf Geschichten findest du die verschiedenen Fähigkeiten, die du in unterschiedlichen Situationen nutzen kannst. Verfahre mit

Geschichte Nr. 2 genauso wie mit der ersten Geschichte. Kreuze unter jeder Fähigkeit, die du eingesetzt hast, jedes Kästchen Nr. 2 an. Die übrigen Geschichten Nr. 3, 4 und 5 bearbeitest du ebenfalls nach diesem Muster. (Oft ist es übersichtlicher, wenn du noch unterschiedliche Farben wählst.) Vielleicht stellst du fest, dass du in jeder Geschichte ganz unterschiedliche Fähigkeiten eingesetzt hast – einige in der Kategorie »Dinge«, andere bei den »Informationen« und wieder andere bei den »Menschen«. Wenn du täglich eine Geschichte verfasst und deine Fähigkeiten einsetzt, erhältst du in fünf Tagen einen Überblick über deine besten übertragbaren Fähigkeiten – und schon hast du zwei Abschnitte deines Fallschirms ausgefüllt.

Entdecke deine Fähigkeiten

1. Lies dir deine Geschichte nochmals durch.
2. Identifiziere die Fähigkeiten, die du darin nutzt.
3. Kreuze die entsprechenden Fähigkeiten auf der Skill-TIPs-Liste an (Seiten 36-38).

Identifiziere deine besten übertragbaren Fähigkeiten

Jetzt können wir uns der Frage widmen, welche Fähigkeiten deine besten sind – diejenigen, die du am liebsten einsetzt. Jeder Job umfasst einige Aufgaben oder erfordert Fähigkeiten, mit denen du nicht allzu viel am Hut hast. Aber um einen Job zu finden, der dir Spaß macht, willst du wissen, welche Fähigkeiten du wirklich mit Freude einsetzt und was du gut beherrschst. Denke dabei in größeren Zeiteinheiten und frage dich: Welche meiner Fähigkeiten kann ich problemlos den ganzen Tag immer wieder einsetzen?

Du verfügst über »Kann-ich«- und »Will-ich«-Fähigkeiten. »Kann-ich«-Fähigkeiten sind solche, deren Einsatz dir keine Freude bereitet. So verfügst du wahrscheinlich durchaus über die Fähigkeiten, das gesamte Geschirr, das beim Weihnachtsessen für 30 Leute angefallen ist, zu spülen. Aber wie oft möchtest du diese Fähigkeit nutzen? – Den ganzen Tag, jeden Tag, einmal im Jahr, niemals?

»Will-ich«-Fähigkeiten sind solche, die du genießt und immer wieder einsetzen möchtest, und zwar mehrmals am Tag, ohne dass es dir auf die Nerven geht. Jeder von uns ist mit den unterschiedlichsten »Kann-ich«- und »Will-ich«-Fähigkeiten ausgestattet, und das ist auch gut so.

Schau dir deine Liste nun genau an und überlege dir, welche Fähigkeiten in die Kategorien »Kann-ich« oder »Will-ich« fallen. Streiche sämtliche »Kann-ich«-Fähigkeiten, also solche, die du zwar besitzt, aber *nicht gern einsetzt*.

Einige Jugendliche, mit denen wir arbeiten, fragen, ob sie gleich ein Experte sein müssen, um eine bestimmte Fähigkeit auf ihrer Liste mit Fug und Recht ankreuzen zu dürfen. Die Antwort lautet: Nein. Nicht, wenn du die betreffende Fähigkeit gern einsetzt und über etwas Erfahrung damit verfügst. Wenn eine Fähigkeit in drei deiner fünf Geschichten auftaucht, dann solltest du sie unbedingt auf deiner Liste behalten. Denke daran, dass es immer möglich ist, deine Fähigkeiten durch Erziehung, Übung oder Konzentration weiterzuentwickeln und zu vervollkommnen.

Und jetzt kommt der Teil, der wirklich Spaß macht: Du musst deine besten Fähigkeiten finden. Schaue dir noch einmal deine Skill-TIPs-Liste an. Wähle aus den Fähigkeiten, die du gern einsetzt und die in mehr als einer deiner Geschichten auftauchen, zehn aus, die dir besondere Freude bereiten. Notiere jede einzelne Fähigkeit auf einem Stück Papier oder einem Klebezettel. Sieh dir jede Fähigkeit genau an. Frage dich, wie intensiv du sie nutzen willst. Wünschst du dir einen Job, in dem du sie häufig oder nur gelegentlich benötigst? Lege die Zettel mit den Fähig-

Fähigkeiten im Umgang mit Gegenständen – Things

Ich bin gut im Einsatz von ...

Körperliche Fähigkeiten	Materialverarbeitende Fähigkeiten (z. B. Ton, Holz, Stoff, Metall, Stein, Schmuck)	Fähigkeiten im Umgang mit Objekten (auch Nahrungsmittel, Werkzeuge, Instrumente)	Fähigkeiten im Umgang mit Ausrüstungsgegenständen, Maschinen oder Fahrzeugen	Fähigkeiten im Hinblick auf Gebäude oder Räume	Fähigkeiten im Umgang mit Tieren oder der Aufzucht von Lebewesen
Mit den Händen arbeiten (auch Gebärdensprache oder Massagen)	Etwas basteln, herstellen, nähen, weben, schmieden, etc.	Waschen, putzen, aufräumen oder vorbereiten	Etwas einrichten oder aufbauen	Konstruieren oder rekonstruieren	Einen grünen Daumen haben (bei Blumen oder Pflanzen)
1 2 3 4 5	1 2 3 4 5	1 2 3 4 5	1 2 3 4 5	1 2 3 4 5	1 2 3 4 5
Über große Fingerfertigkeiten verfügen (z.B. auf dem Keyboard oder der Computertastatur)	Schneiden, schnitzen oder meißeln	Etwas handhaben, heben oder lagern	Bedienen, kontrollieren oder fahren	Gestalten oder neu gestalten	Ein Händchen für Tiere haben (Aufzucht, Training, Behandlung etc.)
1 2 3 4 5	1 2 3 4 5	1 2 3 4 5	1 2 3 4 5	1 2 3 4 5	1 2 3 4 5
Gute Auge-Hand-Koordination	Herstellen, modellieren, formen oder bildhauerisch gestalten	Herstellen, erzeugen, anfertigen oder kochen	Erhalten, reinigen oder reparieren		Sich kümmern, pflegen, füttern
1 2 3 4 5	1 2 3 4 5	1 2 3 4 5	1 2 3 4 5		1 2 3 4 5
Gute Ganzkörperkoordination	Verputzen, anstreichen, renovieren, restaurieren	Erhalten, instandhalten oder reparieren	Abreißen, demontieren, abwracken		
1 2 3 4 5	1 2 3 4 5	1 2 3 4 5	1 2 3 4 5		
Über Beweglichkeit, Tempo, Kraft oder Durchhaltevermögen verfügen	Präzisionsarbeit mit den Händen	Präzisionsarbeit mit Werkzeugen oder Instrumenten			
1 2 3 4 5	1 2 3 4 5	1 2 3 4 5			

Welche Werkzeuge, Ausrüstungsgegenstände oder Maschinen kannst du bedienen (dazu zählen auch Scanner, iPod, etc.)?

_____
_____
_____
_____
_____

Was ist dein Ding?

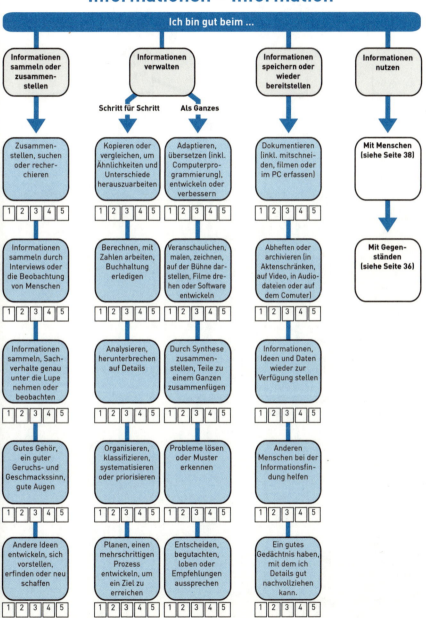

Fähigkeiten im Umgang mit Menschen – People

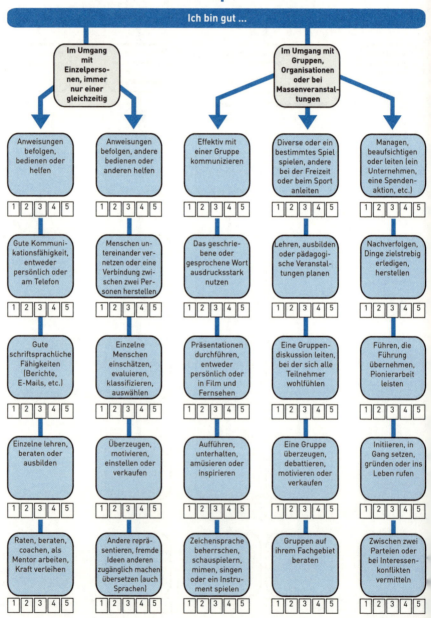

keiten der Reihenfolge nach hin, beginnend mit deiner Lieblingsfähigkeit und endend mit der unbeliebtesten. Das ist unter Umständen gar nicht so einfach, aber du solltest dennoch am Ball bleiben. Wenn du deine besten übertragbaren Fähigkeiten kennst, hast du ein wichtiges Hilfsmittel in der Hand, mit dessen Hilfe du den Job finden kannst, der dir zusagt.

Schau dir jetzt die ersten fünf noch einmal genau an: Das sind deine besten oder herausragendsten Fähigkeiten. Sie sind ein wichtiger Teil deines Fallschirms. Notiere diese fünf Fähigkeiten unter *Meine besten übertragbaren Fähigkeiten* im Fallschirm-Diagramm (Seite 5). (Natürlich kannst du mit Buntstiften arbeiten, um deinem Fallschirm etwas Farbe zu verleihen.)

Eine kurze Zusammenfassung dieser einzelnen Arbeitsschritte findest du in dem unten stehenden Kasten.

DISCOVERY EXERCISE

Identifiziere deine besten übertragbaren Fähigkeiten

1. Schau dir die Liste der von dir genutzten Fähigkeiten an. Streiche die Fähigkeiten, deren Einsatz dir keinen Spaß macht.
2. Wähle zehn Fähigkeiten aus, deren Einsatz dir Spaß macht.
3. Ordne diese Fähigkeiten. Fange mit deiner Lieblingsfähigkeit an.
4. Betrachte die Liste deiner zehn Fähigkeiten. Die ersten fünf sind deine wichtigsten übertragbaren Fähigkeiten.
5. Notiere diese fünf im Feld *Meine besten übertragbaren Fähigkeiten* im Fallschirm-Diagramm (Seite 5).

Identifiziere deine besten Fähigkeiten im Hinblick auf dein Selbstmanagement

In deinen Geschichten sind vielleicht auch einzelne Elemente aufgetaucht, die nicht in unser Skill-Raster passen, die du aber dennoch für Fähigkeiten hältst. Und wahrscheinlich sind sie das auch. Tatsächlich verfügst du über drei verschiedene Arten von Fähigkeiten.

Übertragbare Fähigkeiten, die man auch als funktionale Fähigkeiten bezeichnet. Wenn etwas funktioniert, dann läuft alles glatt. Wenn bei dir alles glattläuft, dann nutzt du deine übertragbaren Fähigkeiten. Die fünf von dir geschriebenen Geschichten, die du mit der Skill-TIPs-Liste bearbeitest, helfen dir dabei, die für dich wichtigsten herauszukristallisieren.

Spezifische Kenntnisse hingegen sind aufgabenrelevante Fähigkeiten. Hierbei handelt es sich um das, was du wissen musst, um einen bestimmten Job auszuführen. Auch wenn du deine Interessen oder Hobbys verfolgst, musst du über Fähigkeiten verfügen, die auf diese Aktivität zugeschnitten sind. Serena beispielsweise musste für ihr gemeinnütziges Projekt genug über Abfahrtsski wissen, damit sie die verschiedenen Techniken anderen vermitteln konnte. Spezifische Kenntnisse können mit Interessen verknüpft sein, die du bereits hast, oder solchen, die du weiter verfolgen willst. Diese hast du bereits unter der Rubrik *Meine bevorzugten Interessen* im Fallschirm-Diagramm (Seite 5) aufgelistet. Es schadet nicht, sich immer wieder ins Gedächtnis zu rufen, dass für deine Interessen spezifische Fähigkeiten vonnöten sind, die für deinen beruflichen Werdegang von Nutzen sein können!

Die Selbstmanagement-Fähigkeiten kann man auch als persönliche Wesenszüge bezeichnen. Diese Züge beschreiben die einzigartige Art und Weise, wie du deine Fähigkeiten einsetzt. Eigenschaften wie verlässlich, gründlich, energisch, entschlossen und mitfühlend gehören dazu. Zu Serenas Charakterzügen gehört beispielsweise ein ausgeprägtes Gerechtigkeitsgefühl. Serena fand, dass die am Downsyndrom erkrankten Kinder ebenfalls eine Gelegenheit verdient hatten, im Schnee ihren Spaß zu haben. Eine weitere Eigenschaft, über die Serena verfügte, war Engagement. Obwohl die Schüler niemals gute Skifahrer werden würden, ging sie immer wieder mit ihnen auf die Piste.

Wow! Jetzt hast du aber viel harte Arbeit geleistet, um deine bevorzugten Interessen und deine besten Fähigkeiten herauszukristallisieren. Wir hoffen, dass es dir auch ein bisschen Spaß gemacht hat. Vielleicht hast du etwas über dich selbst gelernt, das dir bislang noch nicht bekannt war – oder vielleicht konnten unsere Übungen bestätigen, was du bereits ahntest, aber noch nicht sicher wusstest. Nun, da dir klar ist, was du gern tust – deine Interessen und die Fähigkeiten, die du mit Freuden einsetzt –, solltest du dich im folgenden Kapitel mit der Frage auseinandersetzen, mit welchen Menschen du dich umgeben möchtest, wenn du das tust, was du gern tust.

Heißer Tipp: Wenn du mehr über Selbstmanagement und seine Bedeutung für deine berufliche Zukunft erfahren möchtest, informiere dich im Internet. Gib beispielsweise den Begriff »Selbstmanagement« ins Suchenfeld deiner Suchmaschine ein.

DISCOVERY EXERCISE

Um deine Selbstmanagement-Fähigkeiten zu entdecken, solltest du dir deine Geschichten nochmals durchlesen. Welche besonderen Charakterzüge oder Selbstmanagement-Fähigkeiten siehst du? Notiere sie auf Klebezetteln und ordne sie nach Priorität, die für dich wichtigste Eigenschaft zuerst und so weiter. Notiere deine drei wichtigsten Selbstmanagement-Fähigkeiten im Fallschirm-Diagramm.

Aufgrund deiner Jugend hast du vielleicht nicht allzu viel Arbeitserfahrung oder besondere Kenntnisse. Bist du aber verlässlich, pünktlich und kannst gut mit anderen zusammenarbeiten, dann wirst du vielleicht sogar auf der Basis deiner Selbstmanagement-Fähigkeiten oder Charaktereigenschaften eingestellt.

Weitere Informationen

Wie du deinen Traumjob findest
Lies hierzu: Bolles, Richard N., *Durchstarten zum Traumjob. Das ultimative Handbuch für Ein-, Um- und Aufsteiger.* Campus, 2012.

Wie du deine Fähigkeiten entdeckst und deine Karriere planst
Professionelle Tests zum Thema Berufswahl/Interessen und Persönlichkeit findest du im Netz beispielsweise unter
http://www.stangl-taller.at/STANGL/WERNER/BERUF/TESTS/

Ein wichtiges Thema, das dich bei der Selbsterkundung auch weiterhin begleiten wird, ist die Priorisierung. Das bedeutet, dass du bestimmte Eigenschaften oder Kriterien nach ihrer Bedeutung für dich selbst ordnest. Die höchste Priorität hat, was am wichtigsten für dich ist. Eine einfache Methode zur Priorisierung besteht darin, jedes einzelne Thema auf einen Klebezettel zu schreiben und diese Zettel so lange zu verschieben, bis eine Prioritätenliste entstanden ist. Eine deutlich aufwändigere, wenn auch professionellere Methode der Priorisierung findet man in der von Richard N. Bolles entwickelten Entscheidungsmatrix (siehe Anhang, S. 247 ff).

2
Mit wem arbeitest du gern zusammen?

Die Menschen, mit denen du harmonierst

Hattest du jemals einen Teilzeit- oder Ferienjob, bei dem du ziemlich langweilige Aufgaben zu erledigen hattest, aber dennoch gern zur Arbeit gingst? Wahrscheinlich gefiel es dir dort deshalb, weil du die Menschen mochtest, die dort arbeiteten. Vielleicht hast du mit Freunden zusammengearbeitet oder hattest einen Vorgesetzten, der nicht nur freundlich war, sondern dir auch neue Fähigkeiten vermittelte, oder du hattest Tag für Tag Gelegenheit, interessante Menschen kennen zu lernen – Kunden, Klienten, Patienten. Unter Umständen kennst du das ja auch aus dem Unterricht. Das Fach selbst ist langweilig, trotzdem gehst du gern in den Kurs, weil du ihn zusammen mit deinen Freunden belegt hast. Vielleicht hast du einen engagierten Lehrer oder durch die Kursprojekte Gelegenheit, auch mal außerhalb des Klassenzimmers zu arbeiten, wo du wiederum interessante Menschen kennen lernst.

Wenn du nicht gerade ein vollkommener Einsiedler bist, wird dich jeder Job, den du als junger Mensch annimmst, mit Menschen zusammenführen. In einer späteren Lebensphase arbeitest du vielleicht von zu Hause oder vom Hotelzimmer aus, weil du ständig auf Reisen bist. Doch jetzt ist das noch nicht so, und ein guter Job kann einem durch schwierige oder unsympathische Kollegen ganz schön vermiest werden. Ein gewöhnlicher, nicht allzu interessanter Job hingegen kann durchaus Spaß machen, wenn das kollegiale Umfeld stimmt.

Beim Traumjob geht es um mehr als nur darum, zu entdecken, was man gern tut; man sollte auch herausfinden, mit welchen Menschen man gern zusammenarbeitet. Zu diesem Zweck machen wir nun die »Party«-Übung.

DISCOVERY EXERCISE

Die Party

Stell dir vor, du wurdest von ein paar älteren Menschen zu einer Party eingeladen. Du kennst diese Leute kaum oder gar nicht. (»Was soll denn das für eine Party sein?!«, wirst du jetzt wahrscheinlich fragen. Lass dich trotzdem darauf ein, okay?) Unten siehst du den Raum, in dem die Party stattfindet, aus der Vogelperspektive. Aus irgendeinem Grund haben sich Menschen mit den gleichen oder ähnlichen Interessen in verschiedenen Ecken des Raums zusammengefunden.

Im Folgenden listen wir die verschiedenen Typen der Party-Teilnehmer auf. Die Begriffe realistisch (»realistic«), intellektuell (»investigative«), kreativ (»artistic«), sozial (»social«), unternehmerisch (»enterprising«) und konventionell (»conventional«) beziehen sich auf bestimmte Typen von Fähigkeiten und auf die Menschen, die diese Fähigkeiten am liebsten einsetzen. Jede Kategorie umfasst ein paar Beispiele von Menschen, die zu dieser speziellen Gruppe gehören. In der Beschreibung dieser Menschen wirst du wahrscheinlich feststellen, inwiefern ihre Interessen und Fähigkeiten zusammenwirken.

I
für »investigative« (intellektuell)
Menschen, die gern beobachten, lernen, untersuchen, analysieren.
Geh den Dingen auf den Grund!

R
für »realistic« (realistisch)
Menschen, die die Natur lieben, gern Sport treiben und am liebsten mit Werkzeugen und Maschinen arbeiten.
Packe es an!

A
für »artistic« (kreativ)
Menschen, die künstlerisch, kreativ, fantasievoll und innovativ sind.
Erfinde oder erschaffe neu!

C
für »conventional« (konventionell)
Menschen, die gern genau arbeiten und Aufgaben und Projekte gewissenhaft zu Ende bringen.
Halte die Dinge am Laufen!

S
für »social« (sozial)
Menschen, die gern helfen, lehren oder anderen dienen.
Leiste deinen Beitrag!

E
für »enterprising« (unternehmerisch)
Menschen, die gern Projekte oder Organisationen ins Leben rufen oder andere überzeugen und beeinflussen.
Starte durch oder verkaufe!

Realistic (R): Menschen, die die Natur lieben, gern Sport treiben und gern mit Werkzeugen oder Maschinen umgehen. Beispiele: Tom fährt gerne in den Bergen Fahrrad und setzt sich ehrenamtlich für den Erhalt der Wege ein. Dee spielt in der Fußballmannschaft ihrer Schule. Paul repariert Autos. Louise und Larry bauen Möbel in der Holzwerkstatt ihres Vaters. Ross baut Gemüse an, um es auf dem Wochenmarkt zu verkaufen, und Yvette züchtet Hunde, die sie als Behinderten-Begleithunde ausbildet.

Investigative (I): Menschen mit großem Wissensdurst, die den Dingen gern auf den Grund gehen oder sie analysieren. Beispiele: Jason will immer wissen, warum etwas passiert – warum man eine bestimmte Vogelart nicht mehr in der Gegend sieht, warum das Gehirn so und nicht anders arbeitet, warum eine Fußballmannschaft besser als die andere spielt. Jessica erkundet Orte für Freizeitaktivitäten – Konzerte, Kinofilme, Freizeitparks, Fahrradwege – und schreibt darüber in der Schülerzeitung. David analysiert einfach alles – angefangen von den Daten seiner Chemie-Experimente bis hin zu den Ergebnissen bestimmter gemeinnütziger Projekte. Erin, ein Mitglied des Studentenrates, will herausfinden, warum es Erstsemestern so schwerfällt, die Kurse zu belegen, die sie unbedingt benötigen.

Artistic (A): Menschen, die künstlerisch begabt sind, über viel Fantasie verfügen oder sehr innovativ sind. Beispiele: Ashley zeichnet Comics. Carlos, Aaron und Stacy gründeten eine Band und musizieren bei örtlichen Tanzveranstaltungen. Daniela entwirft Kostüme und Bühnenbilder für Schultheater-Produktionen und ist dafür bekannt, dass sie mit wenig Material hervorragende Ergebnisse erzielt. Guy entwickelt seine eigene Software für Computer-Animationen.

Social (S): Menschen, die anderen gern helfen, ihnen etwas beibringen oder ihnen dienen. Beispiele: Isabell, eine Oberstufenschülerin, hilft Unterstufenschülern, sich zurechtzufinden. Steve gibt Mittelstufenschülern Nachhilfe in Mathe und Englisch. Keri liest die Hausaufgabentexte einem blinden Mitschüler vor. Darin trainiert die Schulfußballmannschaft, und Bob arbeitet als Peer Counselor.

Enterprising (E): Menschen, die Projekte ins Leben rufen oder Organisationen gründen oder andere gern überzeugen und beeinflussen. Beispiele: Dana rief ein gemeinnütziges Projekt ins Leben, bei dem Schüler der High School ältere Menschen in einem Genesungsheim besuchten. Ty, der als Vorsitzender des Studentenrates kandidiert, überzeugt seine Kommilitonen, für ihn zu stimmen. Greg arbeitet mit Kindern, die mit Drogen oder Kriminalität in Berührung gekommen sind.

Conventional (C): Menschen, die gern genau arbeiten und Aufgaben und Projekte zum Ende führen wollen. Beispiele: Michael, der Schatzmeister für einen Wohltätigkeitsverein, verwaltet minutiös die Erlöse aus den Spendenaktionen des Vereins. Kristin arbeitet stundenweise bei einer Versicherung, wo sie dafür verantwortlich ist, sämtliche Akten auf dem neuesten Stand zu halten. Terri beaufsichtigt die Vorbereitungen für den Abschlussball und sorgt dafür, dass alles erledigt wird, was erledigt werden muss.

Okay. Jetzt weißt du also das ein oder andere über die Menschen, die an dieser Party teilnehmen. Du bist also gerade angekommen und trittst ein. (Denke nicht daran, dass du vielleicht schüchtern bist oder mit jemandem reden musst. Bei dieser Party spielt so etwas keine Rolle.) Jetzt stellen wir dir drei Fragen:

- In welche Ecke des Raums würdest du als Erstes gehen – mit anderen Worten: Mit welcher Gruppe von Menschen würdest du dich am liebsten und am längsten unterhalten? Trage den Buchstaben für die Gruppe in den nebenstehenden Kasten ein.
- Nach einer Viertelstunde gehen sämtliche Mitglieder der Gruppe, die du gewählt hast, auf eine andere Party. Welche Gruppe reizt dich von den verbleibenden am meisten? Mit welchen Menschen möchtest du über einen längeren Zeitraum gern zusammen sein? Notiere den Buchstaben in dem nebenstehenden Kasten.
- Nach einer weiteren Viertelstunde gehen auch die Mitglieder dieser Gruppe auf eine andere Party. Du siehst dich um und entscheidest dich, wohin du als Nächstes gehst. Mit welcher der verbleibenden Gruppen könntest du es noch am längsten aushalten? Notiere den Buchstaben in dem nebenstehenden Kasten.

Die drei von dir gewählten Buchstaben sind dein sogenannter Holland-Code. Dieser Holland-Code wurde nach seinem Entwickler, dem Psychologen Dr. John Holland, benannt, der das menschliche Umfeld erforschte, also die Typen von Menschen, mit denen wir am liebsten zusammen sind. Dr. Holland vertrat die These, dass jeder aus den sechs vorgegebenen Bereichen – realistic, investigative, artistic, social, enterprising und conventional – dreien den Vorzug gibt.

Fügt man die Anfangsbuchstaben der genannten Bereiche zusammen, so ergibt sich das Kürzel RIASEC, weshalb man hier auch vom RIASEC-System spricht. Indem du herausgefunden hast, mit wem du dich auf der Party am liebsten unterhalten hättest, hast du das von dir bevorzugte menschliche Umfeld identifiziert.

Tatsächlich kann man durch die Party-Übung nur eine erste Annäherung an den eigenen Holland-Code erzielen. Wenn du tiefer in die Materie einsteigen willst, solltest du den Allgemeinen Interessen-Strukturtest machen, den du unter diesem Stichwort im Internet findest.

Notiere deinen persönlichen Holland-Code nun im Abschnitt *Die Menschen, mit denen ich gern zusammenarbeiten möchte* in deinem Fallschirm-Diagramm. Vielleicht schreibst du ja auch ein oder zwei kurze Sätze über diese Gruppe. Wenn dein Holland-Code beispielsweise IAS ist, könntest du Folgendes formulieren:

»Ich genieße meine Arbeit am meisten, wenn ich von Menschen umgeben sind, die neugierig und wissbegierig sind und die den Dingen gern auf den Grund gehen und sie analysieren (I). Außerdem wünsche ich mir ein innovatives und kreatives Umfeld (A), das sich zudem für soziale Belange einsetzt und den Menschen helfen und dienen will« (S).

Lies dir nun noch einmal die verschiedenen Charakterzüge durch, die die drei Gruppen deiner Wahl kennzeichnen, und überlege, wie viel davon auch auf dich selbst zutrifft. Häufig erkennen wir uns selbst am besten, indem wir uns andere Menschen ansehen. Das bezeichnet man als Spiegeltheorie. Wenn wir die Menschen beschreiben, mit denen wir am liebsten zusammen sein wollen, beschreiben wir in vielen Fällen auch uns selbst. Nicht umsonst heißt es »gleich zu gleich gesellt sich gern«. Wie steht es mit dir? Erkennst du in den von dir bevorzugten Menschen auch dich selbst wieder?

DISCOVERY EXERCISE

Chefs und Kunden

Viele junge Erwachsene finden es hilfreich, sich vorzustellen, welche Eigenschaften ein guter Chef haben sollte. Er kann beispielsweise ein toller Mentor sein. Lehrer haben viel von einem Chef. Manche von ihnen lassen dich hart arbeiten, aber sie führen dich auch zu Höchstleistungen, sodass du viel von ihnen lernst. Gerade zu Beginn deiner beruflichen Laufbahn ist ein solcher Vorgesetzter sicher ideal. Erstelle eine Liste von Eigenschaften, die ein guter Boss deiner Ansicht nach besitzen sollte. Ordne die Eigenschaften nach Priorität.

Wenn du dich selbst in einem Beruf siehst, bei dem du mit Kunden, Klienten oder Patienten zusammenarbeitest, solltest du auflisten, wie diese Menschen deiner Ansicht nach sein sollten. Nehmen wir an, du möchtest als Logopäde mit Kindern und Jugendlichen arbeiten. Deine Patienten sind also »Kinder und Jugendliche«. Ordne auch diese Liste nach Priorität. Wenn du die zwei oder drei Merkmale aus beiden Listen herausgearbeitet hast, kannst du sie im Bereich *Die Menschen, mit denen ich gern zusammenarbei-*

> *ten möchte* in deinem Fallschirm-Diagramm festhalten (reicht der Platz nicht aus, dann notiere diese Information unten auf der Seite.)

Berufsempfehlungen nutzen

Hierzulande sollen Lehrer zusätzlich zum Zeugnis Berufsempfehlungen aussprechen. Sollten an deiner Schule Berufsorientierungskurse oder Praktika gefördert werden, umso besser. Existiert dort jedoch keine Karriereberatung, solltest du dir spätestens mit 15 Jahren Alternativen suchen. Das kann entweder online geschehen oder mithilfe deiner Arbeitsagentur vor Ort. Unterhalte dich auf jeden Fall mit den Beratungslehrern an deiner Schule und mit professionellen Berufsberatern. Zeige den Betreffenden deine Noten und bitte sie, dir bei der Weichenstellung für deine berufliche Zukunft behilflich zu sein. Ohne diese Hilfe ist nämlich auch eine Berufsempfehlung wertlos. Außerdem solltest du dir stets vor Augen führen, dass diese Berufsempfehlungen eindeutige Grenzen haben. Häufig sagen sie dir mehr über die Art und Weise, in der du deine Fähigkeiten unter Beweis stellst, als darüber, was genau deine besten Fähigkeiten denn überhaupt sind (weshalb, nebenbei bemerkt, das Ausfüllen unseres Diagramms so wichtig ist).

Keine Berufsempfehlung kann dir eine abschließende, definitive Antwort auf die Frage geben, welcher Job der ideale für dich ist; aber sie kann dir wertvolle Hinweise geben, wo du mit der Suche nach deinem Traumjob beginnen kannst. In BERUFENET, dem Informationsportal für Jugendliche der Arbeitsagentur für Arbeit, werden etwa 3 000 Berufe umfassend vorgestellt. Diese Liste ist natürlich alles andere als vollständig. Durch neue Technologien und Bedürfnisse der Konsumenten entstehen tagtäglich neue Berufsbilder. Aber auf jeden Fall bieten derlei Datenbanken einen guten Einstieg. Eine umfassende Recherche im Internet und in deiner örtlichen Bibliothek kann eine sinnvolle Ergänzung sein. Informiere dich zumindest oberflächlich über jeden Job, der mit deinen Präferenzen einhergeht, bevor du ihn ablehnst. Und lass dich nicht entmutigen, wenn dir keine der von anderen ausgesprochenen Empfehlungen zusagt. Denke nach. In welchem Berufsfeld wurden dir zahlreiche Jobs angeboten? Interessiert diese Sparte dich, auch wenn der spezifische Beruf dich nicht reizt? Vielleicht gibt es ja andere Berufe auf dem gleichen Gebiet, wo du deine Fähigkeiten sinnvoll einsetzen kannst. Durch Recherche und durch Netzwerke (darauf kommen wir später noch zu sprechen) kannst du den richtigen Job für dich finden.

Mehr Hinweise auf deinen Traumjob

Dein Holland-Code, also die drei Buchstaben, die du in der Party-Übung herausgearbeitet hast, sagt dir nicht nur, mit welcher Art von Menschen du gern zusammen bist, er gibt dir auch Hinweise auf Jobs, die dir zusagen könnten. Sind deine drei Buchstaben RIA (realistic, investigative, artistic), findest du unter Umständen eine Tätigkeit als Polizeizeichner oder Ergotherapeut interessant. Wenn du eher der SEC-Typ bist (social, enterprising, conventional), wäre eine selbstständige Tätigkeit als Hochzeitsplaner oder Event-Manager eher das Richtige für dich.

Durch den bereits erwähnten Interessenstrukturtest kannst du herausfinden, welche individuellen Interessen, Vorlieben und Persönlichkeitsmerkmale mit den beruflichen Erfordernissen übereinstimmen. Das Gute an diesem Ansatz ist, dass du interessante Tätigkeiten entdeckst, die dir ohne derlei Tests nie in den Sinn gekommen wären oder von deren Existenz du bislang nichts geahnt hast.

Weitere Informationen

Der Holland-Code
Es existiert auch eine ganze Reihe kostenpflichtiger Angebote an Tests, die umfassender sind als die von uns genannten. An dieser Stelle sei zum Beispiel das Geva-Institut in München erwähnt, das zahlreiche Selbstanalyseverfahren entwickelt hat (**www.geva-institut.de**). Eine grundlegende Auseinandersetzung mit verschiedenen psychologischen Testverfahren findest du auf der Website der Ruhr-Universität Bochum unter »Fachinformation« und »Psychologische Tests«.

Wie bereits erwähnt, stellt dir das Berufsinformationszentrum der Agentur für Arbeit ein umfangreiches Angebot an Medien und Veranstaltungen zum Thema Berufswahl zur Verfügung.

Unter **www.planet-beruf.de** können Schüler der Sekundarstufe II das sogenannte Berufe-Universum erkunden und ihre Stärken, Interessen und Verhaltensweisen einschätzen lernen. Für Schüler der Sekundarstufe II ist zudem das Portal **www.abi.de** eine sinnvolle Anlaufstelle.

3
Wo bist du gern?
Deine ideale Arbeitsumgebung

Dein Herz folgt seinen eigenen geografischen Präferenzen. Vielleicht möchtest du am liebsten in der Nähe eines Gebirgsbaches leben. Vielleicht in den Alpen. Oder viel lieber im geschäftigen Treiben der Straßen Schanghais oder New Yorks. Möglicherweise auf einer Farm in Oregon. Oder in einer Stadt am Meer. Oder genau dort, wo du jetzt gerade lebst – in deiner Heimatstadt, in deinem eigenen Garten, an deiner Schule. Unter Umständen möchtest du irgendwann als Lehrer hierher zurückkehren.

Dein Herz weiß, welche Orte es liebt. Und genau diesem Thema werden wir uns in diesem Kapitel widmen, denn herauszufinden, wo du gern sein möchtest, ist eng verbunden mit der Frage, was für eine Tätigkeit du ausüben und mit wem du dabei zusammen sein möchtest. Es ist eine wichtige Voraussetzung, um glücklich mit deinem ganzen Leben und nicht nur mit einem kleinen Teil zu sein. Es bedeutet, deinen *ganzen* Traum zu leben und nicht nur die Hälfte (oder noch weniger).

Es gibt viele Methoden, um herauszubekommen, wo du leben willst. Wir werden zwei Umfelder genauer untersuchen: deine ideale Arbeitsumgebung und dein ideales soziales Umfeld (wozu auch das geografische Umfeld gehört). Dazu stellen wir dir jede Menge Fragen. Manche kannst du vielleicht beantworten, andere nicht. Vielleicht hast du auf die meisten Fragen sogar überhaupt keine Antwort. Das ist kein Problem. Beantworte alles, so weit es möglich ist – wir sind sicher, dass ein paar Antworten sich aufdrängen werden –, und behalte die restlichen Fragen einfach im Hinterkopf. Auch wenn du die Antwort nicht kennst, können Fragen dazu beitragen, dass du neue Aspekte wahrnimmst oder bestimmte Dinge in einem neuen Licht siehst. Wenn wir beispielsweise fragen: »Würdest du lieber im Freien oder im Büro arbeiten?«, und du weißt es nicht, könntest du dir Gedanken darüber machen, welche Art von Jobs eine Arbeit draußen oder drinnen implizieren. Vielleicht fragst du dich auch, welche Berufe beide Arbeitsformen miteinander kombinieren. Vielleicht hast du ja kein Problem damit, den ganzen Tag im Büro zu sitzen, möchtest aber in einer Gegend wohnen, wo du am Wochenende Ski fahren oder surfen kannst.

Die Antworten, die du hast, kannst du als Grundlage nutzen, um herauszufinden, wo du am liebsten wärst – wo du leben, arbeiten und dich entspannen möchtest. Deine Antworten werden sich im Laufe der Zeit verändern. Schließlich wirst du Orte kennen lernen, an denen du noch nie warst: Du gehst auf die Berufsschule oder zur Universität oder steigst ins Berufsleben ein. Durch all das erfährst du, was, wer und welcher Ort dir in deinem Leben am wichtigsten sind.

Jeder Mensch hat eine andere Vorstellung von seinem Leben und seiner Arbeit. Höchste Zeit also, sich mit einer Frage auseinanderzusetzen, die du dir so wahrscheinlich noch nie gestellt hast: Wie sieht dein ideales Arbeitsumfeld aus?

Dein Arbeitsumfeld

Zu Beginn deiner Berufstätigkeit verbringst du ungefähr ein Viertel deiner Zeit am Arbeitsplatz. Viele Menschen, die anfangs glauben, ihren Traumjob gefunden zu haben, stellen alsbald fest, dass sie zwar mit der Tätigkeit zufrieden sind, der Arbeitsplatz ihnen jedoch so viel Unbehagen bereitet, dass sie wieder kündigen müssen. In unserer Umgebung müssen wir uns nicht nur wohlfühlen, wir müssen auch die Möglichkeit haben, weiterzukommen und Erfolge zu erzielen. Wir sprechen hier von »Umfeld«, weil es sich um mehr handelt als nur um den physischen »Ort« (das Büro, das Labor, den Bauernhof). Auch dein unmittelbarer Arbeitsplatz gehört unter anderem dazu (Schreibtisch, Arbeitsnische, Laborplatz, die Ställe und zu bewirtschaftenden Felder des Bauernhofs, die Werkstatt), die äußeren Bedingungen (Fenster oder keine Fenster, natürliches oder künstliches Licht, ruhig oder laut), die Arbeitsatmosphäre (förmlich, lässig, die Zahl der sozialen Kontakte mit den Kollegen, der Arbeitsstil), die Firmengröße (klein, groß, ortsgebunden, national, international) und die Arbeitskleidung (Firmenkleidung, Anzug, Jeans).

Wenn du schon über Arbeitserfahrung verfügst oder einige Arbeitsplätze gesehen hast (beispielsweise den deiner Eltern, die Praxis deines Arztes oder deine Schule), dann überlege dir, was dir dort gefiel und was nicht. Frage dich außerdem, wo du am liebsten lernst – in einer ruhigen Bibliothek oder in deinem Schlafzimmer mit eingeschaltetem CD-Player, allein oder in der Gruppe und so weiter. Wo fühlst du dich wohl und wo nicht? Wo möchtest du mehr Zeit verbringen? Ein und derselbe Job (oder sehr ähnliche Jobs) können in vielen verschiedenen Umfeldern ausgeführt werden. Manche davon liebst du, manche verabscheust du vielleicht! Finden wir also heraus, was für dich genau richtig ist.

DISCOVERY EXERCISE

Meine ideale Arbeitsumgebung

Beantworte die folgenden Fragen so gut wie möglich. Dabei musst du keineswegs alle auf einmal bearbeiten. Stell dir den Timer auf zehn bis 15 Minuten. Nimm dir in diesem Zeitrahmen so viele Fragen wie möglich vor. Wenn dir die Übung Spaß macht und du noch weitermachen möchtest, wenn der

Wecker klingelt, dann stell ihn erneut auf zehn bis 15 Minuten. Du kannst dich auch in Etappen mit dem Fragenkatalog befassen. Einen Teil absolvierst du jetzt, den anderen erst in ein bis zwei Wochen. Dann kennst du vielleicht auch schon wieder andere Faktoren, die du jetzt noch gar nicht in Betracht ziehst. Und selbstverständlich kannst du die Liste auch durch eigene Ideen ergänzen.

Ort
Wo möchtest du am liebsten arbeiten ...
- im Freien oder drinnen?
- in einem Bürogebäude? In einer Werkstatt? Auf einem Bauernhof? Zu Hause? Woanders?
- in der Stadt, in der Vorstadt, auf dem Land?
- an vielen Orten oder immer an ein und demselben Ort (mit oder ohne Reisetätigkeit)?

Unmittelbarer Arbeitsplatz
Welche Art des Arbeitsplatzes könnte dich motivieren ...
- eine Arbeitsnische in einem Großraumbüro mit vielen Kollegen?
- dein eigener Schreibtisch in einem kleinen Büro?
- viel Abwechslung – mal am Schreibtisch, im Auto, beim Kunden, im Flugzeug, im Hotel?
- Klassenzimmer, Labor, Krankenhaus?
- Werkstatt oder Produktionsbetrieb?
- draußen – auf dem Golfplatz? Auf dem Bauernhof? Im Stall? Unter Wasser?
- ein perfekt ausgestatteter Arbeitsplatz – mit den neuesten Tools, der neuesten Technologie sowie sämtlichen ansonsten notwendigen Hilfsmitteln – oder ein Ort, an dem man mit begrenzten Ressourcen und Mitteln arbeitet und daher kreativ sein muss?

Äußere Bedingungen
Bevorzugst du ...
- eine moderne und exklusive Ausstattung? Oder bescheiden, aber hübsch? Vielleicht ist dir die Ausstattung auch egal?
- Fenster, die sich öffnen und schließen lassen oder ein klimatisiertes Gebäude?
- natürliches oder künstliches Licht?
- eine helle oder eine dunkle Umgebung?
- angenehme Temperaturen oder verschiedene Temperaturen?
- Sicherheit oder Risiken?

Arbeitsatmosphäre
Wie ist es dir am liebsten ...
- laut oder leise?
- ruhig oder geschäftig?
- förmlich oder lässig – möchtest du deine Kollegen beispielsweise eher siezen oder duzen?
- viele Kollegenkontakte oder möglichst wenige?
- viele Kontakte mit der Öffentlichkeit (Klienten, Patienten, Kunden) oder wenige?
- für sich zu arbeiten mit wenig Außenkontakten oder häufig und ständig im Team tätig zu sein?
- eine hierarchische Struktur (mit klaren Vorgaben durch den Vorgesetzten) oder eine kooperative Atmosphäre (in der die Belegschaft gemeinsam Ziele, Prioritäten und Arbeitsbelastung bestimmt)?

Firmengröße
Wie ist es dir am liebsten ...
- groß oder klein? (Überleg dir auch, was die Begriffe »groß« oder »klein« für dich bedeuten.)

- eher Familienunternehmen, nationale Kette oder internationaler Konzern?
- eine Firma, in der du sämtliche Kollegen und Kunden kennst oder eine, in der du ständig die Chance hast, neue Leute kennen zu lernen?
- eine gewinnorientierte oder eine gemeinnützige Firma?
- deine eigene Firma?

Arbeitskleidung
Was möchtest du am Arbeitsplatz am liebsten tragen ...
- einen Anzug? Ein Kostüm?
- moderne Klamotten?
- lässige, bequeme Kleidung?
- Jeans und ein lässiges Hemd?
- Arbeitskleidung oder Uniform (beispielsweise beim Militär, der Feuerwehr, der Polizei oder als Kellner/Kellnerin?)
- einen Laborkittel?
- verschiedene Kleidungsstücke für die verschiedenen Aspekte deines Jobs (beispielsweise einen Anzug, wenn du dich mit einem wichtigen Kunden triffst, und lässige Kleidung an normalen Arbeitstagen am Arbeitsplatz)?
- das, wozu du gerade Lust hast?
- andere Möglichkeiten?

Notiere jede Antwort auf einem kleinen Blatt Papier oder auf einen Klebezettel. Dann ordne sie nach dem Bedeutungsgrad, den sie für dich persönlich haben. (Vielleicht wählst du dabei ein oder zwei Faktoren aus jeder Kategorie aus – Ort, Arbeitsumfeld etc.) Entscheide dich für die fünf Zettel, die dir am wichtigsten sind. Trage die Antworten in die Kategorie *Meine ideale Arbeitsumgebung* im Fallschirm-Diagramm (Seite 5) ein.

Dein ideales soziales Umfeld

Jeder hat unterschiedliche Vorstellungen davon, was einen Ort lebenswert macht. Wenn du gern Ski fährst, möchtest du in der Nähe der Berge wohnen. Als Surfer bevorzugst du einen Wohnort in Küstennähe. Jemand anders wiederum möchte sich an einem See oder einem Fluss ansiedeln – oder in der Wüste. Vielleicht möchtest du gute Freunde oder deine Familie bei dir haben. Oder du verfügst über gute Fremdsprachenkenntnisse und willst ins Ausland ziehen.

Manche Leute machen den Wohnort vom Job abhängig und wünschen sich vor allem eine gute Anbindung an die öffentlichen Verkehrsmittel. Andere wiederum wollen mit dem Auto zur Arbeit fahren und benötigen eine gute Parkplatzsituation. Einige möchten ihr Fitnessstudio oder ihr Lieblingscafé in der Nähe oder den Supermarkt auf dem Nachhauseweg haben. Manche wünschen sich einen Park in der Nähe, in dem sie ihr Mittagessen zu sich nehmen oder in der Mittagspause einen Spaziergang machen können.

Was wünschst du dir von der sozialen Gemeinschaft, in der du lebst und arbeitest?

DISCOVERY EXERCISE

Mein ideales soziales Umfeld

Geografische Faktoren

Wo willst du leben?
- In Gebirgsnähe? In der Ebene? In Küstennähe? Oder gar in der Wüste?
- In einer kleinen Stadt (weniger als 5 000 Menschen), einer mittelgroßen Stadt (5 000 – 20 000 Einwohner), einer

Großstadt (20 000 – 500 000 Einwohner) oder einer Metropole (500 000 oder mehr Einwohner)?
- Auf dem Land, in der Nähe einer Kleinstadt oder Stadt oder vielleicht sogar wirklich isoliert, weit weg von der »Zivilisation«?

Menschen

Was bevorzugst du?
- Eine gute Mischung im Hinblick auf Alter, ethnische Zugehörigkeit, wirtschaftlichen Hintergrund und religiöses Bekenntnis?
- Vornehmlich Menschen deines Alters, deiner ethnischen Gruppierung, deines ökonomischen Backgrounds oder religiöser Orientierung?
- Willst du dort leben, wo du Freunde und Familie hast, oder an einem Ort, an dem alles neu ist?

Wohnsituation

Wo möchtest du leben?
- In einer Reihenhaussiedlung?
- In einer Mietwohnung oder einer Eigentumswohnung?
- In einem Einfamilienhaus, das nicht aussieht wie jedes andere?

Kultur

Was ist dir wichtig?
- Gute Buchhandlungen, Kunstgalerien, Bibliotheken und Museen?
- Kinos?
- Musik, Tanz und die Künste?
- Eine semiprofessionelle oder gar professionelle Sportmannschaft?

Weiterbildungsmöglichkeiten

Was ist dir wichtig?
- Kurse zur Persönlichkeitsentwicklung?
- Berufliche Weiterbildungsmöglichkeiten?
- Eine Fachhochschule oder Universität?

Freizeit

Was wünschst du dir von deiner Umgebung?
- Gute Parks?
- Fahrradwege, Wander- und Spazierwege?
- Sportvereine und Sportanlagen?

Weg zur Arbeit

Was ist dir wichtig?
- Willst du mit dem Auto zur Arbeit fahren?
- Willst du öffentliche Verkehrsmittel nutzen?
- Willst du zu Fuß oder mit dem Fahrrad zur Arbeit kommen?

Notiere die Antworten auf all diese Fragen auf kleinen Zetteln oder Haftnotizen und ordne sie nach der Priorität, die sie für dich haben. Wähle dann die fünf wichtigsten Charakteristika aus und trage sie unter dem Abschnitt *Mein ideales soziales Umfeldt* im Fallschirm-Diagramm (Seite 5) ein.

Die Kategorien auf dieser Liste sind lediglich Vorschläge. Wir hoffen, dass sie dich inspirieren werden, weitere Ideen über dein soziales Traum-Umfeld zu entwickeln. Tolle Ideen ergeben sich auch, wenn du – auf der Basis unserer Vorschläge – mit deinen Freunden ein Brainstorming veranstaltest.

Deine Vorstellungen von Gehalt und Position

Die letzte Überlegung, die du im Hinblick auf deine Arbeitssituation anstellen musst, ist die, wie viel Verantwortung du dir wünschst – und zwar sowohl zu Beginn deiner Berufstätigkeit als auch auf der Zielgeraden. Diese Frage ist eng verbunden mit der Vergütung. Und natürlich hat dein Gehalt wiederum Auswirkungen auf den Wohnort, je nachdem, welche Gegend du dir leisten kannst. Außerdem bestimmt deine Position, mit wem du interagierst und auf welche Weise.

Weil du mit dem Job dein Leben finanzierst, solltest du über die Gehaltsspannen in den verschiedenen für dich interessanten Berufen genau Bescheid wissen. Es gibt diverse Websites, mit deren Hilfe du das Jahreseinkommen, das du für verschiedene Lebensstile benötigst, einschätzen kannst. Die Gehaltsinformationen sind meist sehr allgemein gehalten. Auch in entsprechenden Informationsbroschüren wird grundsätzlich nur ein Mittelwert für den betreffenden Beruf genannt. Um eine fundierte Entscheidung treffen zu können, musst du die Einstiegsgehälter kennen und wissen, was erfahrenere Mitarbeiter in unterschiedlichen Regionen des Landes (oder der Welt), wo du gern leben willst oder wo es eine große Nachfrage nach Arbeitskräften in dieser Sparte gibt, verdienen.

Die meisten Menschen geben bereitwillig Auskunft darüber, wie viel sie für etwas bezahlt haben, aber die meisten verschweigen lieber, was sie verdienen. Die Fragen »Was verdienen Sie?« oder »Wie hoch ist Ihr Einkommen?« sind absolut tabu. Wenn du das respektierst, geben dir deine Gesprächspartner oft genug Hinweise, dass du dir die wichtigen Gehaltsinformationen erschließen kannst. Frage beispielsweise indirekt: »Das durchschnittliche Gehalt eines Berufsanfängers in diesem Job liegt etwa bei 32 000 Euro jährlich. Gilt das für die Gehälter hier in der Region ebenfalls?« Oder: »Ich habe gelesen, dass das Jahresgehalt für einen Angestellten mit Berufserfahrung etwa um die

49 000 Euro liegt. Wie ist denn die Bandbreite hier in der Region?«

Einstiegsgehälter und Durchschnittseinkommen für viele Berufe findest du online (siehe Kasten Seite 63). Wenn du im Verkauf arbeiten willst, wird meist ein Fixum gezahlt, das durch Provisionszahlungen aufgestockt wird. Du musst dieses Basisgehalt auf jeden Fall kennen, damit du dir ausrechnen kannst, ob du damit deinen finanziellen Verpflichtungen, die allmonatlich auf dich warten, nachkommen kannst.

Hilfreiche Websites für Gehaltsinformationen

Im deutschsprachigen Raum sind die online zugänglichen Gehaltsinformationen oft nach Fachbereichen geordnet. Willst du also als Computerspezialist arbeiten, kannst du ins Suchfeld deiner Suchmaschine »Gehalt IT« eingeben.

Eine gute Quelle für Informationen sind auch die Stellenbörsen wie z. B. Stepstone. Auch monster.de bietet hervorragende Informationsmöglichkeiten.

Die Faktoren, die Gehälter in die Höhe treiben oder senken, heißen Angebot und Nachfrage. Wenn es ein großes Angebot von Menschen mit bestimmten Fähigkeiten gibt, aber wenig Nachfrage, dann fällt das Gehalt entsprechend niedrig aus. Die Höhe der Vergütung steigt, wenn es nicht genug Fachkräfte gibt (Angebot), um die Nachfrage zu befriedigen. Der ideale Fall tritt ein, wenn du einen Job findest, der dir gut gefällt und für den eine hohe Nachfrage besteht. Wenn du beide Faktoren jedoch nicht in ein und demselben Beruf kombinieren kannst, musst du dir überlegen, ob dir ein hohes Einkommen wichtiger ist als eine faszinierende, aber nicht ganz so gut bezahlte Arbeit.

DISCOVERY EXERCISE

Manche Menschen wollen so viel Geld wie möglich verdienen. Andere wollen zwar genug verdienen, um sich ernähren zu können, aber immer noch Zeit für ihre Hobbys und Freunde haben. Stelle dir folgende Fragen:

- »Wie hoch soll mein Einkommen sein, wenn ich die Schule verlasse?«
- »Welches Gehalt will ich nach fünf Jahren Berufserfahrung haben?«
- »Wie hoch soll mein höchstes Gehalt sein?«
- »In welchen für mich interessanten Jobs kann ich das Gehalt verdienen, das ich mir erhoffe?«

Neben den einschlägigen Onlinerecherchen, die wir oben bereits erwähnt haben, solltest du dich auf jeden Fall mit Menschen unterhalten, die die betreffenden Jobs tatsächlich ausüben. Lass dir die statistischen Angaben über Anfangs- und Durchschnittsgehälter für die Region, in der du arbeiten willst, bestätigen. Berechne dann dein Idealgehalt, mit dem du den von dir angestrebten Lebensstil finanzieren kannst. Wenn du keine Ahnung hast, was dieser Lebensstil kosten kann, informiere dich im Netz, zum Beispiel auf www.statista.com

(Falls du studieren willst und dich fragst, wie hoch die Lebenshaltungskosten für Studenten in den verschiedenen Universitätsstädten sind, empfehlen wir die Seite www.unicum.de.)

Notiere dein mutmaßliches Anfangsgehalt und dein Traumgehalt auf deinem Fallschirm-Diagramm im Abschnitt mit der Überschrift *Gehalt/Verantwortungsstufe*. Das ist nämlich deine Gehaltsspanne.

Schließlich sollten wir darüber nachdenken, welche Position du bekleiden willst. Möchtest du Angestellter sein, Vertriebsmitarbeiter, Abteilungsleiter oder Manager – oder möchtest du ein eigenes Unternehmen gründen? Manche Menschen bezeichnen den Verantwortungsbereich eines Mitarbeiters auch als seinen »Sorgenbereich«. Wenn du nicht zu den Leuten gehören willst, die ihre Sorgen aus dem Job mit nach Hause nehmen, musst du dir sehr genau überlegen, wie weit du kommen willst. Bei einer guten Karriereplanung – selbst wenn du ganz unten anfangen und dich erst noch hocharbeiten musst – kannst du mit der Zeit genug Wissen und Erfahrung sammeln, um dein Ziel zu erreichen. Fasse kurz zusammen, welche Position du letztlich bekleiden willst, und notiere dies in deinem Fallschirm-Diagramm.

Weitere Informationen

Arbeitsumfeld
Wenn du mehr über die Arbeitsbedingungen für bestimmte Jobs erfahren willst, empfehlen wir die entsprechende Seite der Arbeitsagentur:
www.berufenet.arbeitsagentur.de

Geografisches oder soziales Umfeld
Du willst mehr über die Orte erfahren, in denen du dir vorstellen könntest zu leben? Hier helfen Websites wie **www.städteranking.de**
Wenn du im Ausland arbeiten willst, empfehlen wir das, leider nicht in deutscher Übersetzung vorliegende, Buch von Elizabeth Kruempelmann, *The Global Citizen: A Guide to Creating an International Life and Career,* Ten Speed Press, 2004, sowie aus der Reihe Harvard Business Manager: *Karriere im Ausland: In fremden Kulturen arbeiten und verhandeln.* manager magazin Verlagsgesellschaft, 2011. In manchen Bereichen kann internationale Erfahrung dir ein höheres Einstiegsgehalt bescheren.

Du möchtest erste Arbeitserfahrungen im Ausland sammeln? Dann empfehlen wir dir folgende Bücher:

- *Ferienjobs und Praktika. Europa und Übersee. Abenteuer Ausland.* Interconnections medien, 6. Auflage, 2011.
- Georg Beckmann, Hanna Markones, *Das Auslandsbuch – Arbeit, Austausch, Studium, Lernen, Reisen.* Interconnections medien, 2. Auflage, 2011.

Auch eine ehrenamtliche Tätigkeit kann man mit einem Auslandsaufenthalt verbinden. Hierzu empfehlen wir folgende Lektüre:

- Katia Clowes, Jörn Fischer, *Internationale Freiwilligendienste: Lernen und Helfen im Ausland.* Interconnections medien, 4. Auflage, 2010.
- Georg Beckmann, *Jobben weltweit. Arbeiten, Helfen, Lernen.* Interconnections medien, 10. Auflage, 2009.

Wenn du davon träumst, dir durch deine Arbeit eine Weltreise zu finanzieren, dann empfehlen wir dir ein englischsprachiges Werk, das leider noch nicht ins Deutsche übersetzt wurde: Susan Griffith, *Work Your Way around the World.* Crimson Publishing, 13. Auflage, 2008.

4
Die Teile zusammenfügen:
Identifiziere deine potenziellen Traumjobs

Bist du für den nächsten Schritt bereit? In diesem Kapitel wirst du das Fallschirm-Diagramm (Seite 5) beenden und deine potenziellen Traumjobs herausarbeiten. Durch die harte Arbeit in den drei vorangegangenen Kapiteln hast du die Einzelteile deines Karriere-Puzzles zusammengetragen. Nun gilt es, diese Teile so zusammenzufügen, dass sich neue Möglichkeiten und Richtungen ergeben, die du auf dem Weg zu deinem Traumjob erkunden kannst.

Es ist zwar eine große Versuchung, aber wir möchten dich ermutigen, deine Optionen nicht zu schnell einzugrenzen. Vermeide es, dich gleich auf eine bestimmte Berufsbezeichnung einzuschießen, ohne die anderen Möglichkeiten in Betracht zu ziehen. Es ist nur menschlich, dass man lieber konkrete Bezeichnungen als umfangreiche Listen vor sich liegen hat. Ganz sicher ist es leichter, über eine bestimmte Berufsbezeichnung zu reden, als dem Gegenüber eine Liste aller Fähigkeiten vorzulegen, die man besitzt, mag und einsetzen will. Aber wenn du dein Augenmerk zu schnell auf eine bestimmte Berufsbezeichnung richtest, ohne dich mit den verschiedenen anderen Jobs zu befassen, in denen ähnliche Fähigkeiten erforderlich sind, kann es leicht passieren, dass du deinen Traumjob übersiehst.

Dein Fallschirm ist dabei ein wichtiges Hilfsmittel. Schließlich ist es nicht einfach, etwas zu finden, wenn man nicht weiß, wonach man sucht! Doch durch die gesammelten Informationen wirst du nun deinen Traumjob erkennen, wenn du darauf stößt.

Dein bevorzugtes Interessengebiet finden

Ein Beruf ist dann genau der richtige für dich, wenn du darin einen Großteil deiner bevorzugten Interessen und Fähigkeiten nutzen kannst. Schaue dir das Fallschirm-Diagramm noch einmal genauer an und betrachte die Rubrik *Meine bevorzugten Interessen*. Was hast du dort notiert? Hier ist eine Art »Übersetzertätigkeit« gefragt. Wir müssen uns nämlich jetzt überlegen, in welches Beschäftigungsfeld unsere bevorzugten Interessen hineinpassen. Manchmal sind diese Felder erheblich weiter gefasst und auch zahlreicher, als du auf den ersten Blick meinst. Wenn zu deinen Interessen das Skateboard-Fahren gehört, dann sind mögliche Betätigungsfelder Sport, Freizeit oder Kinesiologie (die Lehre, wie sich die Prinzipien der Mechanik und der Anatomie zum menschlichen Bewegungsapparat verhalten). Wenn du dich für das Betätigungsfeld Sport entscheidest, wirst du vielleicht Skateboard-Trainer; wenn es der Freizeitbereich ist, arbeitest du vielleicht am Entwurf eines Skateboard-Parks mit oder entwickelst ein Programm für Skateboarder. Entscheidest du dich für Kinesiologie, könntest du beispielsweise Skateboards designen, die leichter und sicherer sind und mit denen man außerdem verschiedene Manöver flexibler ausführen kann. Bei all diesen Varianten wäre deine Ausbildung (das Training oder die Wahl der Studienfächer) sehr unterschiedlich.

> »Ich wünschte heute, ich hätte damals mehr über die zahlreichen Möglichkeiten gewusst, wie man sich seinen Lebensunterhalt verdient und dennoch den Träumen und Interessen, die man in der Schule hat, treu bleibt. Damals hatte ich eine ganze Menge für Karten übrig. Hätte ich den Beruf des Kartografen gekannt, dann hätte ich mich leidenschaftlich darauf gestürzt.«
> DR. ADAM HOVERMAN,
> Allgemeinmediziner,
> 30 Jahre

Karriere oder Job?

In diesem Buch benutzen wir die Begriffe Karriere und Job durchaus für den gleichen Zusammenhang. Doch natürlich kann man diesen Worten auch eine unterschiedliche Bedeutung beimessen. »Deine Karriere« bezieht sich auf den gesamten Zeitraum deiner beruflichen Laufbahn. »Karriere« allgemein umfasst in der Regel alle Jobs auf einem bestimmten Fachgebiet. Um einen ersten Schritt auf deinem Karriereweg zu machen, musst du also das Berufsfeld finden, das dir liegt. Danach solltest du alles über die Berufe auf diesem Gebiet herausfinden. Oft verändern sich auch die beruflichen Ziele, wenn man mehr über ein bestimmtes Fachgebiet weiß.

Ein weiteres Beispiel: Tamara interessiert sich unter anderem für Medizin. Zu ihren besten Fähigkeiten gehört die Pflege von kranken oder verletzten Menschen, weshalb sie Krankenschwester werden möchte. Aber es gibt viele unterschiedliche Einsatzbereiche für Krankenschwestern. Welche Art von Krankenschwester sie nun wird, hängt von ihrer Ausbildung und ihren fachlichen Schwerpunkten ab. Der Fachbereich Medizin ist sehr breit gefächert. Folgende Varianten könnten für Tamara von Interesse sein:

- Wenn sie einen guten Draht zu Kindern hat, könnte sie als Kinderkrankenschwester arbeiten (Fachgebiet: Pädiatrie).
- Wenn ihr Hauptinteresse der Krebsbekämpfung gilt, könnte sie Krebspatienten betreuen (Fachgebiet = Onkologie).
- Wenn sie an der Notfallmedizin interessiert ist, könnte sie in der Notaufnahme arbeiten, aber auch als Rettungssanitäterin oder als Rettungsassistentin in einem Rettungshubschrauber (Fachgebiet = Notfallmedizin).
- Wenn Tamara sich auch vorstellen könnte, im Freizeitbereich tätig zu sein, könnte sie als Krankenschwester auf einem

Kreuzfahrtschiff oder in einer größeren Ferienanlage anheuern (Fachgebiet = Tourismus).

Wie du an Tamaras Beispiel ebenso wie an dem skateboardbegeisterten Jugendlichen erkennst, kann die gleiche Tätigkeit in verschiedensten Fachgebieten ausgeübt werden, von denen dir einige liegen, die anderen nicht!

DISCOVERY EXERCISE

Finde deine Interessengebiete

1. Schau dir im Fallschirm-Diagramm (Seite 5) das Feld *Meine bevorzugten Interessen* genau an.
2. Überlege dir, welche Betätigungsfelder sich mit deinen Interessen verbinden lassen. Versuche, mindestens zwei oder drei Fachgebiete pro Interesse zu nennen.
3. Notiere diese Jobs auf einem Blatt Papier oder in deinem Tagebuch. Diese Liste ist keineswegs in Stein gemeißelt. Während du mehr über verschiedene Jobs erfährst, wirst du vielleicht einige Notizen durchstreichen oder neue hinzufügen.

Wenn es dir schwerfällt, deine bevorzugten Interessen in konkrete Jobs zu verwandeln, unterhalte dich mit deinen Eltern, dem Stufenleiter an der Schule, dem Bibliothekar oder dem Berater in deiner Arbeitsagentur. Viele Websites können dir ebenfalls dabei helfen.

Potenzielle Traumjobs erkunden

Nun, da du deine Interessensgebiete identifiziert hast, wird es Zeit, einige potenzielle Traumjobs herauszuarbeiten. Vielleicht hast du eine klare Vorstellung davon, wie derlei Jobs aussehen könnten. Falls ja, großartig. Aber falls nicht, dann ist das auch kein Grund zur Verzweiflung. Hier sind einige Schritte, die dir bei der Entdeckung deines Traumjobs helfen können.

- Zeige deinen Fallschirm den Menschen, deren Ansichten und Vorschlägen du traust. Frage sie, ob ihnen ein paar Jobs einfallen, die zu deinen Interessensgebieten und deinen Fähigkeiten passen.
- Beschaffe dir jede Menge Informationsmaterial über die verschiedensten Tätigkeiten. Bibliotheken und die Berufsberatung deiner Arbeitsagentur stellen dir eine Fülle von Materialien zur Verfügung. Beginne, indem du die ersten allgemeinen Informationen ausfindig machst und dir durchliest. Bitte die Mitarbeiter der Bibliothek oder des Berufsinformationszentrums, dir beim Auffinden von Materialien zu Berufen, die mit deinen Interessengebieten und Fähigkeiten einhergehen, behilflich zu sein.
- Suche im Internet nach spezifischen beruflichen Möglichkeiten oder Jobs. (Am Ende dieses Kapitels findest du eine Liste mit nützlichen Websites zu diesem Thema.)
- Durchforste Zeitungen und Zeitschriften und schau bewusst fern. Achte darauf, welche Jobs für dich von Interesse sein könnten. Lege dir eine entsprechende Liste an und schneide entsprechende Artikel dazu aus.
- Eine der besten Methoden, um herauszufinden, ob eine bestimmte Branche zu dir passt, besteht darin, dich mit Menschen zu unterhalten, die eine Weile auf diesem Gebiet tätig waren. Wenn du in deinem momentanen sozialen Umfeld wohnen bleiben willst, gibt es verschiedenste Methoden, um Ortsansässige ausfindig zu machen, die die für dich interessanten Tätigkeiten tatsächlich ausüben.

- Frage Erwachsene, ob sie Menschen kennen, die in dem für dich interessanten Fachgebiet arbeiten oder entsprechende Berufe haben. Beschaffe dir deren Kontaktdaten (Name, E-Mail, Telefonnummer oder Adresse). Lass dir von einem Erwachsenen deines Vertrauens dabei helfen, ein entsprechendes Telefonat schriftlich vorzubereiten oder eine E-Mail zu verfassen, in der du die Betreffenden darum bittest, dir etwas Zeit für ein Gespräch über den von dir angestrebten Beruf zu opfern.
- Überprüfe die Gelben Seiten deines örtlichen Telefonbuches. Beginne bei Z und lies rückwärts. (Die falsche Reihenfolge ist unerwartet, weshalb du Dinge siehst, die dir entgehen würden, wenn du wie üblich bei A anfangen würdest.) In den Gelben Seiten findest du zahlreiche Jobs, die an deinem Wohnort angeboten werden. Ruf bei den Unternehmen an, die für die entsprechenden Berufsfelder infrage kommen, um einen Ansprechpartner zu finden, mit dem du über die Berufe reden kannst, die dich am ehesten interessieren. (Hilfe findest du hier, wie so häufig, auch bei deiner Arbeitsagentur.)
- Informiere dich über die Arbeitsmarktprognosen an deinem Wohnort. Das Institut für Arbeitsmarkt- und Berufsforschung (IAB) ist hier eine hervorragende Quelle. Hier kannst du herausfinden, in welchen Bereichen in den kommenden Jahren voraussichtlich Bedarf besteht. Nicht alle Prognosen erfüllen sich, was ein weiterer Grund ist, vor Ort mit Menschen zu sprechen, die die von dir angestrebten Berufe ausüben. Es kann auch sinnvoll sein, sich mit Arbeitgebern zu unterhalten, die für die Einstellung der Mitarbeiter verantwortlich sind. Um eine gute Entscheidung über deine zukünftige berufliche Laufbahn zu treffen, benötigst du Informationen aus erster Hand. Bitte Erwachsene deines Vertrauens um Hilfe, um dir bei der Suche nach Gesprächspartnern zu helfen. Und denke immer daran, hier geht es einzig und allein darum, Informationen zu sammeln. Prognosen dieser Art sollten auf keinen Fall die Basis für deine Entscheidung sein, denn sie können sich jederzeit verändern und tun das auch.

Nachdem du all diese Schritte durchlaufen hast, solltest du mindestens zwei bis drei Berufe haben, die du näher erkunden willst.

Reality Check: 38 Prozent der Hochschulabsolventen, die wir in den USA befragten, gaben an, nur über eine sehr begrenzte Vorstellung im Hinblick auf das Berufsleben zu verfügen. Sie hatten das Gefühl, das falsche Hauptfach gewählt zu haben. Viele nahmen an, dass sie eine andere berufliche Richtung eingeschlagen hätten, wenn sie im Vorfeld den Überblick über eine größere Bandbreite von Jobs gehabt hätten. Aufgrund der finanziellen Gegebenheiten (Studiendarlehen oder Bafög-Rückzahlungen) war ihnen ein Zweitstudium vorerst nicht möglich. Zunächst mussten sie ein paar Jahre lang arbeiten.

Ganz anders scheint die Situation in England zu sein: Eine entsprechende Studie gibt an, dass nur 20 Prozent der befragten Hochschulabsolventen das Gefühl hatten, das falsche Fach studiert zu haben. Worin besteht der Unterschied? Schüler, die in Großbritannien die Universität besuchen wollen, besuchen noch ein weiteres Jahr die High School und sind zu einem »freiwilligen Jahr« verpflichtet, bevor sie sich ihrer Hochschulausbildung widmen. Britische Studenten beginnen also viel später mit dem Studium (etwa mit Anfang 20) und werden ermutigt, ihr Überbrückungsjahr dazu zu nutzen, sich in dem Berufsbereich umzusehen, in dem sie arbeiten wollen.

Zwei neue Forschungswerkzeuge: Netzwerke und Informationsgespräche

Nachdem du jede Menge schriftliches Informationsmaterial über potenzielle Traumjobs zusammengetragen und studiert hast, besteht der nächste Schritt darin, diese Berufe näher zu erkunden, indem du dich konkret mit Menschen unterhältst, die sie tatsächlich ausüben. Du hast nun dein Fallschirm-Diagramm ausgefüllt und dir einiges über ein paar Dutzend Jobs angelesen. Mittlerweile solltest du in der Lage sein, drei verschiedene Tätigkeitsfelder oder Jobs zu benennen, die zu deinem Fallschirm passen. Indem du dich mit Personen unterhältst, die in den für dich interessanten Berufsfeldern arbeiten, oder mit Personen, die ein ähnliches berufliches Ziel haben wie du selbst, machst du dir ein immer detaillierteres Bild von den Anforderungen, die diese Arbeit mit sich bringt. Besonders sinnvoll ist es, sich mit dem Gesprächspartner am Arbeitsplatz zu treffen.

Derlei Recherche trägt viele Namen: Networking, Feldforschung, Informationsgespräche usw. Im Wesentlichen geht es einfach darum, Informationen zu sammeln, indem man sich mit Menschen unterhält.

Networking

Je älter du wirst, umso häufiger hörst du das Wort »Networking« oder »Netzwerken«. Dabei geht es darum, deine Verbindungen zu nutzen, um deine Ziele zu erreichen. Heutzutage ist dies ein wichtiger Bestandteil der Jobsuche und Karriereplanung. Deine Entscheidungen für Jobs, Hochschulen, Seminare, die du belegst, und Fähigkeiten, die du erlernst, werden allesamt von der Art und Weise beeinflusst, wie du Netzwerke knüpfst. Das kann auf förmlichem, aber auch auf informellem Weg erfolgen.

Bei **informellem Networking** versuchst du, eine Ressource zu finden oder mehr über ein Thema, ein Hobby oder eine bestimmte Aktivität zu erfahren. Wer einen anderen Menschen fragt, wo er diese coolen, neuen Schuhe gekauft hat, oder versucht, doch noch eine Eintrittskarte für dieses absolut angesagte Konzert zu bekommen, der knüpft informelle Netzwerke.

Jesse beispielsweise baut Modellflugzeuge, die er mittels Fernbedienung steuern kann. Er hat für acht Wochen einen Job in einem Ferienlager ergattert, das ein paar Stunden Autofahrt von seinem Wohnort entfernt ist. Jesse nimmt ein paar seiner Modellflugzeuge mit, die er fliegen lassen kann, wenn er gerade nicht arbeitet. Er will andere Leute in dieser Gegend ausfindig machen, die sein Interesse teilen. Wie kann er das anstellen?

Wenn Jesse in einem Verein organisiert ist, kann er andere Vereinsmitglieder fragen, ob sie einen Club in der Nähe des Camps kennen oder jemanden in der Gegend, der sich ebenfalls für Modellflugzeuge interessiert. Er könnte sich auch informieren, ob es ein Hobbygeschäft in der nahe gelegenen Stadt gibt, und dort nach einem Verein oder auch nur einer Start- und Landebahn für Modellflugzeuge fragen. Jesse könnte nach informativen Artikeln im Internet oder in einer Sportzeitschrift suchen. Durch diese Artikel könnte Jesse Vereine in der Nähe seines Arbeitsplatzes ausfindig machen oder die Namen von Gleichgesinnten in Erfahrung bringen.

Förmliches Networking hingegen ist deutlich zielgerichteter. Eine gute Strategie sind Informationsgespräche. Dabei konzentrierst du dich darauf, Informationen über die derzeitigen Arbeitsbedingungen und Trends in bestimmten Tätigkeitsbereichen oder Jobs zu sammeln.

Ob du den Kontakt zu deinen Gesprächspartnern nun über das Internet oder persönlich herstellst: Die besten Karriere-Informationen erhältst du – ebenso wie den Job selbst – durch den persönlichen, zwischenmenschlichen Kontakt. Durch derlei Netzwerkaktivitäten wirst du dir selbst mehr berufliche Chancen eröffnen als beispielsweise durch Stellengesuche. Außerdem findest du durch das Bilden von Netzwerken auch Folgendes heraus:

- Wie die jeweilige Arbeitsumgebung aussieht und ob sie zu dir passt.
- Sprachliche Eigenheiten, Trends und Themen des Berufsfeldes.
- Mentoren und Führungspersönlichkeiten in dem Bereich oder der Branche, die dich interessiert.
- Anregungen, wie du deine berufliche Qualifikation schneller und besser bekommen kannst.

Lerne Netzwerke zu bilden und zu pflegen, denn diese Fähigkeit wird dir dein Leben lang zugutekommen.

Informationsgespräche

Deine Eltern, Verwandte, die Eltern deiner Freunde, Lehrer oder andere Erwachsene können dir dabei helfen, Personen zu finden, die in Jobs arbeiten, über die du dich informieren möchtest. Auch über die Gelben Seiten oder das Internet kannst du derlei Ansprechpartner ausfindig machen. Nutze dazu auch die neuen Medien und poste eine entsprechende Anfrage bei Facebook, MySpace oder anderen sozialen Netzwerken. Sprich mit wenigstens drei Menschen, die in dem für dich interessanten Beruf tätig sind, bevor du ihn verwirfst. Die Erfahrungen und Gefühle, die jeder Einzelne in Bezug auf einen bestimmten Tätigkeitsbereich hat, sind individuell verschieden. Versuche, dich so genau wie möglich zu informieren. Indem du mit mehr als einer Person sprichst, verschaffst du dir ein ausgewogeneres Bild von einem Beruf.

Einige dieser Gespräche kannst du natürlich durchaus am Telefon führen. Doch noch besser ist es, Menschen direkt am Arbeitsplatz zu

Informationsgespräche üben: Wenn du schüchtern bist oder noch nicht über allzu viel Erfahrung bei derlei Gesprächen verfügst, kannst du deine Fähigkeiten auf diesem Gebiet aufbauen, indem du quasi Übungs-Interviews durchführst. Bevor du anfängst, Menschen über die Jobs zu befragen, die dich interessieren, unterhalte dich mit Menschen, die Berufe ausüben, die dich zwar neugierig machen, die du aber nicht unbedingt selbst ausüben willst. Oder sprich mit Personen, deren Tätigkeit mit deinen Hobbys oder Interessen in Verbindung steht. Man fühlt sich gleich viel wohler und sicherer, wenn man über Themen spricht, bei denen man sich auskennt. Durch zwei bis fünf Übungs-Interviews lernst du, wie man ein Gespräch über ein gemeinsames Interessengebiet führt. Über etwas zu reden, das dir Spaß macht, ist überhaupt nicht schlimm. Durch derlei Übungen kannst du lernen, wie du Informationen über Jobs sammelst, ohne dir darüber Gedanken zu machen, dass du eines Tages mit deinem Gesprächspartner oder für ihn arbeiten musst.

interviewen, weil du sie dann in ihrem Arbeitsumfeld erlebst. (Wie schneidet es im Vergleich zu der idealen Arbeitsumgebung ab, die du dir erträumst?) Solange du die tatsächliche Arbeitssituation nicht unter die Lupe genommen hast, kannst du dir kein vollständiges Bild von dem machen, wie sich dieser Beruf tatsächlich »anfühlt«. Und noch ein Tipp zu deiner Sicherheit: Geh niemals allein zu einem solchen Informationsgespräch, wenn du dich mit einem Fremden triffst (auch dann nicht, wenn ein Erwachsener deines Vertrauens den Betreffenden empfohlen hat). Wenn du deine Interviews nicht am Telefon oder per Mail durchführst, solltest du dich immer am Arbeitsplatz des Betreffenden mit ihm treffen, da dort auch andere Menschen zugegen sind.

Wenn du von derlei Interviews nichts hältst, sie für langweilig, abschreckend oder zwecklos hältst, dann lies das Buch von Lara Zielin, *Make Things Happen*, Lobster Press, 2003, das leider nicht in deutscher Sprache erhältlich ist. Dieses Buch macht Spaß, ist leicht zu lesen und gibt dir auf 106 Seiten einen Überblick über die Fakten, wie und warum du Informationsgespräche führen solltest (die Autorin spricht hier gern von »Networking«).

Ein Informationsgespräch arrangieren

Mit wem unterhalte ich mich?

Sprich mit einer Person, die den für dich interessanten Beruf tatsächlich ausübt. Wahrscheinlich ist es deutlich einfacher, den Boss dieser Person zu finden, und du musst dich sich zunächst mit ihm auseinandersetzen, um eine Verbindung zu deiner potenziellen Informationsquelle herzustellen. Aber belasse es auf keinen Fall bei dem Gespräch mit dem Vorgesetzten. Die Perspektive des Angestellten kennenzulernen ist für dich von ungleich größerer Bedeutung.

Brauche ich einen Termin?

Häufig schon. Wenn du dich über Jobs im Einzelhandel oder an einigermaßen öffentlich zugänglichen Orten informieren willst, kannst du in Phasen mit wenig Publikumsverkehr vielleicht auch ohne Termin auftauchen und dir jemanden suchen, mit dem du dich unterhalten kannst. »Wie ist das Arbeiten hier?« kann ein einfacher Einstieg ins Gespräch sein.

Wenn aber der Job oder das Unternehmen, über das du mehr erfahren willst, weit weg oder für die Öffentlichkeit nur begrenzt zugänglich ist, oder wenn dein potenzieller Gesprächspartner sehr beschäftigt ist, ist es in jedem Fall sinnvoll, sich einen 15-minütigen Termin geben zu lassen. Diesen vereinbarst du am besten telefonisch.

Heißer Tipp: Achte darauf, auch möglichst junge Mitarbeiter zu interviewen. Häufig verweist man dich vermutlich zunächst an die erfolgreichen alten Hasen, die aber 15 bis 20 Jahre älter als du selbst sind. Sie haben viele nützliche Informationen zu ihrer Arbeit für dich parat, dennoch ist zusätzlich die Sichtweise eines jüngeren Mitarbeiters sinnvoll. In den letzten paar Jahren haben viele Industriezweige und Fachgebiete einen profunden Wandel erfahren. Die Erfahrungen der langjährigen Mitarbeiter unterscheiden sich deshalb von denen der kürzlich erst eingestellten. Um eine gute Entscheidung hinsichtlich deines zukünftigen beruflichen Werdegangs zu treffen, musst du beide Perspektiven kennen.

Was sage ich, um einen Termin zu vereinbaren?

Mach dir einen kleinen »Entwurf«. Schreibe kurz auf, was du sagen willst, um dich der Person am anderen Ende der Leitung vorzustellen. Hier ist ein Beispiel:

Hi, ich heiße Megan. Ihren Namen habe ich von meinem Vater, der mir gesagt hat, dass Sie eine mobile Tierpflegepension betreiben. Ich mag Tiere sehr, und ich möchte mehr über Unternehmen erfahren, die mit Haustieren arbeiten. Könnte ich mal vorbeikommen, um mich mit Ihnen über Ihre Arbeit zu unterhalten? Ich würde bei diesem Termin nicht mehr als eine Viertelstunde Ihrer Zeit in Anspruch nehmen.

Wahrscheinlich will dein Gesprächspartner dann mehr über dich erfahren. Sei also darauf vorbereitet, dass du persönliche Informationen nachliefern und ein paar Worte darüber verlieren musst, wer du bist und warum du dich mit dem Betreffenden treffen willst.

Was, wenn ich bei diesem ersten Telefonat vor lauter Aufregung keinen Ton herausbringe?

Lege deine Notizen vor dich auf den Tisch, wenn du anrufst. Sobald du merkst, dass du vor Nervosität keinen klaren Gedanken mehr fassen kannst, kannst du wieder auf deine Zettel zurückgreifen.

Kann ich den Erstkontakt auch schriftlich herstellen?

Wenn dir der Gedanke, jemanden anzurufen, den du nicht kennst und der dich nicht kennt (im Vertrieb spricht man von »Kaltakquise«), so gar nicht behagt, kannst du dem Betreffenden auch eine kurze Nachricht schicken – entweder auf dem Postweg oder per Mail. Natürlich benötigst du dafür die entsprechende postalische oder E-Mail-Adresse. Diese findest du im Internet oder mithilfe eines Erwachsenen. Kündige in deiner E-Mail an, dass du demnächst anrufen wirst, um einen Termin mit deinem Ansprechpartner zu vereinbaren – und führe dieses Nachfassgespräch auch auf jeden Fall. Im Folgenden findest du ein Beispiel für so eine schriftliche Anfrage:

Liebe Amanda Ruiz,
ich heiße Taneesha Jones. Momentan studiere ich Maschinenbau und Robotertechnik am Tidewater Community College. Mein Professor für Robotertechnik zeigte mir Ihre Arbeit über bionische Prothesen, die Sie für LiveSience.com geschrieben haben. Ich möchte später an der Entwicklung medizinischer Gerätschaften mitarbeiten, die dazu beitragen, dass Menschen nach einer Wirbelsäulenverletzung ihre Mobilität wiedererlangen. Vor Aufnahme eines Studiums möchte ich ein bis zwei Jahre praxisbezogen arbeiten.
  Mir ist bewusst, dass Sie sehr beschäftigt sind. Dennoch hoffe ich, dass Sie 20 Minuten Zeit erübrigen können, in denen Sie mit mir über Ihren Werdegang sprechen. Außerdem würde ich mich freuen, wenn Sie mir Vorschläge machen könnten, welche Ausbildungsmöglichkeiten im Hinblick auf meine Karrierepläne für mich sinnvoll wären und welche Hochschule mich am ehesten auf meine zukünftige Tätigkeit vorbereiten würde.
  Ich wäre dankbar, wenn Sie mir ein paar Termine vorschlagen könnten, sodass wir anschließend in einem Telefonat einen festen Zeitpunkt vereinbaren können.
  Mit freundlichen Grüßen,
  Taneesha Jones

Wird sich überhaupt jemand mit mir treffen wollen?

Die Antwort ist Ja. Natürlich wird nicht jeder zusagen, aber wenn du dich höflich um einen Termin bemühst, klar und deutlich formulierst, was du von deinem Gesprächspartner willst, und dich dankbar zeigst, weil man dir die Zeit geopfert hat, dann werden bestimmt acht von zehn der Personen mit dir sprechen.

Die meisten Leute reden gern über sich selbst. Und die meisten von ihnen können sich noch gut an ihre Schulzeit erinnern, als ihnen jegliche Vorstellung von einem Job fehlte. Viele von denen, mit denen du dich unterhältst, werden sogar beeindruckt sein, weil du dich über Berufe informierst, die gut zu deiner Persönlichkeit passen könnten. Und sie helfen dir ganz sicher umso bereitwilliger weiter.

Haben deine Gesprächspartner Spaß an ihrer Arbeit, wird es für dich gar nicht so einfach sein, das Gespräch in geordnete Bahnen zu lenken, um all deine Fragen in nur 15 Minuten beantwortet zu bekommen! Dazu kann es recht hilfreich sein, wenn du schon zu Beginn des Gesprächs darauf hinweist, dass du fünf bis sechs Fragen hast. Um mit dem vorgegebenen Zeitrahmen auszukommen, hat dein Gegenüber nur etwa zwei Minuten pro Frage. Wenn er will, kann er dich ja auffordern, etwas länger zu bleiben.

Achte darauf, pünktlich zu dem Gespräch zu erscheinen und einen gut organisierten Eindruck zu hinterlassen. Die Fragen solltest du ebenso griffbereit haben wie einen Notizblock und einen Stift, um die Antworten schriftlich festzuhalten.

Warum sollten sich viel beschäftigte Erwachsene bereit erklären, sich mit mir zu treffen?

Wer sich als Schüler intensiv mit den eigenen Karrierezielen befasst, der hat die Bewunderung seiner Mitmenschen auf seiner Seite. Erwachsene wissen, dass man verschiedene Jobs annehmen muss, bevor man denjenigen findet, der am besten zu einem passt, und sie sind mit Sicherheit beeindruckt, dass du so intensiv recherchierst, um deinen Weg zu finden. Es sollte dich also keineswegs überraschen, wenn einer deiner Gesprächspartner etwas sagt wie: »Wow, ich bin beeindruckt, dass Sie sich so viel Zeit nehmen, um einen geeigneten Job zu finden.« Oder: »Wow, ich wünschte, ich hätte mich ebenso intensiv mit meinem beruflichen Werdegang befasst, als ich in Ihrem Alter war.«

Muss ich allein gehen?

Nein. Natürlich kannst du Mutter, Vater, Großmutter oder Großvater oder einen anderen Erwachsenen mitnehmen, wenn du dich allein nicht wohl in deiner Haut fühlst. Auch ein Freund oder eine Freundin könnte dich begleiten. Achte aber darauf, nur Menschen mitzunehmen, die wissen, wie sie sich in geschäftlichen Zusammenhängen zu benehmen haben, und die dich nicht in Verlegenheit bringen. Wenn du tatsächlich in Begleitung zu deinem Termin kommen willst, dann gehört es auch im Berufsleben zum guten Ton, den Gesprächspartner erst zu fragen, ob er nichts dagegen hat. Tauche nicht einfach unangekündigt in Begleitung auf.

Welche Fragen soll ich meinem Gesprächspartner stellen?

Wahrscheinlich hast du dir schon im Vorfeld eine Reihe von Fragen überlegt, und zusätzliche Fragen ergeben sich aus dem Gespräch. Das ist auch gut so, aber du solltest auf jeden Fall darauf achten, die folgenden fünf Fragen zu stellen, durch die du ein gutes Gefühl dafür entwickelst, wie der betreffende Beruf tatsächlich ist und wie du einen ähnlichen Job bekommen kannst:

1. Wie sind Sie an diesen Job gekommen? Welche Art von Ausbildung oder welches Studium haben Sie absolviert?
2. Nennen Sie mir bitte diejenigen drei bis fünf Aufgaben, die am häufigsten anfallen. Wie oft? Welche Fähigkeiten sind notwendig, um die Aufgaben zu erfüllen?
3. Was gefällt Ihnen an Ihrem Job? Was gefällt Ihnen an Ihrer Arbeit nicht?

4. Welche Entwicklungen sehen Sie in Ihrem Berufsfeld in den kommenden fünf bis zehn Jahren voraus?
5. Kennen Sie noch jemanden, der die gleiche (oder eine ähnliche) Aufgabe innehat, und mit dem ich mich ebenfalls unterhalten könnte?

Notiere die Antworten. (Das empfehlen wir auch, wenn du etwas über die betreffenden Jobs liest.) Ordne die Informationen in die Kategorien ein, die im Fallschirm-Diagramm (Seite 5) vorgegeben wurden. In einem Interview mit Dr. Kelly, einer Tierärztin, stellst du zu Beginn vielleicht folgende Frage: »Wie sind Sie an Ihren Job gekommen?« Und sie antwortet: »Nun ja, ich habe Tiere immer schon geliebt. Schon als Kind hatte ich Katzen, Hunde, Vögel, Pferde und alle möglichen anderen Haustiere. Immer wenn eines meiner Tiere verletzt war, beruhigte ich es, säuberte die Wunde – jedenfalls, wenn es nicht zu schlimm war – und sorgte dafür, dass alles gut verheilte. Als ich erwachsen wurde, wurde mir klar, dass es eine tolle Aufgabe wäre, Tieren zu helfen, also wurde ich Tierärztin.«

Dr. Kelly berichtete also von ihrem Interesse an Tieren und von den Fähigkeiten, die sie in der Arbeit mit ihnen an den Tag legte. In der Kategorie *Meine bevorzugten Interessen* hätte sie in ihrem Fallschirm-Diagramm also die »Sorge um Tiere« eingetragen. Unter *Meine besten übertragbaren Fähigkeiten* hätte sie »Tiere beruhigen und Wunden säubern« aufgeführt.

Im weiteren Verlauf des Interviews erwähnt Dr. Kelly vielleicht, dass es ihr wichtig ist, mit mitfühlenden Menschen zu arbeiten, die Tiere lieben (*Die Menschen, mit denen ich zusammenarbeiten möchte*). Außerdem gibt sie möglicherweise an, dass sie sich auf die Behandlung großer Tiere spezialisiert hat und vornehmlich mit Pferden, Vieh und Schafen arbeitet, weil sie gern an der frischen Luft arbeitet (*Meine ideale Arbeitsumgebung*) und in einer ländlichen Gegend lebt, wo die Menschen – Viehzüchter, Stallknechte und Landwirte – mit Tieren ihren Lebensunterhalt verdienen (*Mein ideales soziales Umfeld*).

Die Informationen, die du von deinem Gesprächspartner erhältst, in die gleichen Kategorien einzuordnen, wie du es bei deinem eigenen Fallschirm gemacht hast, macht es dir leichter, die Aussagen mit deinen eigenen abzugleichen. Diese Methode, die Informationen, die du über verschiedene Jobs erhältst, zu organisieren, zeigt dir, in welchen Punkten dein Fallschirm mit dem deines Gegenübers identisch ist und in welchen er davon abweicht.

Eine der wichtigsten Fragen, die du stellen kannst, ist diese: »Kennen Sie noch jemanden, der die gleiche (oder eine ähnliche) Aufgabe innehat, und mit dem ich mich ebenfalls unterhalten könnte?« Dr. Kelly beispielsweise könnte dir den Namen eines Veterinärs nennen, der sich auf Kleintiere spezialisiert hat oder auf Rennpferde oder Zootiere. Auch einen Veterinär-Techniker könnte sie kennen. Weitere Ansprechpartner bedeuten zusätzliche Kontakte für dich. Nehmen wir an, du bekommst von jeder Person, mit der du dich unterhältst, zwei bis drei Namen genannt. Schon bald kannst du hinsichtlich der Jobs, die dir gefallen könnten, aus dem Vollen schöpfen. Außerdem können sich die Kontakte auch bei deiner Jobsuche als nützlich erweisen.

Natürlich ist es nicht sinnvoll, zusätzliche Personen zu befragen, wenn du an deren Tätigkeit eigentlich gar nicht interessiert bist. Nachdem du Dr. Kelly und einen weiteren Tiermediziner interviewt hast, ist dir vielleicht klar geworden, dass du keine Lust hast, so viele Jahre zu studieren, um mit Tieren zu arbeiten. Aber eine Tätigkeit als Veterinär-Techniker könntest du dir durchaus vorstellen, also interviewst du noch zwei bis drei Vertreter dieser Berufsgruppe.

Sobald du eine bestimmte berufliche Laufbahn ausgeschlossen hast, weil sie gar nicht oder nur geringfügig zu deinem Fallschirm-Profil passt, stellt sich die Frage, wie du Personen findest, deren Job dir eher zusagt. Das sogenannte Job Meter kann dir dabei helfen, Fragen zu formulieren, die dir entsprechende Hinweise auf besser geeignete Tätigkeiten geben.

Der Einsatz des Job Meters

Das Job Meter wurde von Dr. Marty Nemko entwickelt und hilft dir dabei, Gesprächspartner zu finden, deren Arbeit deinen Neigungen und Wünschen entspricht. Und folgendermaßen kannst du das Job Meter nutzen:

1. Bewerte den Job, über den du nachdenkst oder der dir beschrieben wurde, auf einer Skala von 1 bis 10 (1 = schrecklich; 10 = Traumjob).
2. Wenn deine Bewertung schlechter als 9 ausfällt, stell dir die Frage: »Was müsste an dieser Tätigkeit verändert werden, damit ich sie mit 10 bewerten würde?«
3. Im Rahmen eines Informationsgesprächs solltest du aktiv formulieren, inwiefern der Job deiner Träume sich von der Arbeit deines Gesprächspartners unterscheidet. Bleibe aber immer höflich! Sag beispielsweise nicht: »Ihr Beruf ist ziemlich furchtbar!« Frag lieber, ob dein Gegenüber eine alternative Beschäftigung kennt, die eher in die von dir gesuchte Richtung geht.

Ein Beispiel für die Benutzung eines Job Meters

Eric ist 17. Letzte Woche führte er ein Informationsgespräch mit Steve, einem Börsenmakler. Auf seinem Job Meter gab Eric diesem Beruf die Note 3. Zwar gehörten Erics beste Fähigkeiten zu den Grundvoraussetzungen – Mathematik, Informationsanalyse und Entscheidungen auf der Basis von Zahlen zu treffen –, aber Steve arbeitete in einem Wolkenkratzer, die Arbeitsumgebung war sehr förmlich, und seine Kollegen, die sehr gestresst wirkten, saßen in kleinen Büroräumen. Das alles konnte Eric nicht reizen.

Heute trifft Eric sich mit der Cousine seiner Mutter, Leah. Sie ist gerade mal Anfang 30 und hat ihre eigene kleine Kanzlei als Wirtschaftsprüferin eröffnet. Sie arbeitet in einem alten Haus, das in ein Bürogebäude umgewandelt wurde. In der Nachbarschaft befinden sich große, grüne Bäume und ein paar Cafés mit Biergarten. Eric findet Leahs Arbeitsplatz deutlich behaglicher als das Büro des Börsenmaklers. Nachdem er sich angehört hat, was Leah den ganzen Tag tut, beschließt Eric, ihr von dem Job Meter zu berichten, das ihm ein Lehrer in einem Berufsvorbereitungskurs nahegebracht hat. Er fragt sie, wie sie selbst ihren Job bewerten würde.

»Mit 9,9«, erwidert sie strahlend. »Was hältst du denn davon?«

Eric zögert und antwortet dann: »Mit 5 oder 6. Mein Lehrer sagt aber, dass ein Job, den wir anstreben, von uns mindestens eine 8 bekommen sollte, wenn wir ihn zu unserer Karrieregrundlage machen wollen.«

Glücklicherweise ist Leah nicht beleidigt. Sie lächelt und fragt: »Was müsste an diesem Job denn anders sein, damit du ihn mit 9 oder 10 bewerten könntest?«

»Ich weiß nicht so genau, ob ich tatsächlich ein eigenes Unternehmen mit vielen Klienten haben will. Ich würde meine Mathematikkenntnisse gern einsetzen, um Informationen zu sammeln und Berichte an meinen Vorgesetzten oder an einen Kunden schreiben. Und sowohl Sie als auch Steve, der Börsenmakler, den ich letzte Woche befragte, verbringen viel Zeit damit, ständig neue Leute kennen zu lernen. Wahrscheinlich, um Ihr Geschäft zu erweitern?«

»Ja. Ich gehöre einem Wohltätigkeitsclub an, ebenso einer lokalen Unternehmervereinigung, einem Zusammenschluss berufstätiger Frauen. Ich mache die Steuererklärung für den Kindergarten, den mein Sohn besucht, und ich habe ein Ehrenamt als Kassenwart im Schulverein der Grundschule angenommen, die er im nächsten Jahr besuchen wird. Ich finde diese Art der Vernetzung subtiler und sinnvoller als einfach nur einen Button zu tragen mit der Aufschrift: ›Ich bin Wirtschaftsprüferin. Kommen Sie zu mir.‹ Aber ich halte ständig nach Methoden Ausschau, um Menschen kennen zu lernen, die meine Dienstleistungen gebrauchen könnten.«

»Und ich glaube, dass mir genau dieser Teil nicht besonders gefällt. Ich will nicht dauernd neue Menschen kennen lernen. Außerdem fände ich es schön, wenn ich nicht nur im Büro, sondern auch außerhalb arbeiten könnte.«

Leah denkt eine Weile nach, dann sagt sie: »Ich habe Klienten, die alle möglichen verschiedenen Berufe ausüben. Gib mir eine Woche Zeit, um meine Akten durchzusehen. Ich muss die Betreffenden ja auch fragen, ob ich ihren Namen an dich weitergeben darf. Ich werde sicherlich ein paar Leute finden, die ihre Mathematikkenntnisse im Beruf sinnvoll einsetzen, und mit denen du dich unterhalten kannst.«

»Danke, Leah. Das ist wirklich eine große Hilfe«, antwortet Eric. »Je mehr Menschen ich interviewe, umso wahrscheinlicher ist es, dass ich einen Beruf finde, der zu meinem Persönlichkeitsprofil passt.«

Manche Menschen sind schon während eines Informationsgesprächs in der Lage, einen Job zu bewerten, zu analysieren und zu beschreiben, inwieweit ihr Traumjob sich davon unterscheidet. Andere wiederum müssen über die Informationen erst einmal nachdenken. Wenn du zum zweiten Typ gehörst, dann nutze die Möglichkeit, deine Gesprächspartner zurückzurufen. Gib ihnen eine Beschreibung der Fähigkeiten, Aktivitäten, Interessengebiete oder Arbeitsbedingungen, die dazu führen, dass du einen Beruf mit der Note 10 bewertest. Damit dein Gegenüber Zeit hat, sich weitere Gesprächspartner für dich zu überlegen, könntest du diese Information in deinen Dankesbrief (siehe Seite 88) integrieren, in dem du zudem darauf hinweist, dass du noch einmal anrufen wirst, um Vorschläge zu erbitten.

Das Dankesschreiben

Bedanke dich nach jedem Informationsgespräch schriftlich. Warum? Wann immer du dich mit anderen Menschen triffst, mit ihnen telefonierst oder E-Mails austauschst, schenken sie dir etwas sehr Wertvolles – ihre Zeit, ihre Erfahrung und ihre Erkenntnisse. Jedes wertvolle Geschenk sollte anerkannt werden. Die Menschen, die du befragst, wissen es zu schätzen, wenn du den Wert ihrer Zeit und Lebenserfahrung anerkennst. Außerdem sind sie wahrscheinlich beeindruckt und werden auch in Zukunft bereit sein, dir zu helfen, wenn du noch mehr Informationen benötigst.

Frage während des Gesprächs nach der Visitenkarte deines Gegenübers. Sollte der Befragte keine besitzen, dann frage ihn nach der Berufsbezeichnung, der korrekten Schreibweise seines Namens und dem genauen Namen der Firma, in der er arbeitet. Wer diese Informationen minutiös aufnimmt, zeigt, dass er das Interview ernst genommen hat und die Hilfe der Person, die vor ihm sitzt, zu schätzen weiß.

Im Folgenden geben wir dir ein paar Tipps, wie du ein solches Dankesschreiben formulieren kannst:

- Kaufe dir ein paar Blanko-Karten (gibt es im Drogeriemarkt oder im Schreibwarengeschäft) und ein paar Briefmarken.
- Wenn du nicht gerade über eine außergewöhnlich gute Handschrift verfügst, solltest du dein Dankesschreiben lieber auf dem Computer schreiben und ausdrucken. Du kannst den Zettel dann in die Karte kleben oder auch online eine Karte entwerfen, die du komplett ausdruckst. Aber vermeide auf jeden Fall niedliche Hello-Kitty-Motive oder megawitzige Bilder. Du schreibst an einen Geschäftsmann oder an eine Geschäftsfrau, nicht an einen Freund oder eine Freundin.
- Halte den Text kurz und einfach. Zwei bis drei Sätze genügen.
- Schreibe und verschicke dein Schreiben innerhalb von 24 Stunden nach deiner Verabredung. Ein Dankesschreiben, das

erst eine Woche später ankommt, wirkt wie ein nachträglicher Einfall, nicht wie aufrichtig geäußerte Dankbarkeit.

Hier ist ein Beispiel:

Lieber Herr/Frau/Dr. ...,
vielen Dank, dass Sie gestern mit mir über Ihre Arbeit gesprochen haben. Ihre Informationen waren sehr hilfreich. Es war sehr freundlich, dass Sie mir Ihre Zeit geopfert haben.
   Wenn ich mich tatsächlich entschließe, diesen beruflichen Weg einzuschlagen, habe ich wahrscheinlich noch mehr Fragen an Sie und würde mich freuen, dann wieder auf Sie zukommen zu dürfen.
   Mit freundlichen Grüßen,
   [Dein Name]

Falls dein Gesprächspartner etwas besonders Hilfreiches gesagt hat, dir einen guten Vorschlag gemacht hat oder einen anderen Kontakt empfohlen hat, der bereits einverstanden ist, sich ebenfalls mit dir zu treffen, dann erwähne das ebenfalls in deinem Dankesschreiben. Du kannst dich natürlich auch nach Vorschlägen für Berufe erkundigen, die nach deiner Vorstellung die Note 10 auf deinem Job Meter erhalten könnten. Wenn du beispielsweise ganz scharf auf einen Job mit internationalem Fokus bist, dann frage dein Gegenüber, ob es Unternehmen oder Berufe kennt, die dieses Detail berücksichtigen.

Du kannst dein Dankesschreiben natürlich auch per E-Mail schicken. Folge dabei diesen Richtlinien:

- Nutze Standarddeutsch (achte auf Groß- und Kleinschreibung).
- Achte auf Interpunktion und Grammatik (keine Bandwurmsätze).
- Wenn du fertig bist, solltest du die Rechtschreibprüfung aktivieren.
- Bitte einen Erwachsenen, das Schreiben gegenzulesen. Die Rechtschreibprüfung ist zwar hilfreich, aber nicht todsicher!

Nach den Informationsgesprächen

Nach Abschluss sämtlicher Informationsgespräche solltest du eine erheblich klarere Vorstellung von deinem potenziellen Traumjob haben. Notiere die drei Berufe, die dich am ehesten reizen, und informiere dich weiter darüber.

Diese ganze harte Arbeit wird nicht nur dazu beitragen, dass du deinen Traumjob findest, sondern hilft dir auch auf einer erheblich grundlegenderen Ebene. Durch alles, was du auf deinem Fallschirm notiert hast – was du über dich selbst erfahren hast und durch die Informationsgespräche weißt –, wirst du in der Lage sein, neue Situationen mit Konzentration und Zielstrebigkeit zu meistern. Wer weiß, wie sein Traumjob aussieht, wird auch befriedigendere Ferienjobs, Praktika oder Teilzeitjobs finden. Zudem wirst du dich auch bei der Wahl deines Studienfachs leichter tun.

Wow! Du hast einiges geleistet, hast entdeckt, was du gern tust, mit welchen Menschen du zusammenarbeiten willst, wo du arbeiten und leben möchtest. Vielleicht sind noch ein paar Fragen offen, aber das ist kein Problem. Die Antworten darauf werden sich mit der Zeit ergeben. Wir hoffen, dass du einiges über dich selbst erfahren hast, das dir noch nicht bewusst war, und einiges bestätigt fandest, das du schon wusstest.

Die Entdeckungen, die du in Teil 1 dieses Buches gemacht hast, legen den Grundstein für die praktischen Schritte, um deinen Traumjob zu ergattern, die wir in Teil 3 erörtern. Aber zuerst wollen in Teil 2 darauf eingehen, wie man Schule, Berufsschule, Fachhochschule oder Universität (falls du studieren willst) am besten nutzt. Außerdem stellen wir dir ein paar Werkzeuge vor, die dich auf dem Weg zu deinem Traumjob weiterbringen werden.

Weitere Informationen

Den potenziellen Traumjob finden
- **www.arbeitsagentur.de** Die Bundesagentur für Arbeit bietet hier Informationsmaterial zu verschiedensten Berufen inklusive des entsprechenden Anforderungsprofils.
- **www.bibb.de** Das Bundesinstitut für Berufsbildung hat hier Informationen und eine Kurzbeschreibung von Berufen und Ausbildungsinhalten zusammengestellt.
- **www.berufswahl.de** Diese Website richtet sich vornehmlich an Abiturienten. Neben der Beschreibung von Studienfächern und Studieninhalten findest du hier auch Berufsvorschläge.
- **www.neue-ausbildungsberufe.de** Hier findest du Informationen zu neu entstandenen Ausbildungsberufen.
- **http://karriere-journal.monster.de** Dieses Angebot der Jobbörse Monster.de stellt unzählige Berufsbilder von Abfallwirtschaftler bis Wirtschaftsprüfer vor.

Ferner seien dir folgende Bücher ans Herz gelegt:
- Bundesagentur für Arbeit (Hrsg.), *Studien- und Berufswahl 2011/2012*, Nürnberg, 2012 (wird alljährlich aktualisiert).
- Achterhold, Gunda, *Wer macht was und was mache ich? 64 tolle Jobs mit Zukunft*. Frankfurt, New York, 2012. In diesem Buch berichten Berufseinsteiger über ihre Tätigkeitsfelder.

Praktika, Auslandsstudien und andere Gelegenheiten
- Gute und umfangreiche Informationen und weiterführende Adressen findest Du bei der Bundesagentur für Arbeit.
- **http://de.msn.com** Hier findest du eine übersichtliche Auflistung von Online-Jobbörsen für 20 Länder weltweit.
- **www.cesar.de** Dies ist eine Übersicht über 83 weltweite Jobbörsen sowie Institutionen, die ins Ausland vermitteln.

Solche Jobbörsen sind, um nur einige zu nennen, z. B.:
- **www.careerbuilder.com**
- **www.jobpilot.com**
- **www.jobware.com**
- **www.monster.com**

Als Vermittlungsstellen von Praktika und Auslandsaufenthalten für Studierende und junge Leute nennen wir hier neben der Arbeitsagentur nur eine Auswahl:
- **www.daad.de** Austauschprogramme für deutsche und ausländische Studierende.

- **www.ciee.org** Vermittlung von High-School-Besuchen, Sprachkursen, Praktika und Auslandsjobs.

Allgemeine Informationen zum Thema Job und Berufsfindung

Neben den Online-Jobbörsen empfehlen wir hier Magazine und Fachzeitschriften, die ihre eigenen Karriereseiten anbieten, auf denen du Informationen zu Berufen, aber auch zu Bewerbungsverfahren findest. Folgende Seiten seien an dieser Stelle exemplarisch genannt:

- **www.zeit.de/campus** Dieses Angebot der Wochenzeitschrift *Die Zeit* bietet regelmäßig Informationen zum Studium und Berufseinstieg.
- **www.karriere.de** Hier findest du zahlreiche Informationen zum Thema Berufseinstieg und Karriereplanung. Unter dem Reiter »Praktikum« können sich besonders Interessenten für Praktika umfassend informieren.
- **www.sueddeutsche.de/karriere** Neben Tipps für »alte Hasen« finden hier auch Schul- und Hochschulabsolventen Informationen rund um Unternehmensprofile, Jobangebote sowie alles zum Thema Bewerbung.

Brauchst du einen Karrierecoach?

Eine entsprechende Karriereberatung kann Schulabgängern bei der Wahl ihres Studienfachs ebenso helfen wie bei der Entscheidung für einen bestimmten Werdegang. Ein Coach kann dich dabei unterstützen, diejenigen Fähigkeiten herauszuarbeiten, die dir am Arbeitsmarkt von besonderem Nutzen sein können. Mit ihm kannst du herausfinden, welche Fachgebiete dich faszinieren, und realistische Möglichkeiten ausloten. Ein Coach wird deine Wünsche, Bedürfnisse und Ziele unter die Lupe nehmen. Er hört genau zu und analysiert deine Situation mithilfe von Fragen, schriftlichen Übungen und entsprechendem Feedback, damit du deine Optionen abwägen und gut informierte Entscheidungen treffen kannst. Qualifizierte Berater findest du im Berufs-Beratungs-Register unter **www.bbregister.de**.

TEIL II

AUF DEM WEG IN DEINE ZUKUNFT

Schüler müssen ermutigt werden, sich für einen beruflichen Werdegang zu entscheiden, der auf dem aufbaut, was sie lieben. Wie oft lassen sich Leute von Gehalt, Prestige oder Ehrgeiz von ihrer Suche nach dem goldenen Schlüssel – zu dem, was motiviert und inspiriert – ablenken. Jeder Mensch besitzt die Freiheit, den notwendigen Weg einzuschlagen, um seine Träume zu realisieren. Es kommt nur darauf an, diese Freiheit auch zu finden, wo und wie auch immer.

Dr. Adam Hovermann, Allgemeinmediziner, 30 Jahre

Kommt es dir manchmal so vor, als ob die Zukunft noch in weiter Ferne liegt? Hast du zuweilen das Gefühl, dass dein Traum vom beruflichen Glück unerreichbar ist? Wenn du jetzt nichts unternimmst – wenn du nur hoffst, dass sich schon irgendetwas ergeben wird –, wirst du nach dem Abitur wahrscheinlich mit leeren Händen dastehen und keine Ahnung haben, wie du deine Träume in einen richtigen Job umwandeln kannst. Ergreife Maßnahmen, um deine Fantasien Wirklichkeit werden zu lassen, denn du gestaltest deine Zukunft genau jetzt, in diesem Augenblick. In diesem Teil des Buches werden wir uns anschauen, wie du das bewerkstelligen kannst.

In Kapitel 5 wirst du Wege entdecken, um aus deiner Schulzeit das Beste zu machen. Kapitel 6 zeigt dir, wie du deine Studienzeit im Hinblick auf dein Berufsleben am produktivsten nutzen kannst. Und diese Seiten sind nicht nur für diejenigen Leser interessant, die eine akademische Ausbildung planen. Hier findest du auch jede Menge nützliche Informationen und Ratschläge über die Ausbildung zu hochqualifizierten Berufen für jedermann. In Kapitel 7 wirst du lernen, dir Ziele zu setzen – eine wichtige Fähigkeit, die dir nicht erst in der Zukunft, sondern schon jetzt, in der Schule, weiterhelfen kann. Schließlich gibt dir Kapitel 8 Tipps, wie du soziale Online-Netzwerke zur Jobsuche einsetzt.

Deine Lektüre – und die Tatsache, dass du aus deiner Schulzeit und der Studienzeit das Beste machst und neue Werkzeuge kennen lernst – verleiht dir die Freiheit, deinen Träumen zu folgen und voller Zuversicht in die Zukunft voranzuschreiten zu einer Arbeit, die du liebst.

5
Was machst du jetzt?
Das Beste aus der Schulzeit machen

Schule ist wichtig! Sie ist nicht nur ein langweiliges Wartezimmer bis zum Abitur, zur Uni oder zum Beginn des »wahren Lebens«. Du kannst deine Schulzeit nutzen, um theoretische und praktische Kenntnisse zu erwerben, mit denen du später auf der Universität Erfolg hast. Du kannst mögliche berufliche Werdegänge ausloten und einen detaillierten Plan entwickeln. Studenten wissen normalerweise, dass sie einigermaßen gute Noten benötigen, um Erfolg zu haben. Aber die meisten wissen nicht, wie wichtig es ist, erste, vorläufige berufliche Entscheidungen zu treffen und sich einen Plan zu machen, wie sie diese beruflichen und Lebensziele erreichen können.

Warum benötigt man einen detaillierten Plan? Studien über Lernende – ob sie nun auf die Universität gehen oder nicht – zeigen, dass diejenigen, die ihr Lebens- und Karriereziel erreichen, über einen minutiös ausgearbeiteten Plan verfügen. Sie konzentrieren sich auf ihr Ziel. Sie wissen, warum sie die Schule besuchen und in welchem Bezug ihre Fächer zu ihrem Lebensplan stehen. Zudem kennen sie die Hindernisse, mit denen sie zu kämpfen haben werden, und haben Strategien ersonnen, um sie zu überwinden.

Hast du das Gefühl, dass Beruf oder ein entsprechender Werdegang noch Lichtjahre entfernt sind? Für einige von euch ist das vielleicht sogar beinahe wahr. (Wir sagen »beinahe«, weil die Zukunft meist schneller kommt, als erwartet!) Der Übergang von der Schule zu der von dir bevorzugten Laufbahn oder zu einem Vollzeitjob, der dir Spaß macht, kann, wie bereits erwähnt, bis zu zehn Jahre dauern.

Aus diesem Grund solltest du schon mit der Veränderung anfangen, solange du noch die Schule besuchst. Um eine gute Basis für deine Karriere zu legen, solltest du mit der Wahl deiner Leistungskurse und mit außerschulischen Aktivitäten beginnen.

Wie jeder schlaue Politiker kannst du deine Schulzeit nutzen, um eine »Kampagne« ins Leben zu rufen, die dir dabei hilft, zukünftige Karriereziele zu erreichen. Zu dieser Kampagne gehört es, dass du deine Kenntnisse vom Arbeitsleben und deine Fähigkeiten zur Jobsuche erweiterst, ein Karriere-Portfolio anlegst und dir überlegst, ob du ein Studium beginnen willst oder musst. All diese Aspekte werden wir im vorliegenden Kapitel erörtern. Und weil es immer sinnvoll ist, sich mit dem zu befassen, was in Zukunft auf einen wartet, werden wir auch einen kurzen Blick auf das werfen, was nach der Schule kommt.

Kenntnisse vom Arbeitsleben

Je mehr du über das Arbeitsleben lernst, umso mehr berufliche Möglichkeiten und Alternativen eröffnen sich dir. Die Arbeit, die du im Rahmen der vorangegangenen Kapitel geleistet hast – die Erforschung deiner Interessen, deiner Fähigkeiten sowie deiner Vorlieben im Hinblick auf Arbeitsumgebung und menschliches Umfeld und natürlich die Identifizierung von potenziellen Traumjobs –, hat ein solides Fundament für dieses wachsende Bewusstsein geschaffen.

Ohne es vielleicht zu bemerken, unternimmst du wahrscheinlich jetzt schon einiges, was zum Wachstum deines Bewusstseins beiträgt. So achtest du beispielsweise sicher mehr darauf, wie andere Menschen ihren Lebensunterhalt verdienen. Vielleicht hast du Eignungstests oder eine Karriereberatung wahrgenommen, bei der dir Jobs vorgeschlagen wurden, die dir durchaus zusagen, über die du aber bislang nichts wusstest. Möglicherweise hast du ältere Freunde oder Geschwister, die die Schule schon hinter sich haben und nun in Berufen arbeiten, von deren Existenz du bislang nichts ahntest. Und du weißt genau, wer seine Arbeit genießt und wer nicht.

Deine bewusste Wahrnehmung des Berufslebens kann auch dadurch wachsen, dass du deine Schullaufbahn auf deine zukünftigen Möglichkeiten abstimmst: entsprechende Kurse belegst, die dich weiterbringen, außerschulisch aktiv wirst oder einen Ferienjob annimmst. Verschaffen wir uns im Folgenden doch einmal einen Überblick über deine Optionen:

Kursbelegung

Du musst eine Buchbesprechung machen? Lies ein Buch über einen besonders prominenten Industriellen oder Geschäftsmann, der dich interessiert. Oder wähle eines der hilfreichen Bücher aus der Literaturliste am Ende dieses Kapitels aus. Du musst einen Bericht schreiben? Wähle einen Beruf, ein Themengebiet oder eine Branche aus, die dich interessiert, und schreibe ein Referat darüber. So könntest du beispielsweise der Frage nachgehen, welche Fortune-500-Firmen von Menschen gegründet wurden, die keinen akademischen Abschluss haben. Du musst eine Präsentation machen? Berichte über das, was du beim Ausfüllen deines Fallschirm-Diagramms und bei deinen Informationsgesprächen gelernt hast. Durch derlei Präsentationen erfüllst du nicht nur die Unterrichtsanforderungen, sondern trägst auch dazu bei, dass deine Freunde und Klassenkameraden diejenigen Fähigkeiten erlangen, die sie benötigen, um eine Arbeit zu finden, die sie lieben.

Wenn deine Schule gemeinnützige Projekte fördert, halte nach Möglichkeiten Ausschau, wie du gleichzeitig der Gemeinschaft und deinen beruflichen Interessen dienen kannst. Wenn du dich

> »Ich wünschte, ich hätte in der Schule gewusst, dass es noch mehr Möglichkeiten außer Arzt, Anwalt oder Geschäftsfrau gibt. Ich wünschte auch, ich hätte gewusst, dass man den Beruf, den man als Jugendlicher oder Jugendliche auswählt, nicht sein Leben lang ausüben muss. Man kann sich immer noch verändern.«
> ALICE PRAGER, Marketing-Managerin, 29 Jahre

beispielsweise für den Beruf des Sozialarbeiters interessiert, wäre eine ehrenamtliche Tätigkeit beim Sozialamt sinnvoll. Oder du könntest ein Mentoren-Programm für Schüler aus Flüchtlingsfamilien ins Leben rufen. Ist dein bevorzugtes Fachgebiet die Politik, so könntest du dich an dein örtliches Wahlbüro wenden und dort eine spezielle Kampagne ins Leben rufen, die sich speziell an Schüler und Studenten richtet, die gerade erst volljährig und damit wahlberechtigt sind.

Außerschulische Aktivitäten

Außerschulische Aktivitäten machen nicht nur Spaß und bieten eine tolle Gelegenheit, neue Freunde kennen zu lernen, sie helfen dir auch, deine beruflichen Möglichkeiten weiter auszuloten und wertvolle Fähigkeiten zu entwickeln. Eine Band, ein Chor, eine Theatergruppe, Sportvereine und Clubs, in denen du gemeinnützig tätig bist oder deinen Interessen nachgehst, können eine gute Gelegenheit bieten, um deine Interessen auf den Prüfstand zu stellen und deine Fähigkeiten weiter auszubauen. Nehmen wir an, du möchtest gern Musik unterrichten. Vielleicht lässt dein Band- oder Chorleiter dich ein neues Stück mit dem Anfängerchor oder der Anfängerband einstudieren. Falls du Buchhalter werden willst, könntest du für einen Verein als Schatzmeister tätig werden. Abseits der klassischen Einnahme-Überschuss-Rechnung könntest du hier ein Budget errechnen, Beiträge einsammeln etc. Liegt dein Schwergewicht eher im Theaterbereich, so könntest du unter Umständen einen Einakter schreiben und dabei Regie führen. Als Vorsitzender eines Clubs, eines Kurses oder des Schülerrates entwickelt man sowohl Führungsqualitäten als auch eine hohe Sozialkompetenz.

Triffst du im Rahmen deiner außerschulischen Aktivität auf einen besonders unterstützenden und ermutigenden Lehrer, Vereinsleiter, Band- oder Chorleiter oder eine andere wichtige Persönlichkeit, dann unterhalte dich mit dem Betreffenden. Frage ihn, was du tun kannst, um mehr über Jobs zu lernen, die mit der betreffenden Tätigkeit zu tun haben, und wie du Fähigkeiten entwickeln kannst, die im Berufsleben von Vorteil sein können.

Teilzeit- oder Ferienjobs

Auf die Frage, ob man in der Schulzeit arbeiten sollte oder nicht, erhältst du die unterschiedlichsten Antworten. Manche Leute, wie der Wirtschaftswissenschaftler Steve Hamilton, sind der Überzeugung, dass man seine gesamte Energie ins Lernen investieren sollte, um gute Noten zu erhalten. Ihm zufolge »profitieren Schüler langfristig mehr von besseren Noten als von einem Job im Schnellrestaurant. Arbeitgeber suchen nach Hinweisen dafür, dass ein junger Mensch motiviert und ehrgeizig ist. Die Noten sind ein solches Signal.«

Andere Menschen glauben, dass ein Teilzeit- oder Ferienjob dazu beiträgt, dass man wichtige Fähigkeiten im Hinblick auf Zeitmanagement, Sozial- und Arbeitsverhalten sowie Verantwortungsbewusstsein entwickelt. In manchen Fällen macht es die finanzielle Situation der Familie vielleicht nötig, dass du in deiner Schulzeit arbeitest. Wenn du arbeiten willst oder musst, solltest du deinen Job nutzen, um dort Fähigkeiten zu entwickeln, die du auch an anderer Stelle einsetzen kannst. Noch besser ist es, wenn möglich einen Job in deinem Interessengebiet zu finden. Wenn du beispielsweise in einem Fast-Food-Restaurant arbeitest, entwickelst du wertvolle Fähigkeiten, um in der Öffentlichkeit zu arbeiten. Wenn du einen guten Supervisor hast, bitte die Person, dir ein paar grundlegende Supervisions-Fähigkeiten zu vermitteln. Interessierst du dich für die Entwicklung von Kindern, such dir einen Job in einem Familienzentrum. Statt den Teilzeitjob ausschließlich als Geldquelle zu betrachten, solltest du ihn nutzen, um Fähigkeiten zu erwerben, die dir helfen, in den kommenden Jahren deinen Traumjob zu finden. Außerdem solltest du mindestens ein Drittel deines Einkommens sparen, wenn du kannst. Teenager geben in der Regel 98 Prozent ihres Gesamteinkommens aus. Die Gewohnheit, unsere Mittel zu überschreiten, führt im Großen wie im Kleinen zur Überschuldung. Wenn du 100 bis 200 Euro aus all deinen Nebenjobs sparen kannst, hast du hinterher das Geld für notwendige Arbeitswerkzeuge – angefangen von den Lehrmaterialien an der Hochschule bis hin zu der Reise, die du zu einem potenziellen Arbeitgeber unternimmst, oder der Konferenz, an der du teilnimmst.

Kluge Fächerwahl

In der Schule musst du bestimmte Anforderungen erfüllen, aber natürlich hast du die Wahl, wie du das tust. So darfst du zum Beispiel deine Schwerpunktfächer frei wählen. Wenn du dich jetzt schon klug entscheidest, kann dies ein erster Schritt hin zu deinem Traumjob sein. Wenn du ein Studium anstrebst, solltest du dich bei der Studienberatung der für dich interessanten Hochschulen informieren, um zu erfahren, welche Leistungskurse sich günstig auf deine Studienwünsche auswirken können. Interessierte Schüler und Schülerinnen können an vielen Universitäten und in zahlreichen Fakultäten auch schon vor Abschluss der Schulzeit Lehrveranstaltungen besuchen und in den meisten Kursen sogar Leistungsnachweise erbringen (die hinterher aufs Studium angerechnet werden, was wiederum eine Verkürzung des Studiums ermöglicht). Oft werden die (meist sehr leistungsstarken) Schüler von den Schulen ausgewählt und zur Teilnahme an den Veranstaltungen angemeldet.

Aber was, wenn du gar nicht genau weißt, was du in Zukunft machen willst? Im Folgenden findest du ein paar Ideen, die dir helfen können, egal, wozu du dich letztlich nach der Schule entscheidest:

- Sorge für gute Noten. Strenge dich an, um die besten Leistungen zu erbringen, derer du fähig bist. Frage dich angesichts deines Zwischenzeugnisses: »Habe ich in jedem Kurs mein Bestes gegeben?« Wenn nicht, streng dich noch mehr an.
- Fremdsprachenkenntnisse sind ein wertvoller Aktivposten. Außer Englisch sind im Geschäftsleben mittlerweile Spanisch und Chinesisch von besonderer Bedeutung. Wenn du im Außenhandel arbeiten möchtest, solltest du unbedingt versuchen, auch etwas Chinesisch zu lernen, was an Schulen ja nicht unbedingt angeboten wird. Als besonders nützlich in vielen Fachgebieten hat sich das Fach Spanisch erwiesen – in der Lehre, im Sozialbereich, am Bau und anderswo. Wenn an deiner Schule Spanisch angeboten wird, solltest du es so lange wie möglich belegen.
- Solltest du einen besonders hoch dotierten Job anstreben, so belege Mathematik und naturwissenschaftliche Fächer. Viele anspruchsvolle Berufe mit guter Bezahlung haben eine mathematisch-naturwissenschaftliche Ausrichtung. Wenn es an deiner Schule keine guten Lehrer in diesen Fächern gibt, suche dir einen Tutor oder sorge im Selbststudium für eine gute Ausbildung. Ein Bibliothekar oder ein fachkundiger Buchhändler kann dir sicher Empfehlungen geben, welche Standardwerke dir weiterhelfen können.
- Erweitere deinen Horizont, indem du mehr über deine Gemeinde, dein Land und die Welt lernst. Durch deine Kirche oder eine gemeinnützige Organisation (wie z. B. den Lions

Club oder die Rotarier) kannst du gemeinnützige Projekte zu Hause und im Ausland ausfindig machen.
- Sprich mit erwachsenen Personen deines Vertrauens. Frage sie, wie sie zu ihrem Beruf gekommen sind. Finde heraus, was sie an ihrer Arbeit schätzen und was nicht. Frage sie, ob sie bedauern, in ihrer Jugend irgendetwas nicht gewusst oder unternommen zu haben (in der Schulzeit, aber auch später), was auf ihre jetzige Berufssituation Einfluss gehabt hätte.

Die Fähigkeiten zur Jobsuche erweitern und ein Karriere-Portfolio anlegen

Indem du die Übungen in diesem Buch absolviert hast, hast du begonnen, deine Fähigkeiten zur Jobsuche weiterzuentwickeln. Diese wirst du in den Jahren deines Berufslebens immer weiter vervollkommnen. Ganz spezifische Fähigkeiten zur Jobsuche – informelle Gespräche zu führen, dein soziales Netzwerk auszubauen, Anschreiben und Dankesschreiben zu verfassen – bauen auf dem Fundament auf, das du in den Discovery Exercises in Teil 1 gelegt hast. Sie helfen dir, deine Karriereziele zu verfolgen und deinen Traumjob zu finden. (Sie können sogar dazu beitragen, dass du noch in deiner Schulzeit einen guten Teilzeit- oder Ferienjob ergatterst.) Gute Fähigkeiten zur Jobsuche erleichtern dir die Jobsuche und gestalten sie sowohl effizienter als auch effektiver.

Wenn es an deiner Schule oder in deiner Stadt ein Berufsbildungszentrum gibt, dann solltest du dort quasi zum Stammgast avancieren – dies ist der ideale Ort, um deine Fähigkeiten zur Jobsuche zu vervollkommnen. Finde heraus, welche Ressourcen und Informationsquellen das Zentrum bietet. Werden dort, an deiner Schule oder beispielsweise an der Volkshochschule oder an anderen Weiterbildungszentren Kurse angeboten, die den Teilnehmern vermitteln, wie man einen Lebenslauf schreibt, sich auf ein Vorstellungsgespräch vorbereitet, soziale Netzwerke nutzt oder Anschreiben und Dankesschreiben verfasst? Falls ja, dann solltest du diese Angebote unbedingt nutzen. Sprich mit den dortigen Beratern über deine Interessen und Ziele. Sie wissen eine Menge über Berufe und Werdegänge und können dir hilfreiche Tipps geben. Wenn es in der Nähe deines Wohnortes kein Berufsinformationszentrum gibt, nutze das Internet und die relevanten Ressourcen und Websites, die wir in diesem Buch aufgeführt haben.

> »Waren Sie in letzter Zeit mal in einem Burger-Restaurant? Jeder Angestellte ist hundertprozentig engagiert und behandelt die Kunden höflich. Einen Jugendlichen, der diese Fähigkeiten besitzt, werde ich sofort einstellen. Sein Notendurchschnitt ist dann erst einmal zweitrangig.«
> JIM ASCHWANDEN, Rancher und geschäftsführender Direktor der California Agricultural Teachers' Association

Im Folgenden findest du ein paar weitere Tipps, durch deren Beherzigung du deine Fähigkeiten zur Jobsuche weiterentwickeln und dein Bewusstsein von der Welt der Arbeit erhöhen kannst:

- Höre dir Gastvorträge an und frage die Redner, wie sie zu dem Job gekommen sind, den sie gerade ausüben.
- Besuche Karriere- und Berufsmessen.
- Befasse dich auch weiterhin mit möglichen anderen Jobs: Besuche, wenn möglich, Freunde und Verwandte am Arbeitsplatz. Knüpfe neue Kontakte und führe Informationsgespräche oder übernimm einen ehrenamtlichen Job in einem Gebiet, das dich interessiert.
- Besuche die Tage der offenen Tür an Fachhochschulen und Universitäten in deiner Umgebung. Berichte den dortigen Hochschuldozenten von deinen Interessen und frage nach

möglichen Hauptfächern – und den Voraussetzungen, um diese Hauptfächer zu belegen. Auch nach entsprechenden Vorbereitungskursen solltest du dich erkundigen.
- Nimm an Konferenzen, Meetings oder Aktionärshauptversammlungen von Firmen oder Organisationen teil, die in der Nähe deines Wohnortes ansässig sind. Nimm Kontakt zu dem Organisator auf, um herauszufinden, wann derlei Versammlungen stattfinden und ob externe Gäste zugelassen sind. Als Schüler musst du unter Umständen noch nicht einmal Eintritt bezahlen.

Hospitationen oder Tagespraktika

Du kannst mehr über Jobs lernen, die deinen Interessen und Fähigkeiten entsprechen, indem du in einer Firma hospitierst – was heißt, dass du einer Person, die einen bestimmten Job ausübt, einen ganzen Tag lang folgst (im Gegensatz zum klassischen Praktikum, das sich über mehrere Wochen erstreckt). Du kannst dich einem leitenden Angestellten, einer Krankenschwester, einem Architekten, einem Lehrer oder einem Schauspieler anschließen. Du siehst alles, was der Betreffende sieht und tut: Du nimmst an Meetings teil, hörst Telefongespräche oder wirst Zeuge seiner Interaktion mit Klienten oder Agenten. Du beobachtest, wie er am Computer oder am Zeichentisch arbeitet, hörst zu, wie er Drittklässlern Mathematik beibringt oder seine Rolle für die nächste Aufführung auswendig lernt. Eine Hospitation gibt dir ein realistisches Gefühl für den Arbeitsalltag in einem bestimmten Job. Außerdem lernst du die Arbeitsumgebung aus erster Hand kennen, was dir wiederum dabei hilft herauszufinden, ob du in diesem Umfeld tatsächlich voll berufstätig sein willst.

Ein solches Tagespraktikum kann wahlweise formell oder informell vereinbart werden. Bei der informellen Variante könntest du einen Vater, eine Mutter, einen Bekannten oder jemanden, mit dem du ein Informationsgespräch geführt hast, fragen, ob du an dem Arbeitsplatz des Betreffenden hospitieren kannst. Fange mit einem halben Tag an – das ist für die Person, die du begleiten wirst, deutlich leichter. Wenn deren Arbeit dich wirklich interessiert, bitte um zusätzliche Zeit an einem weiteren Tag, der dem oder der Betreffenden passt.

Heißer Tipp: Heutzutage kommt man im Leben oft nicht mehr mit einem einzigen Job aus – ob man das will oder nicht. Das Arbeitsleben ist schnelllebiger geworden, sodass einen der Beruf nicht mehr ein Leben lang begleitet. Auch wenn Berufe auf dem deutschen Arbeitsmarkt – im Gegensatz zur Situation in den USA – vergleichsweise streng gegeneinander abgegrenzt sind und ein Wechsel laut Bundesagentur für Arbeit auch immer das Risiko einer unterwertigen Beschäftigung in sich birgt, steigt auch hier die Flexibilität. Wir erwähnen das nur, um dir aufzuzeigen, dass du bei deiner Karriereplanung unter Umständen nicht den Job fürs Leben wählst.

Hospitationen werden über die Schule, das Berufsbildungszentrum, manche Hochschulen oder andere Organisationen initiiert.

Sie sind eine hervorragende Methode, um in Jobs hineinzuschnuppern, die in deinen Fallschirm hineinpassen, insbesondere deine potenziellen Traumjobs. Vielleicht findest du über diese Methode aber auch jemanden, der bereit ist, auf einem bestimmten Fachgebiet als dein Mentor zu fungieren. Mentoren sind häufig äußerst hilfreich, und man kann durchaus auch mehr als einen einzigen gebrauchen. Sie können einem dabei helfen, die Fähigkeiten, die für ein bestimmtes Fachgebiet sehr wertvoll sind, zu erkennen und weiterzuentwickeln. Außerdem können Mentoren Tipps geben, welche Art von Ausbildung du benötigst und was genau du studieren solltest. Hinzu kommt, dass sie meist über gute Kontakte verfügen, die dir während deiner Schulzeit einen Ferienjob in deinem Fachgebiet einbringen können. Das Gleiche gilt später für Vollzeitjobs. Mentoren geben dir Referenzen bei der Jobsuche und Anleitung in der ersten Zeit als Berufsanfänger (und darüber hinaus). Ein guter Mentor ist nicht mit Gold aufzuwiegen; er oder sie teilt mit dir eine Fülle von Erfahrungen, Weisheiten, Einsichten und praktischen Kenntnissen – von denen du das meiste kaum in der Schule lernen wirst. Denke daran, deinem Mentor nach jeder Unterhaltung einen Dankesbrief zu schreiben.

Praktika

Durch Praktika können Schüler in einem beaufsichtigten Rahmen praktische Erfahrungen sammeln. Normalerweise läuft ein Praktikum über ein bis vier Wochen, sodass der Praktikant bestimmte Fähigkeiten oder Arbeitsabläufe kennen lernen und Abteilungen durchlaufen kann. Schülerpraktika können hierzulande in den Klassen 9 bis 11 absolviert werden. Erkundige dich an deiner Schule, wann diese ein Praktikum in der Unterrichtszeit verlangt. Natürlich sind auch weitere, freiwillige Praktika in den Ferien nützlich und möglich. Schülerpraktika sind grundsätzlich unbezahlt, die meisten Praktika für Studenten mittlerweile ebenfalls. Aber schließlich geht es dabei ja auch nicht ums Geld, sondern um das Erlernen wertvoller Fähigkeiten, die deinen Marktwert erhöhen. Zudem versorgen Praktika dich mit Informationen aus erster Hand, die dir helfen, eine ausgewogene Entscheidung im Hinblick auf deine Karriereziele zu treffen. Wenn du dich geschickt anstellst, kann dein Praktikum dir wertvolle Geschäftskontakte und Einstellungsreferenzen verschaffen.

Informationen über mögliche Praktika findest du gegebenenfalls über deinen Beratungslehrer, über die Agentur für Arbeit, aber auch im Netz. Häufig informieren größere Unternehmen auf ihren Websites selbst über mögliche Praktika. Gib ins Suchfeld deiner Suchmaschine die Begriffe »Schülerpraktikum finden« ein, und schon eröffnet sich dir eine Fülle von Möglichkeiten. Ein weiterer Quell von Information kann deine Industrie- und Handelskammer vor Ort sein.

Mithilfe von Vater oder Mutter, eines Lehrers oder Berufsberaters kannst du ein Praktikum finden, das individuell auf deine Bedürfnisse zugeschnitten ist. Suche dir einen Betrieb vor Ort, in dem du arbeiten möchtest. Vereinbare einen Termin mit dem Firmeninhaber oder mit dem Abteilungsleiter der Firma, in der du arbeiten willst. Bitte diesen, dich als Praktikant einzustellen.

Der Praktikumsvertrag sollte allerdings anschließend schriftlich abgeschlossen werden. Er sollte die Fähigkeiten auflisten, die du im Unternehmen zu erlernen hoffst, die Dauer des Praktikums, die Tage und Stunden, die du dabei anwesend sein musst, und den Namen der Person, die dich beaufsichtigt. Arbeitgeber betrachten Praktika als Jobs, und das solltest du ebenfalls tun. Wenn du das Glück hast, einen Praktikumsplatz zu ergattern, solltest du jeden Tag pünktlich erscheinen und eine hohe Lernbereitschaft zeigen.

Mehr zum Thema Praktika nach der Schule findest du in Kapitel 6.

Ein Karriere-Portfolio anlegen

Ein Karriere-Portfolio ist eine Sammlung von Informationen, die du zu verschiedenen Jobs und beruflichen Werdegängen gesammelt hast. Hinzu kommen Informationen über deine Interessen, Fähigkeiten und potenziellen Traumjobs. Ein solches Portfolio ist deinem Fallschirm sehr ähnlich, enthält nur wesentlich mehr Details. Dein Portfolio kann ganz einfach sein. Oft genügt ein großer Briefumschlag oder ein Schnellhefter, in dem du alle Informationen zusammenträgst, die du gesammelt hast. Du kannst das Portfolio auch auf dem Computer abspeichern. Ein Karriere-Portfolio zeigt, was du kannst und was du weißt. Es handelt sich quasi um dein Profil in Form einer Sammelmappe.

Die Bedeutung von Optionen

In Deutschland beenden etwa 21 Prozent aller Studenten ihr Studium vorzeitig, also ohne Abschluss. Vor dem Hintergrund dieser Information wird deutlich, wie wichtig es ist, sich andere Optionen offenzuhalten, um die berufliche Karriere, von der du träumst, doch noch zu realisieren.

An manchen Schulen werden Berufsvorbereitungskurse angeboten. Darin erstellst du ein solches Karriere-Portfolio im Rahmen einer Klassenarbeit. Falls es derlei Kurse an deiner Schule nicht gibt, bleibt dir der Gang ins Berufsbildungszentrum. Bitte einen der dortigen Mitarbeiter, dir bei der Erstellung eines solchen Profils behilflich zu sein. Suche im Internet nach den Begriffen »Karriere-Portfolio erstellen« oder auch »E-Portfolio erstellen«. Außerdem empfehlen wir folgendes Buch: Bianca Sievert, Eva Reichmann, *Ihr Weg zum passenden Beruf: Erfolgreich mit Portfolioarbeit*. Beruf und Leben, März 2011. Was gehört in ein Karriere-Portfolio hinein? Hier sind ein paar wichtige Bestandteile, aber zögere nicht, andere Dinge hinzuzufügen, die du für wichtig hältst.

- Eine Ausgabe deines ausgefüllten Fallschirms (siehe *Mein Fallschirm*, S. 5).
- Eine Liste von Aktivitäten, Kursen und Erfahrungen, die dein Interesse an den verschiedenen Jobs zeigt.
- Eine Kopie der besten Arbeit, die du für diese Kurse angefertigt hast (wenn dein Projekt dreidimensional ist, mach ein Foto).

- Informationen über die Ausbildung oder über verschiedene Weiterbildungsmaßnahmen, die du für die Jobs benötigst, an denen du interessiert bist (einschließlich der dafür empfohlenen Studienfächer).
- Kopien von Preisen, Empfehlungen oder Zertifikaten für Zusatzausbildungen.
- Notizen aus Informationsgesprächen.
- Eine Liste aller Kontakte (für Informationsgespräche, Hospitationen und so weiter).
- Zeitungs- oder Zeitschriftenartikel über Menschen mit Berufen, die dich interessieren.

Dieses Portfolio enthält jede Menge wertvolle Informationen. Wenn du ein Interview für einen Job oder ein Praktika hast, wähle den Teil deines Portfolios aus, der deine Fähigkeiten und deine Erfahrungen für die entsprechende Tätigkeit am besten illustriert.

Und noch ein Tipp: Beschränke dich auf die drei wichtigsten Beispiele für deine Arbeit. Wenn du dein ganzes Portfolio mitnimmst, verwirrst du deinen Gesprächspartner nur.

Denke daran, dein Portfolio während deiner gesamten Schulzeit ständig auf dem Laufenden zu halten. Du stellst vielleicht fest, dass deine Interessen und potenziellen Traumjobs sich im Laufe deiner Recherchen verändern. Das ist auch gut so. Es bedeutet nämlich, dass du deine Nachforschungen ernst nimmst.

Trotzdem solltest du alles, was du gesammelt hast, behalten. Du weißt nie, inwiefern ein Kontakt, den du geknüpft, oder ein Interview, das du geführt hast, in Zukunft nicht doch noch wichtig werden kann. Und vielleicht tun sich noch neue Wege auf – potenzielle Traumjobs –, um deine besten Fähigkeiten und bevorzugten Interessen zu nutzen.

Einen Drei-Stufen-Plan entwickeln

Eine weitere sehr hilfreiche Methode besteht darin, einen Drei-Stufen-Plan zu machen, der auf folgenden Fragen basiert. Nimm dir deinen Fallschirm und dort die Abteilung mit dem Titel *Meine bevorzugten Interessen* vor (Seite 5), bestimme dort das von dir bevorzugte Feld; das heißt das Gebiet, in dem du am liebsten einen Arbeitsplatz finden würdest. Dann recherchiere weiter (im Berufsbildungszentrum, in der Bibliothek oder online), um folgende Fragen zu beantworten:

- Welche Ausbildung kann ich nach dem Abitur absolvieren, um mehr Erfahrung in dem von mir bevorzugten Bereich zu sammeln und später bessere berufliche Chancen zu haben?
- Welchen Job könnte ich nach einer etwa zweijährigen Ausbildungsphase bekommen?
- Welchen Job könnte ich in dem von mir bevorzugten Bereich mit einem Bachelor oder einer anderen Art der Fortbildung bekommen?

Die Antwort auf diese Fragen solltest du spätestens in der Mitte deines letzten Schuljahres (am besten aber noch vorher) kennen. Um ein paar gute Antworten hervorzubringen, musst du dich vielleicht nochmals an deine Ansprechpartner wenden, mit denen du die Informationsgespräche geführt hast. Denke daran, dass es auf jede Frage mehr als eine Antwort gibt – das heißt auch mehr als einen möglichen Job. Das ist großartig – es bedeutet nämlich, dass du mehr Optionen hast. Im Augenblick willst du doch so viele Optionen wie möglich, und du willst wissen, wie diese Optionen aussehen. Nur eine einzige Wahlmöglichkeit zu haben ist eine große Einschränkung. Ein solcher Plan ähnelt einem einbeinigen Stuhl – du wirst mit Sicherheit umkippen! Wenn du also diese Fragen beantwortet hast, trage die Antworten in dein Karriere-Portfolio ein. Die Informationen, die du sammelst, helfen dir dabei, einen Plan für deinen Weg nach der Schule zu entwickeln.

Soll ich studieren oder nicht?

Die Frage klingt zunächst ganz einfach, aber vor dem Hintergrund des modernen Berufslebens ist sie komplexer, als es auf den ersten Blick erscheint. Früher hatte eine Hochschulausbildung zur Folge, dass man gleichzeitig auch einen besseren, besser bezahlten Job hatte. Das ist heute nicht mehr zwingend der Fall.

Um heutzutage die eigene Karriere zu planen, muss man den Unterschied zwischen einer Hochschulausbildung und anderen Weiterbildungsmöglichkeiten ausloten. Neben dem klassischen Universitätsstudium gilt es, auch Fachhochschulen, duale Studiengänge, die eine Ausbildung gleich mit dem Studium verbinden, Aufbaustudiengänge für Berufstätige, berufsspezifische Fachschulen und vieles mehr zu berücksichtigen.

Der Begriff der »Ausbildung« ist also ein sehr weit gefasster. Um dein Abitur zu erlangen, musst du beispielsweise bestimmte Pflichtfächer belegen – einige mögen dich interessieren, andere wiederum nicht. Im Studium ist es nicht anders. Dein Studienfach sollte zwar durchaus deinen Neigungen entsprechen, trotzdem gibt es auch hier Seminare, die du belegen musst, um einen Abschluss zu bekommen. Ob du diese Kurse dann interessant findest, sei dahingestellt, obwohl sie deinen Horizont erweitern und dich mit Gedanken, Themen und Wissen versorgen, die dich auf persönlicher Ebene ebenso weiterbringen können wie auf beruflicher.

Während ein Studium oft eher allgemeinbildend ist, ist eine Berufsausbildung oder eine entsprechende fachliche Ausbildung deutlich konzentrierter und spezialisierter. Hier werden spezifi-

> **Reality Check:** In einer von uns durchgeführten Studie unter Abiturienten und Universitätsabsolventen gaben 34 Prozent an, dass es ein Fehler war, sich erst nach ihrem Abitur um ihre Karriere und Kontakte zu bemühen. Die betroffenen Personen glaubten, dass sie ihre Karriereziele deutlich schneller erkannt hätten, wenn sie sich bereits in ihrer Schulzeit um Praktika oder ehrenamtliche Tätigkeiten in den von ihnen bevorzugten Fachgebieten bemüht hätten. ■

sche Fähigkeiten vermittelt, die auf bestimmte Jobs zugeschnitten sind.

Die Art und Weise der Ausbildung unterliegt ebenfalls tief greifenden Veränderungen. Heutzutage hast du viel mehr Möglichkeiten, dir das notwendige Know-how anzueignen. Durch E-Learning-Kurse, Fernstudiengänge oder flexible Lehr- und Lernpläne für Berufstätige (beispielsweise abends oder an den Wochenenden) kannst du dich den Erfordernissen des Berufslebens anpassen.

Ob du dich nun dazu entscheidest, dich durch ein Hochschulstudium auf deine Karriere vorzubereiten, eine Ausbildung zu machen oder sogar die duale Kombination aus beidem zu absolvieren, hängt in hohem Maße davon ab, was du wirklich tun willst. An dieser Stelle macht sich der Rechercheaufwand, den du vorher betrieben hast – und bei dem du dich auch über die Ausbildungsvoraussetzungen für die entsprechenden Jobs informiert hast –, bezahlt. Er kann dir dabei helfen, gute Entscheidungen im Hinblick auf Aus- und Weiterbildung zu treffen.

Sieh dir die Antworten auf deine Fragen noch einmal an: Du willst einen Drei-Stufen-Plan erstellen. Für jeden Job, der dich interessiert und der eine bestimmte Ausbildung oder ein Studium erforderlich macht, solltest du jetzt zusätzlich noch folgende Fragen beantworten:

- Welche Art von Ausbildung oder Studium wurde mir von den Personen empfohlen, mit denen ich die Informationsgespräche führte?
- Wie lange würde das Studium oder die Ausbildung dauern?
- Was kostet eine Ausbildung, ein Studium, eine spezifische Weiterbildung für einen hoch dotierten Job?
- Wie werde ich diese Ausbildung finanzieren?

Eine gute Ausbildung, Fortbildung oder ein Studium ist für die meisten Berufe heutzutage unabdingbar. Insofern hat sich die Situation sehr geändert. Für die Generation deiner Eltern war das Abitur allein schon eine Garantie dafür, in gut bezahlten Berufen unterzukommen. Im internationalen Vergleich liegt Deutschland mit seinem Anteil an hoch qualifizierten Kräften (also Personen mit Hochschul- oder Fachhochschulabschluss oder Meisterbrief) laut dem aktuellen Bildungsbericht der Organisation für Wirtschaftliche Zusammenarbeit und Entwicklung (OECD) allerdings immer noch weit hinten. Die internationale Tendenz zeigt, dass die Zahl der Studenten und Hochschulabsolventen steigen kann und sollte. Nur jeder vierte Deutsche zwischen 25 und 34 hat einen Hochschulabschluss. Das ist deutlich weniger als in den meisten anderen Ländern der OECD. Aber die Nachfrage nach Hochqualifizierten auf dem Arbeitsmarkt steigt.

Trotzdem benötigst du nicht für alle guten Jobs einen Bachelor oder gar Master. Gerade im technischen Bereich sind die vier bis sechs Jahre, die der Durchschnittsstudent benötigt, um seinen Abschluss zu machen, kritisch. Eine bestimmte Technologie kann in diesem Zeitraum bereits zwei bis drei Generationen der Veränderung hinter sich haben. Viele Arbeitgeber ziehen statt langer Studienzeiten kurze Ausbildungszeiten vor. Sie benötigen Mitarbeiter mit technischen Fähigkeiten, die lernwillig und fähig sind, sich ständig weiterzubilden. In manchen Berufszweigen (besonders in der IT-Branche) geben Arbeitgeber deshalb ein- bis zweijährigen Ausbildungsgängen oft den Vorzug. Gerade im IT-Bereich gibt es anschließend multiple Weiterbildungsmaßnahmen. Eine besondere Form ist die arbeitsprozessorientierte Weiterbildung (APO), die Lernen und Arbeiten eng miteinander verknüpft, was der rasanten Entwicklung im informationstechnischen Umfeld Rechnung trägt (weitere Informationen unter http://www.it-berufe.de/).

Je nach Branche benötigst du also nicht unbedingt ein Studium, um finanziell erfolgreich zu sein. Viele Menschen sind auch ohne Hochschulabschluss finanziell erfolgreich. Oft ist leidenschaftliches Interesse an der Sache ein besserer Garant.

Der verstorbene Wirtschaftspsychologe Dr. Srully Blotnick wollte herausfinden, wie Menschen sich entwickelten, deren Fokus eher auf hohem Verdienst lag. Er untersuchte die beruflichen

> »Wenn Erfolg sich in hoch qualifizierter und hoch bezahlter Arbeit manifestiert – und die meisten Teenager definieren ihn so –, dann besteht eine wichtige Voraussetzung, um ihn zu erlangen, darin, dass sie verstehen, was sie brauchen, um sich auf dem Arbeitsmarkt gegen die Konkurrenz durchzusetzen. Reicht dazu ein Universitätsabschluss? Nein, nicht mehr.«
> PROFESSOR KENNETH C. GRAY,
> Autor von *Getting Real: Helping Teens Find Their Future*

Entscheidungen und den finanziellen Erfolg von 1 500 Personen, die in zwei Gruppen unterteilt wurden. Die Personen in Gruppe A (83 Prozent der Probanden) entschieden sich für einen bestimmten Werdegang, weil sie glaubten, in dem betreffenden Berufszweig viel Geld verdienen zu können. Diejenigen in Gruppe B (17 Prozent der Probanden) wählten eine bestimmte Karriere, weil sie leidenschaftlich daran interessiert waren und diese Arbeit unbedingt machen wollten. Was glaubst du, wer mehr Geld verdiente?

Nach 20 Jahren waren 101 der 1 500 Studienteilnehmer Millionäre. 100 von ihnen stammten aus Gruppe B, die ihren Beruf nach Interesse und Leidenschaft ausgewählt hatten. Nur einer der Millionäre stammte aus Gruppe A, deren Mitglieder sich nur für einen bestimmten Beruf entschieden hatten, um viel Geld zu verdienen. Das heißt, dass finanzieller Erfolg 100-mal wahrscheinlicher ist, wenn du gern arbeitest. Natürlich steht nirgendwo geschrieben, dass du die Universität nicht mit Leidenschaft verbinden kannst. Sie kann der ideale Ort sein, um deine Leidenschaft zu finden und weiterzuentwickeln und dann Fähigkeiten auszubauen, um deine Leidenschaft in die Welt zu tragen.

»Aber ich weiß nicht genau, wo meine Leidenschaften liegen oder welche Arbeit ich mir wünsche«, wirst du jetzt vielleicht sagen. »Soll ich studieren oder nicht?« Natürlich ist es möglich, ein Studium zu beginnen, ohne sicher zu sein, was man hinterher damit anfangen kann. Aber ratsam ist es nicht, insbesondere wenn du schon auf der Schule nicht unbedingt eine Koryphäe warst. Selbst Studenten, die als Schüler Bestnoten hatten, scheitern zuweilen am Bachelor-Abschluss. Wie bereits erwähnt, brechen hierzulande circa 21 Prozent aller Studenten ihr Studium vorzeitig ab. Warum? Weil sie ins Blaue hinein studiert haben und spätestens im Hauptstudium nicht wissen, auf welchen Fachbereich sie sich spezialisieren wollen.

Wenn du zu Beginn deines Studiums keine klare Zielvorstellung hattest, stehst du sogar dann, wenn du bis zum Examen durchhältst, vielleicht mit leeren Händen da. Ist das schlecht? Gewöhnlich schon. Die guten Jobs für Akademiker werden häufig von den Kandidaten besetzt, die von Anfang an ein klares Karriereziel vor Augen hatten. Schon im zweiten Studienjahr haben Studenten mit klarer beruflicher Ausrichtung normalerweise Ferienjobs oder Praktika, durch die sie Erfahrungen sammeln und ihr berufliches Netzwerk erweitern können. Wenn du aber die Universität verlässt und genau weißt, dass du nach spätestens fünf Jahren 10 000 Euro Bafög-Schulden zurückzahlen musst oder gar nach der Karenzzeit der KFW mit der Tilgung deines Studiendarlehens anfangen musst, ohne momentan Aussicht auf einen lukrativen Job zu haben, dann ist das Leben mit einem Mal sehr stressig.

Studenten neigen dazu, ihre Studienzeit als wunderbare Zeit der Selbsterforschung zu betrachten, in der sie ihre Interessen finden und passende Job-Gelegenheiten ergreifen können. Viele Universitäten und Fachhochschulen verfügen mittlerweile über Akademische Beratungszentren oder Career Services, mit deren Hilfe Studenten ihren beruflichen Werdegang planen und ihr Studium zielgenau ausrichten können. Doch auch derlei Angebote musst du aktiv in Anspruch nehmen, was die Mehrheit der Studenten nicht tut. Ungefähr einer von drei Studenten beginnt und beendet sein Studium, ohne eine Ahnung zu haben, was er mit seiner Ausbildung anfangen soll. Meist stellt sich in der Befragung heraus, dass sie Beratungsangebote nicht wahrgenommen haben. Das »Ich warte ab, was kommt« ist nur lukrativ für Coffee Shops, die Kellner suchen. Da nur etwa ein Drittel aller Geisteswissenschaftler (und nur die Hälfte aller anderen Studenten anderer Fächer) Jobs ergattern, bei denen die im Studium erworbenen Kenntnisse eingesetzt werden, gibt es jede Menge Absolventen, die sich Jobs suchen müssen, die weder etwas mit ihren Interessen noch mit ihrer Ausbildung zu tun haben. »*Dafür* hab ich jetzt ein Examen gemacht?«, maulen sie vor sich hin. Jetzt stell dir doch nur mal vor, wo du stündest, wenn du dir vor deinem Studium einen vernünftigen Plan zurechtgelegt hättest!

Die meisten Studenten tun gut daran, ihr Studium ganz in der Nähe ihres Heimatortes zu beginnen. In vielen Fällen hat man sich mit den allgemeinen Anforderungen auseinanderzusetzen, vieles ist neu und will erst einmal verstanden werden. Außerdem kann man sich in der vertrauten Umgebung deutlich effektiver mit dem Ausloten der eigenen Karriereaussichten befassen. Dadurch wiederum findest du weitere Themengebiete, die dich faszinieren, und Jobs, die dir gefallen könnten. Oft ist das Studieren am Heimatort auch in finanzieller Hinsicht eine weise Entscheidung, da du gegebenenfalls weiterhin im Elternhaus wohnen kannst. Wenn du dich im Hauptstudium dann spezialisierst und vielleicht den Bachelor anstrebst, ist oft auch ein Studienplatzwechsel angebracht. Informiere dich bei den jeweiligen Universitäten, welche inhaltlichen Schwerpunkte in dem von dir gewählten Studienfach bedient werden. Überzeuge dich zudem im Vorfeld davon, dass Scheine und Leistungsnachweise auf der neuen Universität anerkannt werden. Für einige Berufe benötigt man nun einmal eine akademische Ausbildung, etwa als Mediziner oder auch als Jurist. Wenn das auf dich zutrifft und du tatsächlich mit dem Studium beginnen willst, solltest du dich auch über Stipendien und Studienkredite (z. B. über Bildungsfonds oder die KfW) informieren.

Wichtig ist sicher auch, dass es beim Studium nicht nur ums Studieren und um die belegten Seminare geht. Die sozialen und kulturellen Aspekte – Freundschaften aus anderen Regionen oder auch anderen Ländern, spezielle Veranstaltungen, Kunst und Kultur in Studentenstädten – haben ebenfalls Auswirkungen auf dein ganzes Leben. Die Freundschaften, die du in deiner Studienzeit schließt, halten oft ein Leben lang und sind oft auch der Grundstein für spätere berufliche Kontakte und Netzwerke.

Wie du siehst, gilt es, zahlreiche Faktoren in Betracht zu ziehen, wenn man sich für oder gegen ein Studium entscheidet. Die Antwort ist nicht einfach Ja oder Nein. Nur muss man sich immer vor Augen führen, dass die Entscheidung, die man heute trifft, später auch wieder revidiert werden kann. Wenn du dich erst einmal für eine Ausbildung entscheidest, kannst du auch später noch studieren – auch wenn du dann vielleicht bereits eine Familie gegründet hast und das Studium zu einer ganz neuen Herausforderung wird.

> »Was Sie nach der Schule machen, ob Sie studieren und auf welche Universität Sie gehen, ist viel weniger wichtig als das Fach, für das Sie sich entscheiden.«
> DR. RICH FELLER, Autor von *Knowledge Nomads and the Nervously Employed*

Deine Karriereziele und Arbeitserfahrungen – und deine Entschlossenheit, das Studium auch zu beenden – können sich sehr bereichernd auf dein Studium auswirken. Auch nach Studienbeginn kann die Erkenntnis, dass eine praktische Ausbildung für dein spezielles berufliches Ziel doch förderlicher sein könnte, immer noch zu einem Wechsel führen. Nichts ist in Stein gemeißelt. Wenn du aber gewissenhaft deine Informationsgespräche geführt hast, dann weißt du idealerweise, ob ein akademischer Abschluss oder eine Ausbildung dich am besten vorbereitet. Außerdem weißt du auch, ob Fachhochschule oder Hochschule, ein duales Studium, eine Ausbildung und Weiterbildung zum Fachwirt oder Ähnliches am besten für dich ist. Ein Studienabbruch kann je nach Finanzierungsmodell eine teure Sache sein. Informationsgespräche tragen also auch dazu bei, dass du viel Geld sparst und bei deinen Ursprungsentscheidungen bleibst.

Viele Menschen machen ihr Examen und konzentrieren sich schon wenige Jahre später auf Weiterbildungsmaßnahmen – entweder um ihr Wissen auf den neuesten Stand zu bringen oder um sich beruflich nochmals zu verändern. Berufliche Fähigkeiten bleiben ohne zusätzliche Fortbildung einfach nicht up to date. Um deinen Marktwert zu erhöhen, solltest du von vornherein einplanen, mindestens alle fünf Jahre eine Fortbildungsmaßnahme einzuleiten. In manchen Bereichen musst du sogar jedes Jahr mit entsprechenden Kursen aufwarten.

Kleine Fußnote zum Thema Schulden

Seit vielen Generationen versuchen junge Menschen, ihren sozioökonomischen Status durch Bildung zu steigern. Sie absolvierten Examina, die es ihnen erlaubten, akademische Berufe auszuüben: als Mediziner, Jurist, Lehrer, Wissenschaftler oder Ingenieur. Das ist auch heutzutage sicherlich immer noch eine gute Strategie. Dabei sollte man idealerweise anstreben, nach Beendigung des Studiums möglichst wenig Schulden zu haben. Darlehen sollten also grundsätzlich nur mit Augenmaß aufgenommen werden. Ein Schuldenberg kann dich noch viele Jahre nach deinem Studium erheblich belasten und einschränken. Weitere Informationen findest du in Kapitel 6.

Die Gehälter in technischen Berufen überschreiten mittlerweile häufig die in den hochqualifizierten akademischen Berufen. Auch diese Überlegung könnte deine Karriereziele beeinflussen. Wenn dir eine zweijährige Ausbildung nach dem Abitur liegt, dich aber ein sechsjähriges Informatikstudium abschreckt, dann halte nach technisch orientierten Jobs in Branchen Ausschau, die dich interessieren. Denke daran, dass du immer die Wahl hast. Auch wenn du später das Gefühl hast, die falsche Entscheidung getroffen zu haben, kannst du für dein Leben und deine Arbeit immer noch eine andere Richtung einschlagen.

P.S. Das Leben nach der Schule

Wie bereits erwähnt, erfordern die meisten gut bezahlten Jobs heutzutage eine gute Ausbildung und zusätzliches Engagement. Vielleicht hast du jetzt einfach noch nicht die Neigung, ein Studium aufzunehmen, aber nach einer Ausbildung und ein paar Jahren der Berufstätigkeit freust du dich vielleicht sogar, zur Schule zurückkehren zu dürfen. Menschen mit einem solchen Werdegang sind häufig tolle Studenten. Sie verfügen über wertvolle Arbeits- und Lebenserfahrung und haben eindeutige Vorstellungen davon, was sie im Leben erreichen wollen – also steuern sie geradewegs auf ihr Ziel zu!

Nach dem Abitur eröffnen sich dir zahllose Möglichkeiten. Ein paar listen wir hier auf:

- Du kannst reisen, durch das eigene Land oder die Welt.
- Du kannst ein Jahr im Ausland arbeiten.
- Du kannst eine Ausbildung in dem Fachbereich, der dir zusagt, absolvieren.
- Du kannst einen Teilzeit- oder Aushilfsjob annehmen und dich nebenher weiterbilden.
- Du kannst ehrenamtlich arbeiten, z. B. im Rahmen eines Freiwilligen Sozialen Jahres.
- Du kannst verschiedene Jobs annehmen, um verschiedene Branchen kennen zu lernen.
- Du kannst Praktika machen.
- Du kannst zur Bundeswehr gehen (auch dort gibt es zahlreche, auch zivile Ausbildungs- und Weiterbildungsmöglichkeiten, siehe www.bundeswehr-karriere.de).
- Du kannst ein duales Studium inklusive integrierter Ausbildung beginnen.
- Du kannst an einer Fachhochschule oder Hochschule studieren.
- Du kannst als Au-pair ins Ausland gehen.

Kommen dir bei der Lektüre dieser Liste oder bei der Betrachtung der unten abgebildeten Grafik weitere Ideen? Dann notiere sie ebenfalls. Wie sehen deine drei Favoriten aus? Egal, wozu du dich entschließt, tue es mit ganzem Herzen und lebe bewusst und aus dem Vollen schöpfend.

Bist du die Schule leid?

Nach zwölf (oder gar noch 13) Schuljahren kann man es dir wohl kaum verübeln, dass der Gedanke ans Lernen dich nicht gerade in Ekstase versetzt. Laut Statistischem Bundesamt in Wiesbaden liegt die Arbeitslosenquote von Personen zwischen 15 und 24 Jahren bei einem europaweiten Rekordtief, nämlich bei circa 8 Prozent. Dennoch hat niemand eine Garantie auf einen Arbeitsplatz.

Natürlich musst du auch im Rahmen einer Ausbildung die Schulbank drücken, und an der Uni heißt es ohnehin wieder pauken, pauken, pauken. Wenn du den Gedanken daran einfach unerträglich findest, nimm dir ein Jahr »frei«. Oder ein halbes Jahr. Oder zwei Jahre. Diese Freizeit darf allerdings nicht in von den Eltern finanzierte Ferien ausarten, sondern ist eine konzentrierte Time-out-Phase. In dieser Zeit kannst du arbeiten, sozial tätig sein, ein Praktikum machen oder ein paar Kurse belegen, um das zu lernen, was du für deine Karrierepläne benötigst. Ein hilfreiches Portal zu diesem Thema findest du unter www.nach-dem-abitur.de.

Weitere Tipps

Karriere-Portfolio
Das »Portfolio« können wir auch als »Leistungsnachweis« bezeichnen. Im deutschsprachigen Raum haben sich solche Portfolios noch nicht ganz so durchgesetzt wie im angloamerikanischen. Doch sie unterscheiden sich durchaus von dem, was man sonst unter »Bewerbungsunterlagen« ver-

steht, bei denen es sich zumeist ja lediglich um eine Zusammenstellung der Schul-, Ausbildungs- und Arbeitszeugnisse handelt.

Ein elektronisches Portfolio (E-Portfolio) ist die digitale Form. Hierzu können eigene Blogs, aber auch soziale Netzwerke benutzt werden. Auf LinkedIn beispielsweise kannst du Arbeitsproben posten. Du hast auch die Möglichkeit, Arbeiten auf Google Docs zu posten und einen Link zur LinkedIn-Seite zu legen.

Berufe und Alternativen
Crawford, Matthew B., *Ich schraube, also bin ich: vom Glück, etwas mit den eigenen Händen zu schaffen*. List, 2011.

Nützliche Websites
Eine an Jugendliche gerichtete Website der Bundesagentur für Arbeit, die bei der Ausbildungsberatung hilft, ist: **www.ich-bin-gut.de**.
Die »Ich-Bin-Gut-Camps« sind auch auf Facebook vertreten unter **www.facebook.com/ichbingut.gruppe**.

Ebenfalls nützlich ist die Seite **www.abi.de/index.htm**, eine ebenfalls von der Agentur für Arbeit geschaffene Website, die die Entscheidung zwischen Studium und Ausbildung erleichtert.

Hochschulen
Hier empfehlen wir das Hochschulranking des Centrums für Hochschulentwicklung (CHE), mit dem du dir einen Überblick verschaffen kannst, welche Hochschulen nach den von dir ausgewählten Kriterien gut abschneiden.

Ein wichtiges Thema in Bezug auf die Wahl der Hochschule ist das Zulassungsverfahren. Für zulassungsbeschränkte Fächer kann nach dem Zulassungsverfahren ein NC bestimmt werden. In zulassungsfreien Fächern werden alle Bewerber zugelassen. Die jeweilige Hochschule entscheidet vor Beginn des Zulassungsverfahrens, wie viele Plätze in den zulassungsbeschränkten Fächern vergeben werden. Die Zulassungsbeschränkungen richten sich nach dem Verhältnis zwischen Angebot und Nachfrage. Deshalb können die Grenzwerte von Semester zu Semester und von Hochschule zu Hochschule erheblich schwanken. Erkundige dich bei den Hochschulen, die für dich in die engere Wahl kommen.

Die Ergebnisse des Zulassungsverfahrens der Zentralen Vergabestelle (ZVS) für bundesweit zulassungsbeschränkte Studiengänge werden auf der Internetseite der ZVS veröffentlicht (**www.zvs.de**).

In diesem Zusammenhang sei auch das von der ZVS veröffentliche Magazin zur Studienplatzbewerbung erwähnt: **www.hochschulstart.de**.

Praktika

Praktika, Auslandspraktika, aber auch Infos zu Auslandsstudium und Berufseinstieg findest du unter **www.praktika.de**.
Eine weitere gute Informationsquelle und Praktikumsbörse findest du unter **www.praktikum.info**.
Auch die gängigen Jobbörsen verfügen über einen Praktikums-Markt (z. B. **www.berufsstart-stepstone.de**).
Sinnvoll ist es zudem, sich, an die Arbeitsagentur zu wenden oder auf den Websites der für dich interessanten Unternehmen nachzuforschen.

Schülerjobs

Informationen zum Jugendarbeitsschutzgesetz sowie geeignete Schülerjobs und eine nützliche Linksammlung findest du unter:
www.schuelerjobs.de.

Hospitationen und Tagespraktika

Auch hier können die oben genannten Praktikumsbörsen weiterhelfen. Manche Universitäten bieten auch Job-Shadowing-Programme an, wie z. B. die Universität Paderborn.

Lebensplanung

- Covey, Sean, *Die 6 wichtigsten Entscheidungen für Jugendliche: Wie du die Weichen für dein Leben richtig stellst*. GABAL Verlag, 2008.
- Benson, Peter, *What Teens Need to Succeed: Practical Ways to Shape Your Own Future*. Free Spirit, 1998.

Mentoring

Sich beraten zu lassen ist immer eine gute Idee. Ein Mentor, ein erfahrener Erwachsener aus dem gleichen beruflichen oder akademischen Umfeld, das du für dich gewählt hast, ist also eine sinnvolle Sache. Lies hierzu Neele Haasen, *Mentoring*, Heyne, 2001, oder besuche diese Seite:
www.nelehaasen.de.

Verschiedenes

Bei Intelligenz geht es nicht nur um akademische Intelligenz oder intellektuelle Fähigkeiten. Es gibt andere Arten von Intelligenz. Eine davon ist die emotionale – eine Reihe erworbener Fähigkeiten und Kompetenzen, die für positive Ergebnisse in Beziehungen zu Hause, in der Schule und am Arbeitsplatz verantwortlich sind. Menschen, die derlei Fähigkeiten besitzen, sind gesünder, weniger depressiv und produktiver bei der Arbeit, und sie führen bessere Beziehungen. Mehr zum Thema emotionale Intelligenz kannst du nachlesen unter:

- Goleman, Daniel, EQ. *Emotionale Intelligenz*. Hanser, 1995.

Das Freiwillige Soziale Jahr
Das Freiwillige Soziale Jahr wird von vielen, sogar überregionalen Trägern ausgerichtet. Die Einsatzgebiete sind immer gemeinnützig und/oder sozial-karitativer Natur. Neben dem sozialen Bereich kann man sein FSJ in Kultur, Sport, Politik, aber auch im ökologischen Bereich und in der Denkmalpflege ableisten. Wer sich dafür interessiert, findet weitere Informationen auf der Website des Bundesarbeitskreises FSJ.

Ein weiterer Ansprechpartner ist der Internationale Jugendfreiwilligendienst, der vom Bundesministerium für Familie, Senioren, Frauen und Jugend gefördert wird. Er bietet die Möglichkeit, im Rahmen sozialer Projekte im Ausland zu arbeiten. Eine informative Website ist die des Vereins für Soziale Dienste International e.V.

Natürlich kannst du dich auch an das Bundesministerium für Familie, Senioren, Frauen und Jugend selbst wenden.

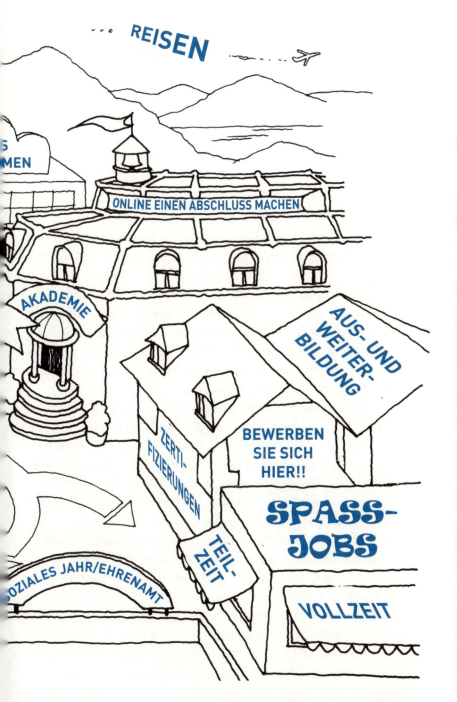

6
Was kommt als Nächstes?
Das Studium bestmöglich nutzen

Wenn du fest entschlossen bist, ein Studium aufzunehmen, ist das großartig! Idealerweise bist du zu dieser Entscheidung gelangt, weil du dich und deine Interessen gründlich erforscht und festgestellt hast, dass ein Hochschulabschluss eine wichtige Voraussetzung für deinen Traumjob ist. Hast du also beschlossen, dass eine akademische Ausbildung genau das Richtige für dich oder notwendig ist, um dein Ziel in der von dir angestrebten Branche zu erreichen, dann wird dir dieses Kapitel dabei helfen, das Beste aus dieser Zeit zu machen.

Früher studierten junge Leute, um zu entdecken, was sie im Leben tun wollten, und sie wurden im Allgemeinen nach dem Examen mit einem Job belohnt, einfach nur, weil sie einen Universitätsabschluss hatten. Zwar sind die Jobaussichten für Akademiker in Deutschland sehr gut, trotzdem ist ein akademischer Titel immer noch keine Garantie für einen festen Job mit guter Bezahlung. Das gilt insbesondere für Geisteswissenschaftler. Wir wollen mit unseren Ausführungen keinen entmutigen, sondern nur unterstreichen, wie wichtig es ist, dein Augenmerk zielstrebig auf dein Karriereziel zu richten und deine Kontakte schon zu Schulzeiten zu knüpfen.

Durch die Übungen in Teil 1 hast du vor vielen anderen Studienanfängern einen entscheidenden Vorteil. Du weißt, worauf es ankommt und was du tun musst – nicht nur, um nach dem Examen einen Job zu finden, sondern – viel wichtiger noch – um einen Job zu finden, den du liebst, und weshalb du diesen akademischen Abschluss anstrebst. Viele Studenten brechen ihr Studium ab, weil sie nicht mit Leib und Seele hinter ihrer Ausbildung stehen. Eine Konzentration auf deine Karrierepläne aber führt automatisch zu intensivem Engagement.

Die Universität kann eine aufregende und schöne Zeit sein. Du lernst viele neue Menschen kennen, siehst dich akademischen Herausforderungen gegenüber und genießt neue soziale, kulturelle und sportliche Aktivitäten. Oft hält die Freundschaft mit Kommilitonen ein Leben lang. Bist du ernsthaft daran interessiert, nach deinem Examen den Beruf zu ergreifen, den du liebst, dann wirst du schon zu Schulzeiten Kurse besuchen und bei Programmen mitmachen, durch die du wertvolle Fähigkeiten entwickelst und Kontakte knüpfst, die deiner Karriere auf die Sprünge helfen.

Deine Studienjahre können auf vielerlei Weise eine vielschichtige und lohnende Erfahrung darstellen, aber sie verlangen dir auch ein neues Maß an Eigenverantwortlichkeit ab – nicht nur für dein persönliches Leben, sondern auch für deine Finanzsituation. Deine akademische Ausbildung ist eine Investition in die Zukunft.

Investiere in dich und deine Zukunft

Ein Studium ist eine klassische Investition, und zwar von Zeit und Geld, die du jetzt aufwendest, um die Qualifikationen zu erlangen, die du zur Ausübung deines zukünftigen Traumjobs benötigst. Weil eine akademische Ausbildung (und die Vorbereitung deiner Karriere auf praktischer Ebene) dich viel kosten kann, schlagen Finanzexperten vor, die Kosten genauso kritisch zu berechnen und zu analysieren wie bei jeder anderen Investition.

Wie analysiert man aber die Kosten für ein Studium?

Zunächst einmal solltest du zu den klugen Verbrauchern gehören. Sprich mit Menschen, die in den von dir angestrebten Branchen arbeiten. Überzeuge dich davon, dass das Studium oder die Zusatzausbildung, für die du bezahlst, tatsächlich dazu beiträgt, dass du später den Job bekommst, den du dir wünschst.

Zum Zweiten überprüfst du sämtliche Risiken, die deine Investition gefährden könnten. Finanzexperten haben die fünf folgenden Faktoren identifiziert, die den Wert deines Studium oder deiner Ausbildung beeinträchtigen können:

- Schulden
- Vorzeitiger Studienabbruch
- Schlecht bezahlte Jobs nach dem Examen
- Spätere Berufstätigkeit in nicht fachrelevanten Bereichen
- Studienfachwechsel

Als Nächstes überprüfst du die Rendite: Welche Kosten werden für dein Studium anfallen? Wie hoch ist das Anfangsgehalt in dem Bereich, in dem du arbeiten willst? Wie lange wirst du benötigen, um dein Studiendarlehen oder deine Bafög-Schulden zurückzuzahlen? Wirst du genug verdienen, um etwas sparen zu können, um deine Altersvorsorge zu starten, um deinen Studienkredit zurückzuzahlen und auch noch sämtliche Rechnungen zu bestreiten?

Die finanzielle Realität des Studiums

Vielleicht kommt es dir komisch vor, dass wir das Thema Finanzen schon zu Beginn dieses Kapitels behandeln, aber die finanziellen Gegebenheiten beeinflussen dein Leben nicht nur, während du die Universität besuchst, sondern – wenn du einen Studienkredit aufgenommen hast und vielleicht sogar einen Dispositionskredit nutzt – auch danach. (Und wenn deine Eltern für einen Teil deines Studiums aufkommen, dann hat es auch Einfluss auf ihr Leben – und vielleicht auch darauf, ob sie sich zur Ruhe setzen können oder nicht.)

Natürlich ist dir klar, dass ein Studium Geld kostet. Viele Menschen gehen davon aus, dass sämtliche akademischen Abschlüsse ein gutes Einkommen zur Folge haben. Manche Menschen werden dir sogar erzählen, dass du unbedingt ein Hochschulexamen vorweisen solltest, »koste es, was es wolle«. Höre nicht hin. Diese wohlmeinenden Ratgeber sind nicht diejenigen, die hinterher deinen Studienkredit zurückzahlen müssen. Wenn es keine Alternative gibt und du dir etwas leihen musst, dann solltest du neben den üblichen Bafög-Zahlungen auf staatlich geförderte Studiendarlehen zurückgreifen (z. B. von der KfW Bank). Sonstige Kleinkredite sind nicht reguliert. Oft sind die Zinsen zu hoch, und du hast kaum genug zeitlichen Puffer bei der Rückzahlung.

Es existieren viele Websites, auf denen du dich über Studiendarlehen informieren kannst. Einige davon findest du am Ende des Kapitels. Dabei solltest du dich grundsätzlich immer über die Höhe der wahrscheinlichen Anfangsgehälter informieren. Dein Anfangsgehalt gibt dir einen Anhaltspunkt, wie hoch die Darlehenssumme ist, die du bis zum Ende deines Studiums aufnehmen kannst. Kennst du die ungefähren Einstiegsgehälter für die Jobs, die dich interessieren, teilst du diese Zahl durch drei und multiplizierst sie mit zwei. Das Resultat entspricht dem Gesamtbetrag, den du dir leihen kannst.

Auch auf dieser Ebene erweisen sich deine Recherchen im Hinblick auf die von dir angestrebten beruflichen Interessengebiete und Traumjobs als bedeutsam. Obwohl du vielleicht nicht genau weißt, wie hoch dein Gehalt sein wird, hast du zumindest einen groben Anhaltspunkt.

Einige Anfangsgehälter (Stand 2010)

Chemie-Verfahrenstechnik	45 360 €
Elektrotechnik	43 610 €
IT	40 163 €
Finanzdienstleistung	42 000 €
Marketing	36 000 €
Bildungsinstitutionen	31 200 €
Werbung und PR	30 000 €
Soziale Einrichtungen	28 800 €
Hotel und Gaststätten	27 304 €

(Quelle www.stepstone.de/Karriere-Bewerbungstipps/
uebersicht-gehaelter-in-deutschland.cfm)

Nehmen wir an, sowohl du als auch deine Mitbewohnerin in der Studenten-WG bezahlen die gleichen Studiengebühren, rund 500 € pro Semester. Bei 10 Semestern ergibt das eine Summe von rund 5 000 €. Hinzu kommen die Lebenshaltungskosten, die du mit 800 € monatlich veranschlagst. Den Großteil finanzierst du über ein Darlehen, das 650 € im Monat abdeckt. Das ergibt eine Darlehenssumme von 39 238 € (inklusive Aufwandsentschädigung für Vertriebspartner). Deine Mitbewohnerin absolviert ein Studium im Fach Bauingenieurwesen. Mit ihrem ersten Gehalt verdient sie 43 417 € jährlich. Du selbst machst deinen Abschluss in Sozialpädagogik. Das beste Einstiegsangebot, das du bislang bekommen konntest, ist ein Teilzeitjob über 21 Stunden die Woche mit einem Jahreseinkommen von 16 800 €. Du hoffst, dir noch einen weiteren Teilzeitjob suchen und ein Jahresgehalt von 24 000 € zusammenkratzen zu können. Wie sieht deine finanzielle Situation im Vergleich zu der deiner Mitbewohnerin aus? Wenn dein erster Job nur die Hälfte dessen einbringt, was deine Mitstreiterin verdient, wird sie ihre Schulden schon lange getilgt haben, bevor du auch nur davon träumen kannst. Die 39 238 € werden durch Zinsen in den 11 Jahren, in denen du sie mit einer Rate von, sagen wir, 350 € monatlich abbezahlst, auf 51 043,29 € ansteigen. Verspätete Zahlungen oder Zahlungsaufschub lässt die Zahl noch weiter in die Höhe schnellen. Und wie wird eine monatliche Belastung von 350 € deine Lebensqualität beeinflussen? Welchen Einfluss wird sie darauf haben, welches Auto du fährst und was du dir in deiner Freizeit leisten kannst?

Studienschulden sind für Studenten und ihre Eltern ein großes Problem. Etwa ein Drittel der Hochschulabsolventen hat nicht nur Schulden, sondern ernsthafte finanzielle Schwierigkeiten. Dabei sind Graduierte, die sich während des Studiums nicht die Zeit genommen habe, berufsrelevante Kontakte zu knüpfen und ein festes Ziel ins Auge zu fassen, besonders anfällig. (Im Verlauf dieses Kapitels werden wir noch auf spezifische Maßnahmen eingehen, die du ergreifen kannst, um deinen Marktwert zu erhöhen.)

Vor dem Hintergrund dieser finanziellen Gegebenheiten stellt sich die Frage, wie du das Beste aus deiner Studienzeit machen kannst, insbesondere um die Arbeit zu finden, die du

> Die Zwei-Drittel-Regel:
> »Machen Sie grundsätzlich nicht zu viel Schulden. Die meisten Studenten täten gut daran, nicht mehr als zwei Drittel des Jahresgehaltes, das sie im ersten Berufsjahr erwarten können, als Darlehen aufzunehmen. Wenn Sie diese Grenze fast oder ganz erreicht haben, Ihre Ausbildung aber noch nicht beendet ist, sollten Sie an Sparmaßnahmen denken. (Wieder zu den Eltern zu ziehen und in der Nähe des Elternhauses zu studieren, kann hierbei durchaus eine Option sein, aber auch die Wahl eines Studienortes, an dem keine Studiengebühren anfallen.) Im Notfall können Sie sich auch ein Jahr »frei« nehmen, um zu arbeiten und Ihre Schulden abzutragen.«
> LIZ PULLIAM WESTON, MSN
> Money Central

liebst. Genau wie in der Schulzeit wirst du weiterhin dein Bewusstsein für das Berufsleben schärfen und deine Fähigkeiten zur Jobsuche weiter vervollkommnen. Der Unterschied besteht nur darin, dass du jetzt gründlicher vorgehst – und vielleicht auch konzentrierter, denn der Tag, an dem du diese Fähigkeiten nutzen und einen guten Job ergattern musst, rückt immer näher. Statt nun einen Bericht über einen Job zu schreiben, für den du dich interessierst, wirst du dich nun mit problematischen Inhalten in dem Fachgebiet befassen, in dem du Arbeit zu finden hoffst. Nehmen wir an, du willst Epidemiologe oder Epidemiologin werden. Statt nun also einen Bericht über die Aufgaben eines Epidemiologen zu schreiben, erkundest du neue Techniken der Infektionskontrolle im Krankenhaus – diese Recherchen werden dir in deinem weiteren beruflichen Werdegang gute Dienste leisten. Natürlich kannst du dich auch im Rahmen deiner Seminare über die Einsatzmöglichkeiten dieser Berufsgruppe informieren. Deine Fähigkeiten zur Jobsuche können dann auf die Probe gestellt werden, wenn du dir in den Semesterferien einen Aushilfsjob oder einen Praktikumsplatz in der Infektionskontrolle eines Krankenhauses suchst. Die Informationen und Kontakte, die du in den Informationsgesprächen gesammelt hast, können nach dem Master gut zu einer Anstellung führen.

Dein finanzieller Reality-Check: Im Jahre 2008 hatten insgesamt 60 000 Studenten einen Studienkredit, Studienfonds oder Darlehensvertrag abgeschlossen. Dabei vertrauen die Studenten der KfW-Bank am meisten, die zu diesem Zeitpunkt etwa 15 000 Verträge verzeichnete. Den KfW-Kredit gibt es erst seit dem Jahre 2006, weshalb noch keine aussagekräftigen statistischen Zahlen vorliegen. (Quelle: www.zeit.de/2010/10/C-Stipendien.)
Dennoch häufen sich in der Presse die Stimmen, die vor einer Überschuldung warnen. Läuft die Karriere nach dem Studium nicht »glatt« und findet der Darlehensnehmer nicht sofort einen Job, dann steht er – trotz der Karenzphase für die Tilgung – oft vor einem Schuldenberg.

Was kannst du sonst noch unternehmen, um aus dem Studium das Beste zu machen? Betrachten wir deine Universitätskarriere doch einmal aus der Perspektive eines Arbeitgebers. (Eigentlich sollten alle Abiturienten – ob sie nun später studieren oder nicht – diese Fähigkeiten erlernen, denn sie werden von sämtlichen Arbeitgebern hoch geschätzt.)

> »Betrachten Sie einen Studienkredit genauso wie einen Autokredit. Überlegen Sie sich genau, welches ›Modell‹ Sie sich leisten können. Bewahren Sie Augenmaß. Lassen Sie sich nicht vom Studieren abhalten, aber seien Sie ein Sparfuchs.«
> ANYA KAMENETZ, Journalistin und Autorin des Buches *Generation Debt*

Qualitäten kultivieren, Fähigkeiten entwickeln

Bei der Auswahl deines Studienfaches, deiner Seminare und deiner außeruniversitären Aktivitäten solltest du immer im Auge behalten, wonach Arbeitgeber bei Arbeitnehmern Ausschau halten. In diesem Abschnitt des Buches betrachten wir die fünf begehrtesten Qualitäten und Fähigkeiten.

Kommunikationsfähigkeit

Eine exzellente sprachliche und schriftliche Ausdrucksform ermöglicht es dir, gut mit Kollegen, der Öffentlichkeit und Klienten zu kommunizieren. Wenn du an dieser Stelle Verbesserungen vornehmen willst, besuche ein Rhetorik-Seminar (oder halte ein Referat oder eine Rede zu einem Thema deiner Wahl). Du kannst dich auch den Toastmasters anschließen, einer internationalen Non-Profit-Organisation zur Förderung der Kunst des öffentlichen Redens und der effektiven Kommunikation. Belege ein Seminar zum Thema Business Communication. Wenn an deiner Universität Kurse zu den Themen Zeitmanagement, Studium, Schreiben, Computernutzung und zu anderen wichtigen Gebieten angeboten werden, solltest du auch diese Möglichkeiten nutzen.

Aufrichtigkeit und Integrität

Arbeitgeber wünschen sich Arbeitnehmer, denen sie vertrauen können. Auch Klienten, Kunden oder Patienten wollen den Menschen vertrauen, denen sie ihr Geschäft, ihr Geld oder ihre Gesundheit anvertrauen. Integrität bedeutet, dass du die Verantwortung für deine Aktivität (oder Passivität), für deine Worte und dein Leben übernimmst.

Wonach suchen Arbeitgeber?

Untersuchungen haben ergeben, dass Arbeitgeber folgende Fähigkeiten bei ihren Mitarbeitern besonders schätzen:

Überaus wichtig	**Sehr wichtig**	**Wichtig**
Kommunikationsfähigkeit (schriftlich und mündlich)	Gute Arbeitsmoral	Führungsqualitäten
	Motivation/Initiative	Selbstvertrauen
	Flexibilität/Anpassungsfähigkeit	Freundliche/aufgeschlossene Persönlichkeit
Aufrichtigkeit und Integrität	Analytische Fähigkeiten	Gute Manieren/Höflichkeit
Teamfähigkeit (Mitarbeiter arbeitet gut mit anderen zusammen)	Computerkenntnisse	Takt
	Organisatorisches Talent	Guter Notendurchschnitt*
Gute zwischenmenschliche Fähigkeiten (Mitarbeiter stellt sich auf andere ein und hat ein gutes Verhältnis zu ihnen)	Detailorientierung	Kreativität
		Humor
		Unternehmerisches Denken und unternehmerische Risikobereitschaft

* Unternehmer pflegen deinen Notendurchschnitt keineswegs zu ignorieren, sondern sie betrachten ihn hauptsächlich als Maßstab für deine Beharrlichkeit, dein Engagement und deine akademische Eignung. [Wenn du jedoch Jura oder Medizin studieren willst, ist dein Notendurchschnitt von einiger Bedeutung. Hinzu kommen die doppelten Abiturjahrgänge, die durch die Verkürzung der Gymnasialzeit (G8) entstehen, und je nach Bundesland Abiturienten der Jahrgänge 2010 bis 2016 treffen können. Die Mehrbelastung der Universitäten führt teilweise zur Einführung eines NC auch in klassischerweise beschränkungsfreien Fächern (wie z. B. Grundschulpädagogik)].

    Das heißt natürlich nicht, dass du deinen Notendurchschnitt komplett ignorieren und ihn nur auf akademischer Ebene für relevant halten solltest. Es heißt nur, dass du dir bei mittelmäßigen Noten keine Sorgen machen musst, nun keinen guten Job mehr ergattern zu können. Gib auf der Leistungsebene dein Bestes und kultiviere gleichzeitig die Qualitäten und Fähigkeiten, die Arbeitgeber als besonders wichtig erachten.

Arbeitgeber wollen wissen, ob du ein Mensch bist, der seinen Worten Taten folgen lässt. Überlege dir, bei welchen Gelegenheiten du dein Versprechen gehalten hast, obwohl du dabei auf Schwierigkeiten gestoßen bist. Pflegst du verlorene Gegenstände an ihre Besitzer zurückzugeben, auch wenn du sie eigentlich gern behalten würdest? Hast du stets auf dein Ziel hingearbeitet, auch wenn es nicht immer leicht war? Bist du bei deinem letzten Job täglich gewissenhaft erschienen und hast jede Schicht übernommen, die dir zugewiesen war?

Manchmal sind wir alle nicht vollkommen aufrichtig oder integer. Wenn du allerdings

> »Die neuen Finanzierungsmöglichkeiten für ein akademisches Studium haben eine unbeabsichtigte Konsequenz, dass wir nun eine überschuldete Generation von Studenten haben, die wir als ›gebildete Arme‹ bezeichnen können.«
> ROBERT APPLEBAUM, Anwalt und Gründer von ForgiveStudentLoanDebt.com

den Verdacht hast, mit beidem so deine Probleme zu haben, solltest du dir Hilfe beim universitätspsychologischen Dienst suchen. Natürlich kannst du dich auch an einen Erwachsenen deines Vertrauens oder an den Geistlichen deiner Gemeinde wenden.

Teamfähigkeit

Wenn du jemals eine Gruppenarbeit mitgemacht hast, bei der einer das gesamte Vorgehen bestimmen wollte, weißt du, wie frustrierend das sein kann. Am Arbeitsplatz ist mangelnde Teamfähigkeit nicht nur frustrierend, sondern vor allem kostspielig für den Arbeitgeber.

Suche aktiv nach Gelegenheiten, im Team zu arbeiten. Das kannst du im Rahmen von Klassenprojekten oder bei außerschulischen Aktivitäten wie beim Sport, beim Theaterspielen, im Journalismus oder im Studentenparlament ausprobieren. Je mehr Spaß dir eine bestimmte Aktivität macht, umso wahrscheinlicher ist es, dass du Erfolg darin haben wirst. Vielleicht findest du ja durchaus außerschulische Aktivitäten, die bewusst auf Teamarbeit basieren und gleichzeitig mit deinen Interessen einhergehen, sei es nun in der Robotertechnik oder bei Studentenorganisationen, die sich auf internationale Beziehungen spezialisiert haben, als Teil des Bühnentechnik-Teams oder bei der Medien-Crew. Die Gelegenheit, an einem Kurs oder Workshop zum Thema Vermittlung und Konfliktlösung teilzunehmen, solltest du dir auf gar keinen Fall entgehen lassen.

Gute zwischenmenschliche Fähigkeiten

Manchmal werden zwischenmenschliche Fähigkeiten auch als »soziale Kompetenz« bezeichnet. Wer sie besitzt, hat keine Berührungsängste mit Fremden, kann Gespräche führen, Konflikte lösen und den Sorgen oder Problemen von anderen lauschen. Manchen Menschen fliegen derlei zwischenmenschliche Fähigkeiten einfach zu, andere haben ihre Probleme damit. Wenn du zur zweiten Gruppe gehörst, beobachte Menschen, die derlei Aufgaben mit Leichtigkeit lösen. Wende dich an deinen psychologischen Beratungsdienst oder an die Karriereberatung deiner Universität und erkundige dich nach Seminaren oder Menschen, die dir dabei helfen können, deine Kompetenzen auf diesem Gebiet zu erweitern. Ergreife während deiner Studienjahre die Gelegenheit, diese Fähigkeiten weiterzuentwickeln, zum Beispiel:

- Arbeite in der Fachschaft mit und berate Erstsemester.
- Tritt Studentengremien bei, beispielsweise dem Allgemeinen Studierendenausschuss (AStA) bzw. dem Studentenrat (StuRa).
- Arbeite bei Studentenzeitungen mit (hier gibt es solche, die von den Studentenvertretungen erstellt werden und sich mit hochschulpolitischen Themen befassen, studentische Stadtmagazine mit regionalem und journalistischem Anspruch sowie regionale und bundesweite Studentenzeitungen wie *Audimax* oder *Unicum*).
- Gib privat oder bei einem Nachhilfeinstitut Nachhilfe.
- Arbeite auf ehrenamtlicher Basis mit Kindern.

Soziale Kompetenzen lassen sich wie alle anderen Fähigkeiten auch erlernen – und sie einzusetzen kann Spaß machen!

Gute Arbeitsmoral

Im Allgemeinen bedeutet eine gute Arbeitsmoral, dass du bereit bist, hart zu arbeiten; du bist verlässlich, verantwortungsbewusst und pünktlich; du nimmst die Arbeit, die du für deinen Arbeitgeber zu erledigen hast, ernst, und du erledigst sie, so gut es geht.

Während deiner Informationsgespräche und Tagespraktika solltest du ein Auge auf die in den verschiedenen Betrieben herrschende Arbeitsmoral haben. Halte dir dabei vor Augen, dass die Erwartungen des einen Arbeitgebers sich nicht auf den nächsten übertragen lassen. Idealerweise findest du einen Betrieb, in dem deine eigene Arbeitsmoral mit der des Arbeitgebers kongruent ist. (Aus diesem Grund solltest du bei einem Vorstellungsgespräch nicht nur Fragen beantworten, sondern auch welche stellen. Du willst herausfinden, ob die betreffende Firma ein Ort ist, an dem du arbeiten willst, ebenso wie der Arbeitgeber herausfinden will, ob du ein Mitarbeiter nach seinem Geschmack bist.)

Heißer Tipp: Als teamfähiger, kommunikativer guter Zuhörer bist du zwar ein guter Mitarbeiter. Aber wenn du Abteilungsleiter oder gar Geschäftsführer werden willst, werden andere Charaktereigenschaften benötigt. Bei der Leitung erfolgreicher Unternehmen kommt es auf Führungsqualitäten und organisatorisches Geschick an. Die Eigenschaften, die eine Firma zum Erfolg führen, sind die Liebe zum Detail, Beharrlichkeit, Effizienz, analytische Gründlichkeit und die Fähigkeit und Bereitschaft, jede Menge Überstunden zu machen.

Nehmen wir an, du möchtest als Softwareentwickler tätig sein. Du bist bereit, hart und gewissenhaft zu arbeiten, aber du möchtest auch ein bisschen Freizeit haben, um dich zu entspannen, mit deiner Familie und mit Freunden zusammen zu sein und andere Interessen zu verfolgen. Du würdest nicht in ein Unternehmen passen, wo man von dir eine 80-Stunden-Woche erwartet, Urlaub verpönt ist und du die wenige Freizeit mit den Kollegen verbringst, um über die Arbeit zu reden.

Deine Lernbereitschaft in der Schule ist übrigens ein wichtiger Indikator für deine Arbeitsmoral. (An dieser Stelle könnte der Notendurchschnitt für den potenziellen Arbeitgeber von Interesse sein.) Man kann davon ausgehen, dass du die bestmögliche Ausbildung anstrebst, wenn du gewissenhaft lernst, verlässlich, verantwortungsbewusst und pünktlich bist (das heißt, du kommst den Anforderungen der Kurse nach, schwänzt nicht und kommst nicht zu spät). Du wirst dann auch dein Studium ernst nehmen und deine Arbeit nach bestem Wissen und Gewissen erledigen.

> »Zieht euch ordentlich an, schaltet die Handys aus, verzichtet auf Computerspiele, stöpselt den iPod aus, schreibt keine SMS an eure Freunde und macht euch an die Arbeit.«
> Junger Mitarbeiter des Silicon Valley

Wenn du im Hinblick auf deine Lerngewohnheiten ein Defizit hast, erkundige dich, ob an deiner Hochschule Kurse zum Thema Lerntechniken angeboten werden. Vielleicht gibt es Tutoren oder wissenschaftliche Assistenten, die dir bei deiner Arbeit behilflich sind. Wenn du mit einem bestimmten Seminar Probleme hast, suche das Gespräch mit dem Professor oder dem wissenschaftlichen Assistenten, um zu erfahren, ob du noch zusätzliche Hilfe bekommen kannst. Deine Initiative signalisiert ebenfalls eine hohe Arbeitsmoral.

Kontakte

Zusätzlich zu den Qualitäten und Fähigkeiten, die sich Arbeitgeber am meisten wünschen, ist es wichtig, dass du deine Studienjahre nutzt, um Arbeitserfahrung zu sammeln und Kontakte zu knüpfen, die dir bei der Suche nach einem Job später von Nutzen sein können. Dazu bieten sich Informationsgespräche, Hospitationen und Praktika an.

Informationsgespräche und Hospitationen

Fahre mit den Informationsgesprächen, die du in der Schulzeit begonnen hast, fort, aber jetzt gehst du mehr in die Tiefe. (Um dich über Informationsgespräche und Hospitationen noch einmal kundig zu machen, empfehlen wir die nochmalige Lektüre der Kapitel 4, 5 und – später – 8.) Bitte deine potenziellen Gesprächspartner um 30 Minuten Zeit und dann um detaillierte Informationen zu den alltäglichen Aufgaben ihres Jobs. Frage sie auch, wie sich ihr Fachgebiet ihrer Ansicht nach entwickeln wird. Erkundige dich nicht nur, welche Gelegenheiten sich dir bieten, sondern entwickle ein Bewusstsein für die Hindernisse, mit denen du dich konfrontiert sehen kannst.

In Kapitel 5 hast du einiges über Hospitationen erfahren. Die gleiche Methode kannst du auch auf der Hochschule anwenden, um mehr über spezielle Jobs zu erfahren. Durch deine zusätzliche Lebens-, Studien- und vielleicht auch Arbeitserfahrung wirst du eher in der Lage sein einzuschätzen, welcher Beruf letztlich zu dir passt.

Bitte das Berufsberatungszentrum an deiner Universität um Tipps beim Auffinden geeigneter Kontakte (wende dich hier auch ans Alumni-Netzwerk deiner Universität), die du um ein Tagespraktikum oder ein Interview bitten kannst. Mitglieder deiner Fakultät, Mitbewohner, Freunde und deren Eltern oder ehemalige Studenten können ebenfalls wichtige Ansprechpartner sein. Wende dich an das Alumni-Netzwerk deiner Universität. Die meisten Hochschulen verfügen über Datenbanken mit Infos über ihre Absolventen. Und die Personen, bei denen du ein Tagespraktikum gemacht hast oder mit denen du zu Schulzeiten Informationsgespräche geführt hast, solltest du ebenso wenig vergessen. Wenn deine Interessen immer noch die gleichen sind wie damals, nimm erneut Kontakt zu ihnen auf und frage sie, ob du ein weiteres Gespräch oder eine Hospitation mit ihnen vereinbaren kannst – diesmal detaillierter und tiefer gehend.

Praktika

Arbeitgeber bevorzugen bei der Einstellung Kandidaten, die eine Vielzahl von Praktika absolviert haben. Sie halten derlei Berufserfahrung für deutlich wichtiger als Noten, die Universität, die du besuchst, und sogar deine Empfehlungsschreiben. Viele Firmen und Unternehmen bieten Studentenpraktika an. Die meisten davon sind unbezahlt. Die Semesterferien bieten sich als idealer Zeitrahmen an. Oft ist es möglich, dann auch während des Semesters stundenweise in den Betrieben weiter zu jobben. Praktika sollen dich mit der Arbeit in einem bestimmten Fachgebiet oder Job vertraut machen und geben dir praktische Arbeitserfahrung. Nehmen wir an, du möchtest als Journalist für eine Zeitschrift arbeiten. Eine Zeitschrift bietet dir in den Sommersemesterferien ein Praktikum an, durch das du Einblick in die Zeitungswelt gewinnst. Im Rahmen deiner Tätigkeit kannst du mit einem dort angestellten Journalisten zusammenarbeiten oder bekommst sogar den Auftrag, bis Ende deines Praktikums einen Artikel zu verfassen.

Praktika sind eine hervorragende Möglichkeit, einen Job oder ein Fachgebiet abzuklopfen, für das du dich sehr interessierst. Außerdem machen sie sich gut in deinem Lebenslauf. Die Qualität einzelner Praktika ist sehr unterschiedlich. Manche Studenten berichten, dass sie aktiv ins Team integriert wurden; andere geben an, dass sie nur herumsitzen und Kaffee kochen durften. Suche nach anderen Studenten, die die betreffenden Praktika bereits absolviert haben. Meide Praktika, die sich offensichtlich als Zeitverschwendung entpuppen werden. Sorge dafür, dass du deine Aufgaben gewissenhaft erfüllst: Sei pünktlich, kleide dich professionell und sei für neue Aufgaben offen. Wenn du gute Erfahrungen gemacht hast, kannst du in dem betreffenden Unternehmen vielleicht sogar eine Festanstellung anstreben. Unter Umständen ergeben sich durch deine Praktikumskollegen auch berufliche Weiterempfehlungen oder wertvolle Kontakte zu anderen potenziellen Arbeitgebern.

Lass es dir schriftlich geben

Nach Beendigung eines Praktikums oder eines freiwilligen Projekts oder Aushilfsjobs, in dem du Gutes geleistet hast, bitte um ein Empfehlungsschreiben oder eine Beurteilung, bevor du gehst. Selbst wenn dein Vorgesetzter oder Professor dich mag und sich an dich erinnert, hat er oder sie wahrscheinlich sechs Monate später Schwierigkeiten, sich an die Einzelheiten deiner Arbeit zu erinnern. Derlei Beurteilungen können hervorragende Empfehlungsschreiben sowohl für spätere Festanstellungen als auch für die Universität sein.

Frage im Berufsberatungszentrum deiner Universität nach. (Weitere Informationen findest du am Ende dieses Kapitels.) Wenn du einfach kein Praktikum finden kannst, das auf deine speziellen Bedürfnisse zugeschnitten ist, dann nimm Kontakt zu der Firma auf, für die du am liebsten arbeiten würdest, und erkundige dich, ob nicht ein passender Praktikumsplatz für dich geschaffen werden kann.

Du als Jungunternehmer

Junge Erwachsene werden manchmal als »Start-up-Erwachsene« bezeichnet. Diese Metapher ist insofern interessant, als sie Menschen mit der erste Phase eines neu gegründeten Unternehmens gleichsetzt. Deshalb ist diese Bild auch äußerst hilfreich. Kein Unternehmen würde 70 000 bis 80 000 Euro (also die ungefähren Kosten eines Bachelor-Studiums) einfach so für seine Ausstattung ausgeben, ohne zu wissen, was die Anschaffung letztlich für einen Mehrwert bringt. Kluge Studenten tun das ebenso wenig. Das Ziel deines Business Plans besteht darin, nach Beendigung des Studiums einen Job anzutreten, der dir gefällt und für den du deine akademische Ausbildung auch tatsächlich benötigst. Aus jüngsten Studien geht hervor, dass Studenten, die dieses Ziel erreichen, folgendermaßen verfahren:

Erstes Studienjahr, zweites Semester: Vervollständige deinen Fallschirm und führe genug Informationsgespräche, um gut über drei Fachbereiche oder Branchen Bescheid zu wissen, die dich interessieren. Finde heraus, welche Praktika über deine Universität vermittelt werden. Erstelle eine ständig aktualisierte Liste von Namen und Kontaktdaten aller Leute, die du in dem von dir angestrebten Bereich kennen lernst.

Drittes Semester: Nutze Pausen, um dich weiter mit den von dir untersuchten beruflichen Werdegängen zu befassen. Du willst wissen, welche Branche dir am meisten liegt, und solltest dich nach Abschluss des Grundstudiums fachlich stärker spezialisieren. Studenten, die sich nicht sicher sind, was sie nach dem Studium anfangen wollen, oder die ihr Studienfach mehr als einmal wechseln, landen nach dem Examen deutlich häufiger in Beschäftigungsverhältnissen, in denen sie ihren Abschluss gar nicht gebrauchen können. In dieser Zeit solltest du dich für Praktika bewerben.

Viertes Semester: Arbeite als Praktikant in der Branche, die dich am meisten interessiert, oder plane eine Reihe von kleineren Praktika auf verschiedenen Gebieten, um sie näher kennen zu lernen. Bringe deine Kontaktliste und deinen Erfolgsplan auf den neuesten Stand.

Fünftes Semester: Bewerbe dich für Praktika oder jobbe in dem Bereich, der dich reizt. Halte nach Fachkonferenzen oder Fachgruppen-Meetings Ausschau, denen du beiwohnen kannst.

Sechstes Semester: Sichere dir ein Praktikum oder einen festen Job in der Branche, für die du dich nun entschieden hast. Bringe deine Kontaktliste und deinen Erfolgsplan auf den neuesten Stand.

Siebtes und achtes Semester: Organisiere deinen Stundenplan so, dass du ein weiteres Praktikum machen kannst, bevor du dich zum Examen anmeldest. Nimm zu sämtlichen wichtigen Personen, die dir weiterhelfen könnten, Kontakt auf und informiere sie, dass du aktiv nach Arbeit suchst. Mache deinen Gesprächspartnern klar, was du willst. Bitte sie, dich zu informieren, wenn sie von Vakanzen hören. (Examenskandidaten berichten, dass sie sechs bis neun Monate aktiver Jobsuche benötigten, um eine Festanstellung zu erhalten.)

> **Stärke dein Profil**
>
> Zu diesem Thema empfehlen wir folgendes Buch:
> - Wüst, Petra, *Profil macht Karriere – Mit Self-Branding zum beruflichen Erfolg.* Orell Fuessli Verlag, 2010. Das Werk wurde für den Preis Trainerbuch des Jahres 2010 von managementbuch.de und der German Speakers Association e.V. nominiert. Eine ähnliche Linie vertritt
> - Jan Christoph Berndt, *Die stärkste Marke sind Sie selbst! Schärfen Sie Ihr Profil mit Human Branding.* Kösel-Verlag, 2009. Hierzu existiert im Übrigen auch ein sinnvolles Arbeitsbuch.

Studieren – ein Erlebnis

Zwar wollen wir mit diesem Buch dazu beitragen, dass du einen Job findest, den du liebst, trotzdem besteht das Leben keineswegs nur aus Arbeit. Das Studium liefert dir nicht nur den akademischen Grundstock für deine Berufstätigkeit, sondern stellt auch eine wichtige Herausforderung dar: Du entdeckst, was dir wirklich am Herzen liegt, und findest einen Weg, um die vielen unterschiedlichen Aspekte deines Lebens miteinander in Einklang zu bringen. Wenn du sie ernst nimmst, werden die Herausforderungen und die Verantwortung, über die du dir, solange du im Elternhaus lebtest, keine Sorgen machen musstest, dazu beitragen, dass du wächst und reifst. Dazu gehören Kompromisslösungen mit Mitbewohnern, neue finanzielle Gegebenheiten (die Überlegung, wie man das Studium am klügsten finanziert), die ausgewogene Mischung zwischen Studienzeit und Freizeit und vielleicht noch Job-Verpflichtungen. Vielleicht die Pflege der Wohnung (Saubermachen, Einkaufen, Kochen). Wenn du die Herausforderungen des Studentenlebens ignorierst und nur Party feierst, vergeudest du nicht nur viel Geld, sondern auch die gute Gelegenheit, dich besser auf einen guten und befriedigenden Job nach dem Studium vorzubereiten. Die neuen Erfahrungen, die du jetzt machst, tragen zur Entwicklung neuer Fähigkeiten bei, die dir im Berufsleben später von großem Nutzen sein können.

Aber vor allem: Genieße das Leben! Es gibt keine schönere Zeit als die Studienjahre. Amüsiere dich, lerne, so viel du kannst, und schaffe dir eine breite Basis an Fähigkeiten, die dir helfen, einen Beruf zu finden, den du liebst.

Weitere Informationen

Studium
- Bensberg, Gabriele und Jürgen Messer, *Survivalguide Bachelor. Leistungsdruck, Prüfungsangst, Stress und Co? Erfolgreich mit Lerntechniken, Prüfungstipps. So überlebst du das Studium.* Springer, 2010.
- Horndasch, Sebastian, *Bachelor nach Plan. Dein Weg ins Studium. Studienwahl, Bewerbung, Einstieg, Finanzierung, Wohnungssuche, Auslandsstudium.* Springer, 2010.

Finanzen
- Winkler, Isabel, *Achtung Schuldenfalle! Arbeitsblätter für Jugendliche zum richtigen Umgang mit Geld*. Verlag an der Ruhr, Juni 2012.
  Ferner empfehlen wir einen Ratgeber der Verbraucherzentrale:
- *Clever studieren – mit der richtigen Finanzierung*. 4. Auflage, 2011.

7
Ziele festlegen:
Ein Werkzeug zur Gestaltung deiner Zukunft

Nach der Lektüre der vorigen Kapitel, den Übungen, die du absolviert, und den Fragen, die du beantwortet hast, hast du jede Menge Informationen über deine Interessen, Fähigkeiten und potenziellen Traumjobs gesammelt. Du weißt jetzt mehr über deine Vorlieben und Antipathien. Du hast gesehen, wie du deine Schul- und Studienerfahrungen zur Vorbereitung auf das Berufsleben nutzen kannst, und du weißt, inwiefern deine Interessen deine Arbeit und deine Zukunft bestimmen können. Jetzt stellen wir dir ein Werkzeug vor, das dir in beiden Bereichen behilflich ist. Durch die Festlegung eines Ziels entdeckst du wieder ein Stück mehr von dem, was du dir vom Leben wünschst, und du definierst, wie du deine Zeit in Zukunft verbringen willst.

Ein Ziel ist etwas, das du erreichen oder leisten willst: Das Autofahren zu erlernen, das Abitur zu machen, den Bachelor oder gar Master zu machen, als Schatzmeister in die Studentenvertretung gewählt zu werden. Ein Ziel kann auch ein Traum sein: die Reise nach Indien, Wildwasserkanufahren oder einen Verwandten zu treffen, den du nie kennengelernt hast. Manche deiner Ziele sind vielleicht eher persönlicher Natur: Du willst eine Beziehung aufbauen, ein bestimmtes Buch lesen oder mit deiner jüngeren Schwester besser klarkommen; andere wiederum sind akademischer Natur: Du willst eine bestimmte Universität besuchen, einen guten Notendurchschnitt erreichen oder in Chemie einfach nur »durchkommen«. Wieder andere Ziele, wie der

Traumjob oder der, in ein Trainee-Programm aufgenommen zu werden, sind vielleicht eher berufsbezogen. Im Leben geht es um mehr als nur um die Schule oder die Arbeit, weshalb Ziele sich auf alles beziehen können – auf Beziehungen, Lernerfahrungen oder einfach nur darauf, sich zu amüsieren.

Ziele sind auf vielerlei Weise hilfreich. Hast du dir schon jemals ein Ziel gesetzt und es erreicht? Was hast du durch diese Erfahrung gelernt? Auch ein Ziel, das du nicht erreicht hast, kann dich in gewisser Weise weiterbringen. Überlege dir in einem solchen Fall, was dich letztlich an der Umsetzung gehindert hat. Was kannst du beim nächsten Mal anders machen? Vernünftig analysierte Misserfolge sind ein hervorragender Lehrer.

Ziele helfen uns dabei zu artikulieren (also darüber zu reden), was wir wirklich tun wollen. Sie helfen uns zu definieren, was uns am wichtigsten ist, was wir mit unserer Zeit anfangen sollen und wie wir unseren jetzigen Umgang mit der Zeit verändern wollen. Ziele motivieren uns, das, was wir wollen, in die Tat umzusetzen! Allein schon das schriftliche Notieren der Ziele macht sie konkreter. Wenn wir sagen, dass wir eines Tages etwas tun wollen, dann sind diese Formulierungen – »eines Tages« und »etwas« – sehr vage. Meist kommen wir damit nicht weiter. Wir müssen unser Ziel konkret benennen und darauf hinarbeiten, sonst bleibt es nur ein Gedankenspiel. Durch das Erreichen unserer Ziele fühlen wir uns wohler in unserer Haut. Das Leben wird interessanter, und wir haben das Gefühl, unser Schicksal stärker in der Hand zu haben.

Ziele auswählen

Ziele gehen mit unterschiedlichen Zeitvorgaben einher. So kann es sinnvoll für dich sein, ein Ziel in drei oder sechs Monaten erreichen zu wollen – oder dir ein Semesterziel zu setzen. Vielleicht musst du eine Seminararbeit schreiben oder ein Projekt zum Abschluss bringen. Mache eine Liste der Aufgaben, die du pro Monat oder pro Woche erledigen musst. Dann erreichst du dein Ziel mühelos und ohne alles auf den letzten Drücker machen zu müssen.

Um über deine langfristigen Ziele nachzudenken, deine Lebensziele, brauchst du wahrscheinlich deutlich mehr Zeit. Denk dabei daran, dass deine Ziele mit deinen Wertvorstellungen einhergehen. Stelle dir deshalb folgende Fragen:

- Was ist mir wichtig?
- Was will ich mit der mir geschenkten Lebenszeit anfangen?

Diese Fragen sind nicht leicht zu beantworten, aber es ist wichtig, darüber nachzudenken. Einige deiner Ziele verändern sich im Laufe der Zeit vielleicht, während andere wiederum klarer hervortreten. Wann immer du ein Ziel erreicht hast, solltest du dir ein weiteres suchen, das seinen Platz einnimmt.

DISCOVERY EXERCISE

Ziele setzen

Nimm ein Blatt Papier zur Hand. Falte es ausgehend vom Querformat so, dass sich drei gleich breite, vertikale Spalten ergeben. Mit einer Linie im oberen Bereich schaffst du Platz für die Spaltenüberschriften. Über die erste Spalte schreibst du: »Was ich im Leben tun möchte.« Die zweite Spalte erhält die Überschrift: »Was ich in den nächsten ein bis drei Jahren tun möchte«, und in der letzten Spalte steht: »Was würde ich tun, wenn ich in sechs Monaten sterben müsste?«

Stelle die Stoppuhr auf zwei Minuten (oder lass dich von einem Freund oder einer Freundin stoppen). Fange mit einer beliebigen Spalte deiner Wahl an. Schreibe alles auf, was dir in diesen zwei Minuten in den Sinn kommt. Danach stellst du den Timer erneut und verfährst bei der nächsten Spalte genauso. Die Reihenfolge ist dabei unerheblich. Fülle alle Spalten so aus, dass du für die gesamte Übung nur sechs Minuten benötigst.

Lies dir deine Einträge durch. Was denkst du über deine Notizen? Bist du über ein paar Dinge vielleicht sogar überrascht? Hattest du beim Ausfüllen einer bestimmten Spalte mehr Schwierigkeiten als bei den anderen? Betrachte die letzte Spalte noch einmal genauer: »Was würde ich tun, wenn ich in sechs Monaten sterben müsste?« Diese Rubrik ist am wichtigsten. Lies dir deine Einträge nochmals durch. Spiegeln sie deine Wertvorstellungen wider?

Wahrscheinlich gibt es ein paar Aufgaben, die du innerhalb der nächsten sechs Monate einfach erledigen *musst*, weil du sonst mit ernsthaften Konsequenzen zu rechnen hast (Seminar- oder Abschlussarbeiten zum Beispiel). Gibt es zudem aber auch ein paar persönliche Ziele, die du in den nächsten sechs Monaten erreichen willst? Du hast jetzt eine neue Perspektive gewonnen, deshalb ist es sinnvoll, deine Liste nochmals zu überarbeiten, und zwar sowohl im Hinblick auf deine private Situation als auch im Hinblick auf deine Ausbildung und Karriereplanung.

Es kann sinnvoll sein, die Liste erst einmal ein paar Tage ruhen zu lassen, bevor du deine Ziele nach Priorität ordnest. Beim Nachdenken über das, was du im Leben erreichen willst, kommen dir vielleicht ein paar ganz andere Ideen. Diese Ideen kannst du ebenfalls in die dafür vorgesehene Spalte eintragen. Sobald du das Gefühl hast, dass die Liste vollständig ist, solltest du die einzelnen Punkte ordnen, sodass das Wichtigste an erster Stelle steht. Zwei oder drei bevorzugte Ziele aus jeder Liste gehören in die Mitte deines Fallschirm-Diagramms (Seite 5).

Deine Ziele erreichen: To-Do-Listen

Ein Ziel ohne Plan ist nur ein Gedanke. Sobald du deine Ziele formuliert hast, musst du einen Plan entwickeln, wie du sie erreichen kannst. Dazu machst du am besten eine To-Do-Liste oder trägst deine Ziele in einen Kalender ein.

Nehmen wir an, es gehört zu deinen Zielvorgaben, eine bestimmte Hochschule, Kunsthochschule oder Technische Universität zu besuchen. Deine To-Do-Liste könnte also folgendermaßen aussehen:

1. Die Website der Universität studieren und Zugangsvoraussetzungen sowie Bewerbungsverfahren klären.
2. Sich mit der ZVS in Verbindung setzen und die Modalitäten abchecken.
3. Sich beraten lassen, welche Leistungskurse und Notendurchschnitte sinnvoll sind.
4. Die Leistungskurse belegen.
5. Sich bei der ZVS bewerben.

Schon Punkt 1 deiner To-Do-Liste zeigt dir, dass du an der Kunsthochschule gar keinen Numerus Clausus benötigst, dass du aber eine Bewerbungsmappe mit verschiedenen Arbeitsproben zusammenstellen musst. In diesem Fall musst du deine To-Do-Liste etwa wie folgt überarbeiten:

1. Die konkreten Anforderungen für das Portfolio in Erfahrung bringen.
2. Mich hinsichtlich der Bewerbungsmappe beraten lassen, evtl. Vorbereitungskurse belegen.
3. Mit der Zusammenstellung meiner Arbeiten beginnen.
4. Mein Portfolio pünktlich zum Abgabetermin fertiggestellt haben.

Denke immer daran, dein Ziel in handhabbare Schritte aufzuteilen. Bei zu großen Teilschritten läufst du Gefahr, dich selbst zu entmutigen. Sind die Schritte gerade richtig, gehst du mühelos weiter. Ertappst du dich dabei, wie du deine To-Do-Liste aufschiebst, dann ist das vielleicht ein Hinweis darauf, dass du dein Ziel vielleicht gar nicht wirklich erreichen willst – oder dass die Teilschritte zu groß sind. Nimm dir einen der Schritte vor und brich ihn in zwei kleinere Schritte herunter. Immer wenn du einen Schritt hinter dir hast, hakst du ihn ab. Einen Schritt zu machen ist an sich schon eine Leistung, und jeder Schritt führt dich näher an dein Ziel heran.

Heißer Tipp: Wenn du Schwierigkeiten hast, dir eigene Ziele zu setzen, solltest du einen Erwachsenen um Rat fragen, einen Menschen, dem du vertraust und der einen Großteil der von dir angestrebten Ziele bereits erreicht hat. Zusammen mit deinem Ziel-Coach machst du ein Brainstorming. Als Erstes solltest du ein kurzfristiges Ziel festlegen – z. B. eines, das du in 30 Tagen erreichen kannst. Dann überlegst du mit deinem Berater gemeinsam, was du tun musst, um dieses Ziel tatsächlich zu realisieren. Die Teilschritte trägst du am besten in einen Kalender ein (einen, den du nicht übersehen kannst, der entweder direkt vor deiner Nase hängt oder sich auf deinem Smartphone befindet).

Ziele neu bewerten

Auf deinem Weg zum Ziel – insbesondere wenn es sich um ein langfristiges handelt – wirst du viele neue Erfahrungen machen und neue Informationen sammeln, und zwar sowohl über dich selbst als auch über dein Ziel. Dies trägt dazu bei, dass du es neu bewerten kannst. Manchmal sind die Erfahrungen, die du auf dem Weg zum Ziel machst, viel wertvoller als das Erreichen des Ziels selbst. Vielleicht erkennst du, dass dein Ziel genau das richtige ist – oder das Gegenteil: Du musst dein Ziel neu definieren, neue Ideen entwickeln und eine neue Richtung einschlagen. Ein Ziel, das keine Bedeutung mehr für dich hat, solltest du fallen lassen. Ersetze es durch ein neues Ziel, das wichtiger für dich ist.

Ein Werkzeug fürs Leben

Ziele setzt man keineswegs nur einmal im Leben. Du wirst bald feststellen, dass die für dich interessanten Ziele sich mit der Zeit verändern. Dein ganzes Leben lang wirst du weiterhin Ziele setzen (und To-Do-Listen erstellen, um sie zu erreichen). Zu wissen, wie man Ziele setzt und erreicht, ist ungeheuer wichtig. Ziele sind ein Werkzeug zur Lebensgestaltung.

Weitere Informationen

- Tracy, Brian, *Ziele: Setzen, Verfolgen, Erreichen*. Campus, 2004.
- Knoblauch, Jörg, Johannes Hüger und Marcus Mockler, *Dem Leben Richtung geben: In drei Schritten zu einer selbstbestimmten Zukunft*. Heyne, 2009.
- Ein paar interessante Videos zum Thema findest du auf youtube, wenn du ins Suchfeld »Ziele setzen und erreichen« eingibst.

8
Soziale Netzwerke:
Wie du deiner Karriere mit Social Media Schwung gibst

In den sozialen Medien geht es um Verbindung, Kommunikation und Unterhaltung. Sie ermutigen die Bildung von Gemeinschaften und Diskussionen. Sie unterscheiden sich von den kommerziellen Medien dadurch, dass die Rezipienten nicht passiv bleiben. Die meisten sozialen Medien fordern ihre Mitglieder auf abzustimmen, zu kommentieren und Informationen mit anderen zu teilen. Die Teilnehmer können selbst Beiträge schreiben und auf Beiträge anderer Mitglieder antworten. Durch eine bestimmte Software können sie – ohne über Programmierkenntnisse zu verfügen – Kommentare posten oder Interessensgemeinschaften bilden.

Im Netz gibt es mittlerweile zahlreiche Varianten. Manche zur Übermittlung von Nachrichten, andere für Videos und Bilder, für Social Bookmarks (Lesezeichen im Internet) und nicht zuletzt die sozialen Netzwerke. Auf nicht elektronischer Ebene existieren Letztere schon seit vielen Jahrhunderten, seit Menschen nicht mehr in Großfamilien und Stämmen zusammenleben. Ihr Sinn und Zweck besteht darin, die Anzahl existierender Kontakte zu erweitern, indem man neue Menschen durch seine bereits vorhandenen Freunde kennen lernt.

Das Internet bietet ein unbegrenztes Potenzial, um die eigenen Verbindungen zu erweitern. Vielleicht gehörst du ja bereits zu AvatarsUnited, Goodreads, Quaterlife oder MySpace, SchülerVZ oder Facebook. Wenn du derlei Sites nutzt, um Menschen kennen zu lernen, mit Freunden zu kommunizieren oder etwas herauszufinden, dann bist du in Sachen Netzwerke kein Anfänger mehr. Aber wusstest du, dass man soziale Netzwerke auch nutzen kann, um Informationen über das eigene berufliche Fortkommen zu sammeln, um Menschen kennen zu lernen, die interessante Berufe ausüben, um Praktikumsmöglichkeiten und sogar Jobangebote ausfindig zu machen?

In letzter Zeit avancierte die Nutzung traditioneller sozialer Netzwerke, aber auch die Nutzung von Sites, die spezifisch zur Erweiterung der eigenen Geschäftskontakte entwickelt wurden, zur modernen Art der Mitarbeiter- oder Jobsuche. Deshalb geben wir dir an dieser Stelle ein paar grundlegende Informationen, wie du dein bevorzugtes Netzwerk zum Vorantreiben deiner Karriere nutzen kannst, um Informationen zu sammeln und neue Kontakte zu knüpfen, die dir letztlich eine Festanstellung verschaffen können.

Sicherheit beim Netzwerken

Das soziale Netzwerk, dem du jetzt angehörst und durch das du deine beruflichen Chancen ausloten und erweitern möchtest, zeichnet sich momentan noch dadurch aus, dass du vornehmlich mit Menschen in Verbindung stehst, die du kennst und denen du vertraust. Das ändert sich, wenn du deine Kontaktbandbreite auf die berufliche Ebene ausdehnst, da du es dort auch mit Menschen zu tun hast, die du nicht persönlich kennst.

Durch deine »Freunde« kannst du wahrscheinlich noch mehr über ein Berufsfeld, einen Job oder einen Aspekt deiner Karriere herausfinden, der dich fasziniert, als du es allein könntest. Aber bevor du jetzt gleich eilig eine Anfrage postest, solltest du erst einmal einen Plan machen, um die Risiken für dich selbst möglichst gering zu halten. Zu deiner eigenen Sicherheit musst du dir zunächst überlegen, wie viel Einblick du neuen Kontakten gewähren willst. Welches Bild von dir sehen andere, wenn sie Kontakt zu dir aufnehmen? Schreibe dir auf, wie du wirken willst und was du über dich und deine Berufssuche schreiben willst. Welche »Privateinstellungen« solltest du auf deiner Website am besten nutzen?

Heißer Tipp: Der Begriff »soziale Netzwerke« beschreibt die entsprechenden Sites im Netz. Online-Netzwerke zu pflegen hat also nichts mit »sozialen Kontakten« im klassischen Sinne, also von Angesicht zu Angesicht, zu tun.

Um deine Liste an Sicherheitseinstellungen zu erweitern und dir ein Online-Image zu schaffen, solltest du zunächst mit Freunden sprechen oder einen Lehrer bitten, das Thema im Unterricht zu behandeln. Natürlich kannst du dich auch an einen erfahrenen Erwachsenen wenden und ihn bitten, sich deine Liste durchzulesen und gegebenenfalls Vorschläge hinzuzufügen, damit du bei der Erforschung dieser neuen Informationswelt nicht auf die Nase fällst. Als Faustregel gilt: Wenn dir irgendjemand nicht geheuer vorkommt, dann brich den Kontakt ab und sende sämtlichen Schriftverkehr an ein Elternteil oder einen Erwachsenen deines Vertrauens. Die Welt ist voller wunderbarer und schrecklicher Menschen. (Ich wünsche dir, dass du mehr von der ersten Sorte triffst.)

Du benötigst also einen Plan, um dich online in sozialen Netzwerken zu bewegen, durch den die Chance, ein paar Angehörige der zweiten Gruppe zu treffen, minimiert wird.

Wie man soziale Netzwerke zum Ausloten der eigenen Berufsperspektiven nutzt

Durch neue Anwendungen und Features avancierten soziale Netzwerke zu nützlichen Werkzeugen für Jobsuche und Karriereinformation. Um das Beste daraus zu machen, musst du geschickt vorgehen.

Die Protokolle und Anwendungen zur Nutzung der entsprechenden Sites ändern sich so schnell, dass alles, was wir an dieser Stelle beschreiben, schon überholt ist, sobald wir den Satz beendet haben. Na ja, so schnell vielleicht nun doch nicht, aber zumindest beinahe so schnell. Neue Sites und Applikationen schießen jeden Monat wie Pilze aus dem Netz. Dir hier eine genaue Anleitung zu geben, wie du einen Account erstellst, ist vollkommen sinnlos, denn schon in wenigen Wochen sieht der Bildschirm schon wieder ganz anders aus. Das Internet kann dir dabei helfen, mehr über die Benutzung von sozialen Netzwerken im Hinblick auf Jobsuche und Karriere in Erfahrung zu bringen. Alles beginnt mit einer E-Mail-Adresse, die seriös genug für das Berufsleben ist. Eine Kombination aus Vor- und Nachname, der erste Buchstabe des Vornamens und dann der Nachname oder der Name deiner Firma, wenn du schon ein Unternehmen gegründet hast, all diese Va-

> »Dein persönliches Profil auf Facebook oder MySpace kann durchaus auch dein privater Spielplatz bleiben, aber denke immer daran, dass alles, was im Internet steht, nicht mehr wirklich privat ist. Sei also vorsichtig mit dem, was du postest. Und bitte auch deine Freunde, keine peinlichen Fotos im Internet über dich zu veröffentlichen. Derlei Dinge können dir große Schwierigkeiten bereiten, wenn du dich um deinen Traumjob bewirbst.«
> Kareen Cox, Autorin von Karriereratgebern

rianten sind akzeptabel. Dies ist nicht der richtige Ort, um einen dummen oder riskanten Spitznamen zu verwenden.

Im Folgenden findest du ein paar hilfreiche Formulierungen, mit denen du das Internet nach Tipps durchsuchen kannst:

- Soziale Netzwerke zur Jobsuche nutzen
- Soziale Netzwerke für Praktika nutzen
- Ein soziales Netzwerk für die Jobsuche gründen
- … (hier kannst du den Namen eines bestimmten sozialen Netzwerkes einsetzen) zu Informationszwecken über die Karriere oder später zur Jobsuche nutzen
- Jobs online finden

Wenn du derlei Einträge ins Suchfeld deiner Suchmaschine eingibst, findest du zahllose Einträge. Schau dir genau an, wann die Seiten ins Netz gestellt wurden, und lies dir ein paar von den neuesten durch. Denk an die Netzwerk-Etikette, die wir dir bereits für die Suche nach einem Praktikum oder einem Job nahegebracht haben, und schon kannst du nicht nur Gelegenheiten zum Job-Shadowing finden, sondern auch Menschen, mit denen du dich über deren Arbeit unterhalten kannst.

Wie du dir eine solide Web-Präsenz schaffst

Hier ein paar Tipps für den Anfang:

1. Denke daran, dass das Internet alles bewahrt. Einige Menschen haben Bilder von sich selbst im Netz gepostet, die sogar ihre Enkelkinder eines Tages noch sehen werden. Da stellt sich die Frage: War ihnen das nicht bewusst oder ist es ihnen tatsächlich egal? Die meisten Erwachsenen möchten Dummheiten aus ihrer Jugend nicht publik machen, schon gar nicht in der ganzen Welt. Durch das Netz können Bilder, die unschul-

dig verschickt wurden, irgendwann schmerzhaften Schaden anrichten.

2. Google doch mal deinen eigenen Namen. Schau nach, was Personalverantwortliche finden, wenn sie die gleiche Methode anwenden. Über 77 Prozent der Personalreferenten überprüfen Bewerber erst einmal durch eine Netz-Recherche. Die Hälfte von ihnen entscheidet sich im Vorfeld aufgrund der dort gefundenen Informationen gegen einen Kandidaten. Personalreferenten arbeiten häufig – wenn auch nicht immer – für große Unternehmen. Du kannst allerdings davon ausgehen, dass auch Kleinunternehmer, Manager von Non-Profit-Verbänden oder Mitarbeiter an Weiterbildungszentren oder Schulen nach deinem Namen im Internet suchen.

3. Ziehe eine benutzerdefinierte Privatsphäre-Einstellung in Betracht. Dann können nur Personen, die du festlegst, sehen, was du postest. Außerdem hast du keinen Einfluss auf die Beiträge deiner Freunde. Wenn möglich solltest du also eine Einstellung wie »Beiträge, in denen Freunde dich markieren, prüfen, bevor sie in deiner Chronik erscheinen« (so ist es unter Facebook momentan formuliert) wählen. Auch die Möglichkeit, Kommentare anderer zu blockieren, solltest du auf jeden Fall aktivieren. Wenn ein Freund ein problematisches Bild oder einen beleidigenden Kommentar gepostet hat, kann das nämlich durchaus auch ein schlechtes Licht auf dich werfen.

4. Frage Freunde, ältere Geschwister, Kollegen, Eltern oder die Eltern deiner Freunde, ob sie schon soziale oder geschäftliche Networking Sites zu beruflichen Zwecken oder zur Jobsuche benutzt haben. Wenn ja, dann bitte sie, dir beim Erstellen deines Profils zu helfen, oder frage sie, ob du ihre Profile zum Vorbild nehmen darfst.

5. Achte auf professionelles Auftreten, wenn du Menschen im Hinblick auf deinen beruflichen Werdegang ansprichst (egal ob im Internet oder persönlich). Wenn du keine genaue Vorstellung davon hast, wie man sich professionell verhält, dann

musst du die entsprechende Etikette kennen und anwenden lernen. Gib den Begriff »professionelles Auftreten« in deine Suchmaschine ein und lies dir die entsprechenden Artikel durch. Zwischen Initiative und Stalking gibt es eine klare Grenze. Achte darauf, diese Grenze nicht zu überschreiten, und lass nicht zu, selbst gestalkt zu werden. Wenn du jemandem eine Nachricht geschickt hast und keine Antwort erhältst, kannst du im Abstand von jeweils einer Woche durchaus noch zweimal nachhaken. Danach kannst du höchstens noch einen gemeinsamen Freund bitten, ein gutes Wort für dich einzulegen, oder akzeptieren, dass diese Person einfach nicht reagieren wird. Bei mehreren nicht berufsbezogenen Nachrichten, die du am gleichen Tag bekommst, solltest du den Absender blockieren.

Das Bild, das du der Welt präsentierst, sollte angemessen sein, sowohl deinem Alter als auch der öffentlichen Betrachtung. Es gibt Dutzende von Blogs, Tweets und Internet Marketing Genies, die dir eine Vorstellung davon vermitteln können, wie du deine Marke (also dich selbst) ins beste Licht rücken kannst. Die alte Regel, dass du nur eine einzige Chance hast, um einen guten ersten Eindruck zu hinterlassen, bekommt in sozialen Netzwerken eine vollkommen neue Dimension. Soziale Netzwerke vermitteln einem ein Gefühl dafür, wie klein die Welt geworden ist. Welche Website du auch öffnest: Sie steht Menschen auf der ganzen Welt ebenfalls offen.

Twitter

Als ob soziale Netzwerke nicht schon genug Aufregung ins Internet brächten, fand irgend so ein schlauer Fuchs (Jack Dorsey) heraus, dass man auch Nachrichten von 140 Zeichen im Netz posten könnte. Dieses Mikro-Blogging begann als eine Form der oberflächlichen Kommunikation. Mit den Tweets antwortete man auf Fragen wie: »Was geht ab?« Doch mittlerweile ist dies eine eigenständige Form des sozialen Mediums geworden.

In der Werbung gilt Twitter inzwischen als der letzte Schrei. Die Effektivität traditioneller, klassischer Reklame nimmt immer weiter ab. So wundert es auch nicht, dass Twitter recht populär ist, wenn es darum geht, die beruflichen Kontakte zu erweitern. Dazu gehören die Pflege von Kundenkontakten, die Jobsuche und die Überprüfung potenzieller Mitarbeiter.

Wenn du Twitter einmal ausprobieren möchtest, dann richte dir zwei Accounts ein. Bei Freunden kannst du einen spielerischen Namen oder Avatar benutzen. In beruflicher Hinsicht empfehlen sich der richtige Namen und ein professionelles Porträtfoto in einer seriösen Bluse, in Hemd und Krawatte oder im Jackett. Verbinde deinen beruflichen Twitter-Account mit einer ebenso professionellen Adresse. Erster Buchstabe des Vornamens und Nachname, Vor- und Nachname zusammen, der Name deines Unternehmens oder dein spezielles Fach- oder Interessengebiet sind allesamt sehr geeignet. Dein Twitter-Account für Freunde kann an eine andere Adresse umgeleitet werden.

Heißer Tipp: Auf der Website des Juristen und Twitter-Gurus Adrian Layton existiert eine Reihe einminütiger, englischsprachiger Videos, die zeigen, wie man einen Twitter-Account erstellt und verwaltet: www.adriandayton.com.

Soziale Netzwerke mit Business-Fokus

Jobsuche spielt sich nach wie vor im zwischenmenschlichen Bereich ab. Aus diesem Grund verlieren die klassischen Jobbörsen wie Monster, CareerBuilder oder Stepstone langfristig immer mehr an Einfluss und werden durch die sozialen Netzwerke ersetzt, denn bei Letzteren geht es um den Kontakt von Mensch zu Mensch.

Immer mehr soziale Netzwerke konzentrieren sich auf die Karriere der Mitglieder sowie auf ihre beruflichen Ziele. Die bekanntesten Sites hierzulande sind Xing und LinkedIn.

Wo liegt der Unterschied?

In sozialen Netzwerken für Beruf, Geschäft und Karriere geht es deutlich förmlicher zu. Xing, LinkedIn und auf dem internationalen Sektor auch Ryze und Koda sind hier exemplarisch zu nennen. Mit ihrer Hilfe sollen die Mitglieder ihre beruflichen Kontakte erweitern und potenzielle Arbeitgeber (und Mitarbeiter) finden. Mit ihrer Hilfe kannst du dir eine professionelle Präsenz im Netz schaffen.

Diese »professionellen« Seiten sind nicht nur Hochschulabsolventen vorbehalten. Die Kontakte, die du dort knüpfst, können dir in Zukunft sehr weiterhelfen. Je weiter du vorankommst, je konkreter deine beruflichen Vorstellungen werden, umso mehr solltest du darüber wissen. Frage Freunde, Menschen, mit denen du zusammenarbeitest, und deine Mentoren immer wieder, ob sie neue Sites kennen, die dich auf deinen Interessengebieten weiterbringen können.

Online-Lebensläufe und weitere Dokumente

Verfasse einen Lebenslauf und poste diesen im Netz. Schau dir vorher Beispiele verschiedener im Internet kursierender Vorlagen an. Was spricht dich am ehesten an? Wie kannst du deine Fähigkeiten am besten demonstrieren? Hole dir bei erfahrenen Menschen deines Vertrauens Rat. Poste ansonsten Empfehlungsschreiben von Lehrern, Jugendgruppenleitern, deinem Pfarrer, früheren Arbeitgebern oder Vorgesetzten, die du bei Ehrenämtern oder Praktika hattest.

Xing (und zunehmend auch LinkedIn) ist mittlerweile die beliebtesten Seite, um deine Karriere voranzutreiben und entsprechende Beiträge ins Netz zu stellen.

In Xing gehst du am besten folgendermaßen vor:

1. Fülle dein Profil so vollständig wie möglich aus. Achte darauf, dass das Profilbild bewerbungstauglich ist.
2. In die »Über mich«-Seite gehört dein Lebenslauf. Mithilfe der Formatierungen kannst du diesem eine individuelle Note verleihen.
3. Ebenfalls in die »Über mich«-Seite gehört das »Anschreiben«. Formuliere hier genau, was du zu finden hoffst – ähnlich wie im Anschreiben einer Bewerbung.
4. In das Feld »Ich suche« solltest du so etwas wie »eine Anstellung als xyz im Bereich abc« eintragen. So wirst du von Personalberatern gefunden, denn diese suchen nach genau diesen Stichworten.
5. In Xing existieren unzählige Interessengruppen. Suche dir die spezifischen für die von dir präferierte Branche heraus und teile deine beruflichen Vorstellungen in diesen Gruppen mit. Auch deine direkten Kontakte sollten informiert werden. Bitte diese Kontakte auch ruhig um Hilfe bei der Stellensuche.
6. Suche in den Gruppen auch nach Stellenangeboten. Ein großes Forum ist *Absolventen – Gesuche und Angebote – Praktika – Nebenjobs – Diplomarbeiten – Berufseinstieg*. Auch Regionalgruppen können hilfreich sein.
7. Schau regelmäßig in der *Infobox* auf der Startseite nach, was zu deinem Profil passt, und überprüfe, ob es neue passende Angebote gibt.

8. Besuche zusätzlich regelmäßig den *Marketplace*.
9. Auch Arbeitsproben und Referenzen lassen sich in Xing einbetten, und zwar unter der Rubrik *Referenzen und Auszeichnungen*.

Antworte immer!

Wenn du über Xing oder LinkedIn eine Anfrage versendet hast, solltest du auf jede Antwort, die du erhältst, deinerseits ebenfalls wieder antworten, auch wenn du kein Interesse hast. Wer anderen die kalte Schulter zeigt, der läuft Gefahr, dass andere sich in Zukunft ebenso verhalten. Personen, die dir einen Ansprechpartner nennen, mit dem du Kontakt aufnehmen kannst, riskieren immerhin ihren guten Ruf bei dem Betreffenden. Unabhängig von deinem Interesse solltest du also mindestens eine kurze, höfliche Nachricht an jeden Namen, den man dir genannt hat, schicken. Man weiß nie, was für Gelegenheiten sich noch erbeben.

Heißer Tipp: Frage einen neuen Kontakt nie nach einem Job. Manager und Personalverantwortliche bekannter (und weniger bekannter) Unternehmen werden immer wieder um Jobs angegangen. Nutze deine Nachrichten lieber, um Informationen über eine Firma oder über die Entwicklung in einer bestimmten Branche zu sammeln. Stell dich vor und überlege dir Fragen, die zu einem positiven Austausch führen. Wenn du ein gutes Verhältnis zu deinen Kontakten aufgebaut hast, kannst du immer noch direkter nach Jobgelegenheiten fragen – oder noch besser: Vielleicht bietet man dir ja von selbst einen Job an.

Eine Welt voller Möglichkeiten

Durch das Internet haben sich die Möglichkeiten der Informationssammlung um ein Vielfaches verbessert. Und noch viel besser wurden sie durch den Einsatz der sozialen Medien. Mithilfe deiner sozialen Netzwerke kannst du online eine Selbsthilfegruppe zur Jobsuche gründen, deine beruflichen Pläne an Freunde twittern, Blogs über deine Interessengebiete ins Leben rufen oder übers Netz deinen Frust über deine erfolglose Jobsuche ablassen. Um das Beste aus den sozialen Medien machen zu können, musst du dich mit möglichst vielen verfügbaren Seiten vertraut machen. Tritt zunächst nur einem einzigen Netzwerk bei. Sobald du mehr darüber weißt, was du willst oder was dir die Online-Vernetzung bringen soll, wählst du ein für dich geeignetes Netzwerk aus.

Durch soziale Netzwerke steht dir möglicherweise die beste Strategie zur Jobsuche im 21. Jahrhundert zur Verfügung. Ein effektives Tool sind sie aber nur, wenn du die richtigen Sites auswählst und sie mit Bedacht nutzt. Irgendwann werden Netzwerke wieder passé sein, und etwas Neues tritt an ihre Stelle. Bleibe also immer aufmerksam, aufgeschlossen und auf dem neuesten Wissensstand, wie du deine Karriere in Schwung versetzen kannst.

Weitere Informationen

- Hofert, Svenja, *Wirksame Selbstpräsentation in Social Media: Für Jobsuche und Akquise.* Kexpa E-Books & Solutions, 2012.
- Weber, Daniela, Berufliche *Netzwerke knüpfen für Dummies.* Wiley-VCH Verlag, 2011.
- Deckers, Eric und Lacy Kyle, *Die Ich-Marke: Erfolgreiches Eigenmarketing mit Social Media.* Addison-Wesley-Verlag, 2011.

Xing
- Lutz, Andreas und Joachim Rumohr, *Xing optimal nutzen: Geschäftskontakte – Aufträge – Jobs. So zahlt sich Networking im Internet aus.* Linde, 2011.

Facebook

Früher eignete sich Facebook vornehmlich zur Pflege der privaten Kontakte. Aber nicht nur in den USA, auch hierzulande gewinnt es auch auf dem beruflichen Sektor immer mehr an Einfluss.

- Jelinek, Jonny, *Facebook-Marketing für Einsteiger: Social Media Minis (Pearson Business)*, Addison-Wesley-Verlag, 2012.

Twitter

Nutze hier: **www.jobtweet.de/**.

Um möglichst viele Unternehmen mit deiner Bewerbung zu erreichen, kannst du ein Jobgesuch in Twitter posten. Gleichzeitig empfiehlt es sich, »Follower« der potenziellen Arbeitgeber zu werden. Als angemeldeter Benutzer kann man so die Nachrichten der Autoren abonnieren. Ferner:

- Shah, Michael Rajiv, *Twitter für Einsteiger. Social Media Minis (Pearson Business)*, Addison-Wesley-Verlag, 2012.

TEIL III

HOL DIR DEN TRAUMJOB ... UND NOCH MEHR

»Ich wünschte, jemand hätte mir gesagt, dass Erfolg sich viel leichter einstellt, wenn man einen Job hat, der einem wirklich Spaß macht, und nicht einen Beruf ergreift, nur weil er angeblich »sicher« ist, der einen jedoch zutiefst unglücklich macht. Eigentlich ist das nichts Neues, aber ich musste das erst mal verstehen.«

Julie Porteous Leach, Wirtschaftsprüferin, 29

Willst du wissen, wie du deinen Traumjob ergatterst? Oder zumindest eine Aufgabe, durch die du genug Erfahrung sammeln kannst, um später deinen Traumjob auszuüben? Um einen Beruf zu haben, der dich ausfüllt, und das Leben, das du dir wünschst? Großartig! Die Arbeit, die du in den vorangegangenen Kapiteln geleistet hast, gibt dir eine gute Grundlage für den nächsten, wichtigen Schritt. In Teil 1 hast du dich in einen Detektiv verwandelt, der alles über das eigene Leben herausfindet, der Hinweise sammelt, die ihn schließlich zu seinem Traumjob (oder Traumbetätigungsfeld) führen, und zwar indem du deine Interessen, besten Fähigkeiten, die Menschen, mit denen du gern zusammenarbeiten möchtest, und die ideale Arbeitsumgebung herauskristallisiert hast. In Teil 2 hast du Wege erforscht, die du beschreiten kannst, um deinem Traumjob näher zu kommen, und zwar indem du aus Schule und Hochschule das Beste machst, indem du bestimmte Werkzeuge benutzt: dir Ziele setzt und die sozialen Medien sinnvoll einsetzt.

Jetzt tauchen wir hinab in die Untiefen deiner Jobsuche. Zunächst erforschen wir ganz konkrete Methoden, um sie effektiver, effizienter und erfolgreicher zu gestalten (Kapitel 9). Dann betrachten wir die zehn häufigsten Fehler, die Jobsuchende gern machen – und wie man sie vermeiden kann (Kapitel 10). Viele von uns werden in Bereichen arbeiten, die heute noch gar nicht existieren. Deshalb zeigen wir dir anhand von Werdegängen im Umweltbereich auf, wie wichtig es ist, die neuesten Trends zu kennen und zu verfolgen (Kapitel 11). Schließlich und endlich stellen wir die Suche nach deinem Traumjob in den größeren Zusammenhang deines ganzen Lebens (Kapitel 12). Wir laden dich ein, darüber nachzudenken, wer du sein willst, was du im Leben am liebsten tust und wie du deine Talente nutzen kannst, um diese Welt zu einem besseren Ort für alle zu machen.

9
Wie man nach dem Traumjob sucht – und ihn findet

Die Jobsuche ist sowohl aufregend als auch beängstigend und wahrscheinlich noch viel mehr! Aber wenn du deinen Fallschirm sorgfältig ausgefüllt hast – Interessen, Fähigkeiten, Menschen, Arbeitsumgebung und Gehaltsvorstellung notiert hast –, bist du den meisten Menschen, die mit ihrer Jobsuche beginnen, weit voraus. Weil du dein Bewusstsein von der Arbeitswelt schon zu Schulzeiten geschärft hast und auch schon in dieser Phase Fähigkeiten zur Jobsuche entwickelt hast (beispielsweise durch Informationsgespräche), hast du dir ein gutes Sprungbrett geschaffen, um die Jagd nach einem guten Job zu beginnen – nach deinem Traumjob eben.

Guter Job versus Traumjob

Denken wir doch mal einen Augenblick über den Unterschied zwischen einem »guten Job« und dem »Traumjob« nach. Ein guter Job macht an den meisten Tagen Spaß, ist gut bezahlt (gemessen an deinen Fähigkeiten und der momentan gängigen Bezahlung für diese Tätigkeit), und du kannst viele deiner besten Fähigkeiten darin einsetzen. Einen Traumjob hingegen liebst du. Du hast das Gefühl, dabei gleichzeitig zu lernen, zu arbeiten und zu spielen. Du würdest ihn ausüben, auch wenn er nicht gut bezahlt wäre. Dennoch ist in einem Traumjob sogar die Vergütung gut (wieder unter Berücksichtigung deiner Fähigkeiten und des Berufsmarktes.) Dort kannst du zudem mindestens 75 Prozent deiner besten Fähigkeiten nutzen, deine Interessen integrieren und deine Werte leben. Du wirst in deinem Leben noch viele verschiedene Jobs annehmen müssen. Es ist genauso schwer, einen (in deinen Augen) schlechten Job zu finden wie einen guten. Also kannst du auch gleich nach einem guten Ausschau halten. In einem Job, der dir nicht gefällt, wirst du zu harter Arbeit nicht bereit sein. Deine Leistungen bleiben unterdurchschnittlich, weshalb du auch keine Aussicht auf Beförderung hast.

Vier Schritte auf dem Weg zu deinem Traumjob

Schritt 1: Informationsgespräche führen
Schritt 2: Kontakte pflegen und sich ein Netzwerk schaffen
Schritt 3: Interessante Unternehmen recherchieren
Schritt 4: Deinen persönlichen Werbefeldzug starten

Wir benutzen den Terminus »Traumjob« an dieser Stelle nicht zur Beschreibung irgendeines unerreichbaren Fantasiegebildes, für das du weder die Begabung noch die charakterlichen Voraussetzungen mitbringst. Es ist nun einmal unmöglich, den Beruf des Chirurgen ergreifen zu wollen, wenn man den Anblick von Blut nicht ertragen kann. Auch unrealistische Ziele, für die du vielleicht eine gewisse Begabung besitzt, die du aber dennoch nie erreichen kannst, spielen bei unseren Überlegungen keine Rolle. Selbst wenn du beispielsweise ein hervorragender Basketballspieler bist, ist es sehr unwahrscheinlich, dass du, nachdem du die Schule nach der 10. Klasse verlassen hast, von einem NBA-Team engagiert wirst, denn das hat bislang noch kein Basketballspieler erreicht.

Ein Traumjob ist ein Job, den du auch *bekommen kannst* – zumindest wenn du ein paar Jahre lang hart dafür arbeitest. Durch die Planung, die richtige Ausbildung oder das richtige Training sowie die Kontakte, die du in der Branche knüpfst, und mit etwas Glück kannst du deinen Traumjob ergattern – oder zumindest beinahe. (Mit anderen Worten: Schon beim nächsten oder übernächsten Job rufst du begeistert: »Bingo!«)

4 Schritte, die zu deinem Traumjob führen

Wir wollen also an dieser Stelle noch einmal die einzelnen Schritte durchgehen – über die du in früheren Abschnitten schon etwas gelesen hast –, die dir dabei helfen, den Job deiner Träume zu ergattern.

Schritt Nr. 1: Informationsgespräche führen

Viele Menschen machen sich das Leben bei der Jobsuche unnötig schwer, indem sie an der falschen Stelle ansetzen. Sie bemühen sich um Vorstellungsgespräche, noch bevor sie ihre besten Fähigkeiten kennen oder über den Arbeitsmarkt Bescheid wissen, bevor sie wissen, welche Art von Job sie genau wollen oder wie sie sich selbst präsentieren sollen. Wenn du nicht drei bis fünf Jobs in deinem näheren Umfeld kennst, die du mit deinen Fähigkeiten ausüben könntest, und auch die verschiedenen Sparten oder Sektoren des Arbeitsmarktes nicht kennst (privat und gewinnorientiert, kleine Unternehmen, privat oder öffentlich und non-profit), schränkst du deine eigenen Optionen erheblich ein und bist über kurz oder lang sehr entmutigt. Informationsgespräche tragen dazu bei, dass du deine Möglichkeiten durch Recherche weiterentwickelst.

Du hast bereits die Übungen in Teil 1 absolviert und entweder drei potenzielle Traumjobs oder drei bevorzugte Interessengebiete herausgearbeitet. Du hast dich davon überzeugt, dass diese Jobs oder Berufsfelder dich interessieren, und du hast deinen Fallschirm überarbeitet und auf den neuesten Stand gebracht. Du bist also bereit, nach deinem ersten Fulltime-Job Ausschau zu halten! Der erste Schritt besteht darin, jede Menge Informationsgespräche zu führen. Karriere-Coaches schätzen, dass man bis zu 50 Informationsgespräche benötigt, bis man einen Job findet, der auf einen zugeschnitten ist. In schwereren Zeiten benötigst du vielleicht bis zu 200 Kontakte, bevor du eine Anstellung findest. Die Grundlagen für solche Gespräche haben wir dir in Kapitel 4 vorgestellt. Die wichtigsten Voraussetzungen zum Vernetzen kennst du aus Kapitel 4. Jetzt kannst du auf diesen Basics aufbauen.

Warum sollst du Informationsgespräche führen?

Informationsgespräche helfen dir, deinen Traumjob zu finden und ihn dann auch noch zu bekommen. Hier nennen wir dir die fünf Hauptgründe, warum du Informationsgespräche führen solltest, wenn du aktiv auf Jobsuche bist, sodass du gleich deinen Vorteil daraus ziehen kannst.

1. Du bestätigst die Vermutung, dass ein bestimmter Job genau der richtige für dich ist. Die tatsächliche Arbeit kann sich von der Arbeitsplatzbeschreibung beträchtlich unterscheiden.
2. Informationsgespräche nehmen den Vorstellungsgesprächen ihren Schrecken, weil du lernst, mit einem Praktiker über den Job zu sprechen, für den du dich interessierst. (Berufsberater berichten, dass Teenager oft bis zu neun Informationsgespräche führen, um unbefangen mit Erwachsenen über Jobs und Arbeit reden zu können.)
3. Du lernst, welche Teile deiner Erfahrungen, deiner Weiterbildung, deiner Ausbildung dich für den betreffenden Job prädes-

stinieren. Vor dem Hintergrund dieses Wissens kannst du deinen Gesprächspartner in einem Vorstellungsgespräch davon überzeugen, dass du für diesen Job der richtige Mann/die richtige Frau bist.

4. Durch Informationsgespräche erkennt der Arbeitgeber, dass du bereit bist, die Initiative zu ergreifen und Verantwortung zu übernehmen. Beide Charakterzüge sind bei Arbeitgebern sehr beliebt. (Durch deine Initiative – ebenso wie durch deine Fähigkeiten und Interessen – zieht man dich vielleicht sogar für einen Job in Betracht, der noch gar nicht ausgeschrieben ist.)

5. Informationsgespräche versorgen dich mit Wissen – angefangen vom Jargon im Büro bis hin zu branchenspezifischen Kenntnissen –, das deine mangelnde Arbeitserfahrung ausgleicht.

Denk daran: Informationsgespräche sollten nicht kompliziert oder beängstigend sein. Wie vorher erwähnt, handelt es sich nur um eine Unterhaltung mit einem anderen Menschen über ein gemeinsames Hobby oder Interesse – in diesem Fall über eine bestimmte berufliche Richtung. Du stellst zwar Fragen, musst aber die meiste Zeit über nur zuhören. Die Menschen, die du befragst, sollen dir ihre Geschichten erzählen, sollen berichten, wie sie zu der Arbeit kamen, über die du mehr erfahren willst. Bald schon weißt du also:

- mehr über die Branche oder das Fachgebiet, in dem dieser Job angesiedelt ist,
- mehr über die üblichen Gehälter,
- ob es sich um den richtige berufliche Weg für dich handelt,
- welche Arbeitgeber Menschen einstellen, die diese Arbeit verrichten,
- wie du dich weiterbildest, um einen solchen Job zu ergattern.

Informationsgespräche zeigen dir, inwiefern deine besten Fähigkeiten mit den in einem bestimmten Bereich anfallenden Aufgaben einhergehen und inwieweit die Arbeit sich mit deinen Interessen deckt.

Bevor du andere um ein Gespräch bittest, solltest du verschiedene Beschreibungen über den Job, die Branche, das Arbeitsgebiet oder den Werdegang lesen. Dann kannst du nicht nur bessere Fragen stellen, sondern bist auch ein besserer Zuhörer, und die Information, die du sammelst, ergibt mehr Sinn. Informiere dich über jeden deiner Gesprächspartner mithilfe von Google, Xing oder LinkedIn.

Die Informationen über seinen Hintergrund, seine Erfahrung, Ausbildung oder momentane Position helfen dir, gezielte Fragen zu stellen. Wahrscheinlich zeigt sich dein Gesprächspartner beeindruckt (vielleicht sogar geschmeichelt), weil du dir die Zeit genommen hast, um Nachforschungen über ihn anzustellen.

Im Rahmen dieses ersten Schrittes solltest du Menschen finden und dich mit ihnen unterhalten, deren Jobs und Werdegang dich interessiert. (Diese Interviews führst du zusätzlich zu denen, die du zu Schulzeiten gemacht hast. Damals standest du am Anfang deiner Recherchen über Job und Karriere. Jetzt bist du schon weiter.)

Sobald du drei bis fünf potenzielle Traumjobs herausgearbeitet hast, solltest du deine Nachforschungen intensivieren, indem du mit Menschen sprichst, die genau in diesen Jobs oder zumindest in der entsprechenden Branche arbeiten. Das Gespräch mit Praktikern gibt dem, was du über eine bestimmte Tätigkeit oder deine beruflichen Präferenzen gelesen hast, einen reellen Hintergrund. Es hilft dir zu bestimmen, inwiefern jeder einzelne Zieljob zu deinem Fallschirm passt. Der Job, der am besten dazu passt, ist Berufsziel Nr. 1, es folgen Berufsziel Nr. 2 usw. Versuche mindestens drei Jobs zu finden, bei denen sich möglichst viele Überschneidungen mit deinem Fallschirm ergeben.

Grundlegende Fragen für das Job-Interview

1. Was genau tun Sie? Wie sehen die drei bis fünf wichtigsten Aufgaben auf, die Sie täglich erledigen? Auf welche Fähigkeiten greifen Sie dabei zurück? Wiederholen sich die Aufgaben häufig, und empfinden Sie das als anstrengend?
2. Wie lange arbeiten Sie schon in diesem Beruf?
3. Woher kommt die Begeisterung für Ihre Arbeit?
4. Welche Ausbildung oder welches Studium benötigten Sie für diesen Job? Wie viel hat die Ausbildung gekostet?
5. Was gefällt Ihnen an Ihrem Beruf? Was nicht?
6. Was sind in dieser Branche die Hauptprobleme?
7. Wie sind Ihre Prognosen für diesen Bereich für die nächsten fünf bis zehn Jahre?
8. Welches Karriereziel haben Sie?
9. Wie hoch ist das Anfangsgehalt in diesem Job? Wie sieht die Gehaltsspanne nach drei bis sechs Jahren Berufserfahrung aus?
10. Haben Sie noch zusätzliche Kommentare, Vorschläge oder Ratschläge?
11. Können Sie mir die Namen von zwei oder drei anderen Personen nennen, die den gleichen Job innehaben?

Nehmen wir an, du möchtest Autor werden (von Artikeln, Büchern, Kolumnen etc.). Also bemühst du dich zunächst einmal um ein Gespräch mit jemandem, der in der entsprechenden Branche arbeitet. Anyas Profil (siehe Seite 176) ist ein Beispiel für das, was man in einem solchen Informationsgespräch erfahren kann.

Profil

AUTOR
Name: Anya Kamenetz
Alter: 29
Berufsbezeichnung: Festangestellte Journalistin bei einer Zeitschrift, Autorin, Blogger, Sprecherin.
Berufsfeld: Journalismus
Arbeitgeber: Die Zeitschrift *Fast Company* und ich selbst
Abschluss: BA, Yale University
Kosten: 90 000 Euro
Weiterbildung: keine
Gehalt: Anfangsgehalt 20 000 Euro (als Freelancer), 40 000 Euro (als Angestellter), nach drei bis sechs Jahren Berufserfahrung und je nach Branche zwischen 50 000 und 70 000 Euro.

Was genau tun Sie?
Ich erzähle Geschichten und nutze andere kreative Schreibtechniken, um informative, nützliche und wichtige Ideen auf faszinierende Weise in verschiedenen Medien darzustellen: in den Printmedien, online, im Blog, als Tweet, in Audiodateien, auf Videos oder persönlich.

Welche Aufgaben fallen dabei am häufigsten an?
Internetrecherche. Anrufe zur Informationssammlung, Ideen entwickeln für Storys, Storys schreiben. Konkret gesprochen produziere ich etwa 5 000 bis 10 000 publizierte Worte pro Monat, ob als Buch, als langes Feature oder in Form von vielen kleineren Storys oder Kolumnen. Hinzu kommen Blogs und Tweets. Ich führe etwa zwei Medieninterviews pro Monat für Radio-Stationen, TV-Sender, Zeitungsartikel oder Podcasts durch. Außerdem halte ich ein bis zwei Reden, wie z. B. die in einer Hochschule oder bei einer Forumsdiskussion bei einer Konferenz. Ferner fallen noch einige Reisen für Vor-Ort-Reportagen an.

Haben Sie Mitarbeiter unter sich?
Nein, Gott sei Dank nicht!

Wie lange arbeiten Sie schon in diesem Beruf?
Seit dem Abitur im Jahre 2002. Mein erstes Buch mit dem Titel *Generation Debt* (dt. *Generation Schulden*) veröffentlichte ich im Jahre 2006. Ich arbeitete auf freiberuflicher Basis bis Januar 2008. Dann bekam ich eine Festanstellung bei *Fast Company*.

Woher kommt Ihre Begeisterung für diese Arbeit?
Meine Eltern sind ebenfalls Autoren. (Mein Vater ist Dichter und verfasst Sachbücher. Meine Mutter schreibt vornehmlich Romane.) Außerdem liebe ich Schreiben und Lesen von jeher. Schon zu Schulzeiten entwickelte ich so etwas wie ein soziales Gewissen und beschloss, meine Liebe zum Schreiben mit dem Ideal zu verbinden, in

dieser Welt etwas zu verändern. So kam ich zum Journalismus. Mein Traum bestand darin, eine festangestellte Mitarbeiterin bei der Zeitschrift The New Yorker zu werden.

Was gefällt Ihnen an Ihrem Beruf?
Ich liebe meine Arbeit. Ich bin unglaublich glücklich, weil ich eine Arbeit habe, die kreativ ist und sich mit den größeren Problemen in unserer Gesellschaft befasst. Es gibt jede Menge Abwechslung, und ich habe das Gefühl, einen einzigartigen Beitrag zu leisten. In den vergangenen Jahren habe ich mehr verdient, als ich jemals erwartet hätte, aber ich würde auch problemlos für weniger Geld arbeiten, wenn der Job mehr der oben genannten Ziele erfüllte oder noch flexibler wäre.

Was mögen Sie an Ihrem Beruf nicht?
Manchmal bin ich es leid, mit den PR-Leuten zusammenzuarbeiten.

Was sind in dieser Branche die Hauptprobleme?
Wenn man den Neuigkeiten Glauben schenken soll, dann ist diese Branche eine der problematischsten in unserer Wirtschaft, direkt gefolgt von der amerikanischen Automobilindustrie. Die Erlösmodelle und Medien verändern sich in rasantem Tempo, und ich habe Bedenken, ob der qualitativ hochwertige, investigative Journalismus auch in Zukunft genug Unterstützung findet. Andererseits glaube ich fest daran, dass Storys, Informationsvermittlung und »Pflege« auch in absehbarer Zeit in der Gesellschaft Wertschätzung finden.

Wie sind Ihre Prognosen für diesen Bereich für die nächsten fünf bis zehn Jahre?
Die Printmedien werden nach und nach an Einfluss verlieren. Nur ein paar große Zeitungen und Zeitschriften werden weiterhin in Printform erscheinen, um den traditionellen Qualitätsanspruch dieser Blätter zu wahren (wie z. B. die The Sunday Times, die Vogue oder The New Yorker). Das Fernsehen wird nicht länger dem täglichen Sendeplan unterworfen sein, sondern allgegenwärtiges Video-On-Demand zur Verfügung stellen. Neue Konfigurationen von Blogs, Microblogs, Portalen, Kanälen, Podcasts und Netzwerken werden die eigenständigen Programme und Artikel ersetzen. Product Placement und Integration, psychodemografische Zielgruppenorientierung etc. werden die Grenzen zwischen Werbung und Inhalt weiterhin verwischen.

Haben Sie bei Ihrer eigenen Jobsuche auf soziale Netzwerke zurückgegriffen?
Ich nutzte die sozialen Netzwerke tatsächlich anstelle einer traditionellen Jobsuche. Neue Gelegenheiten tun sich über Facebook,

Twitter, das Alumni-Netzwerk meiner Universität und über meinen Blog täglich auf. Noch nie habe ich Jobs auf konventionellem Wege gesucht.

Welches Karriereziel haben Sie?
Ich möchte weiterhin Bücher schreiben (das neueste, *DIY U*, behandelt die Zukunft der akademischen Ausbildung). Außerdem möchte ich mir eine lebenslange Karriere als international bekannte und einflussreiche, intellektuelle Publizistin aufbauen (eine Mischung aus Malcolm Gladwell und Naomi Klein). Trotzdem möchte ich immer noch viel Zeit für meine Familie und mein Privatleben haben. Und die Festanstellung bei *The New Yorker* würde ich immer noch akzeptieren.

Welche Interessen und Hobbys haben Sie abgesehen von Ihrem Job?
Am liebsten koche ich meinem tollen Ehemann das Abendessen – wir sind jetzt seit zehn Jahren zusammen und seit drei Jahren verheiratet. Zu einem gelungenen Wochenende gehören beispielsweise Yoga, Laufen, Romane lesen, ins Kino gehen, die jüdische Religion praktizieren, kreative Aktivitäten mit meinen Freunden und Tanzen.

Haben Sie schon zu Schulzeiten Praktika gemacht? Wenn ja, hat es Ihnen bei Ihrer Anstellung geholfen?

Absolut. Mein erstes Praktikum absolvierte ich mit 15 Jahren bei einer kleinen Kunst-Zeitschrift in New Orleans, meiner Heimatstadt. Auch während meiner Studienzeit sammelte ich weitere Erfahrungen, und zwar durch Praktika bei *McCall's*, *More* und schließlich bei *Village Voice*, wo ich letztlich auch meine erste berufliche Heimat fand.

Welchen Rat würden Sie einem jungen Erwachsenen geben, der in Ihrer Branche arbeiten will?
Das Wichtigste ist eine extreme Flexibilität und Anpassungsfähigkeit, denn diese Branche verändert sich schnell, und keiner kann einem genau voraussagen, welchem Weg man folgen soll. Ein Hochschulstudium will gut überlegt sein. Auf jeden Fall aber sollte man einen Draht zur Technologie haben. Heutzutage können wir es uns nicht mehr leisten, in unserem geisteswissenschaftlichen Elfenbeinturm sitzen zu bleiben. Wenn Sie in den Medien arbeiten, müssen Sie die neuen Medien auch lieben. Finden Sie also den Computerfreak, der in Ihrem Innern schlummert.

Anmerkung: Anyas Artikel findet man in englischer Sprache unter www.fastcompany.com. Oder lies ihre Tweets unter Twitter @ANYA-1ANYA.

Wenn du in jedem Interview die gleichen Fragen stellst, bekommst du sehr unterschiedliche Informationen. Diese Unterschiede zu erkennen kann sehr hilfreich sein. Zwar enthalten die Fragen in diesem Kapitel auch solche, die wir schon in Kapitel 4 vorgestellt haben, aber hier gehen wir mehr in die Tiefe. Die Antworten verschaffen dir eine bessere Vorstellung davon, ob ein Job auf dich zugeschnitten ist oder nicht. Die Beantwortung dieser Fragen dauert etwa eine halbe Stunde. Also solltest du dich mit deinem Gesprächspartner auch genau für diesen Zeitraum verabreden. Vielleicht schickst du ihm deine Fragen sogar schon einmal vorab, sodass er sich über mögliche Antworten Gedanken machen kann. Du kannst zusätzliche Fragen stellen, solltest dich aber auf jeden Fall an die Zeitvorgabe halten. Wenn die von dir veranschlagte halbe Stunde vorüber ist und du immer noch ein paar Fragen hast, kannst du deinen Gesprächspartner um weitere fünf oder zehn Minuten bitten, um deine Liste abarbeiten zu können. Nach fünf Informationsgesprächen dieser Art für jeden für dich interessanten Job bist du bereit für Schritt 2.

Vergiss den Dankesbrief nicht

Unterschätze nicht, welche Wirkung ein einfaches Dankeschön auf denjenigen hat, der dir seine Zeit geopfert hat. (Die Grundlagen des Dankesbriefs kannst du auf Seite 88 nachlesen.)

Schritt Nr. 2:
Kontakte pflegen und sich ein Netzwerk schaffen

Die Menschen, die du durch Informationsgespräche kennen lernst, verwandeln sich in deine Kontakte und werden somit zum Bestandteil deines Karrierenetzwerkes. Du hast ein privates Netzwerk – Freunde, Familie und andere Menschen, die du kennst – und ein professionelles oder berufliches Netzwerk – Menschen, deren Arbeit ähnlich oder genauso ist wie die Tätigkeit, für die du dich interessierst. Beide Netzwerke können dir bei deiner Jobsuche nützlich sein. Pflege deine Kontakte. Mindestens einmal jährlich solltest du sie über die neuesten Entwicklungen in deinem (Berufs-)Leben ins Bild setzen. Und interessiere dich auch für ihr Leben. Wenn du jahrelang mit jemandem keinen Kontakt hattest, ihn aber dann um Hilfe bei deiner Jobsuche bittest, wird der Betreffende sich ausgenutzt fühlen. Nur wenn er dich wirklich mag, hilft er dir dann trotzdem. Genau wie präventive Inspektionen dafür sorgen, dass das Auto immer anspringt, sorgt die gute Behandlung deiner Kontakte dafür, dass dein Netzwerk funktioniert.

Im Folgenden findest du ein Beispiel, wie Kontakte und ein Netzwerk funktionieren. Einer der Freunde deiner Eltern (privates Netzwerk) schlägt vor, dass du dich mit einer Bankangestellten vor Ort unterhältst – nicht weil du in der Bank arbeiten möchtest, sondern weil Mitarbeiter einer Bank eine Menge über die verschiedensten Geschäfte in deiner Gegend wissen. Du führst ein gutes Gespräch mit der Bankangestellten, erfährst, was du wissen willst (und vielleicht sogar noch mehr), und schickst ihr anschließend einen Dankesbrief. Etwas später möchtest du mit jemandem aus dem Baugewerbe sprechen, weil du darüber nachdenkst, Bauunternehmer zu werden. Es ist nur natürlich, wenn du bei der Bankangestellten anfängst, die jetzt einer deiner Kontakte ist (berufliches Netzwerk). Wenn sie persönlich keinen Bauunternehmer kennt, dann kennt sie vielleicht jemanden, der diesen Kontakt für dich herstellen kann.

Kontakte verwandeln sich in zusätzliche Augen und Ohren. Sie hören vielleicht von freien Stellen, noch bevor diese öffentlich ausgeschrieben werden, und machen dich auf Gelegenheiten aufmerksam. Auch als Informationsquelle sind sie nicht zu unterschätzen: Vielleicht möchtest du ein Informationsgespräch führen, findest aber niemanden, der genau den Beruf hat, den du anstrebst. Dann können deine Kontakte dir weiterhelfen.

Und wenn du dich bei einer bestimmten Firma bewerben willst, kannst du mithilfe deiner Kontakte den Namen des zuständigen Personalmanagers in Erfahrung bringen und einen Termin bei ihm vereinbaren. Arbeitet deine Kontaktperson vielleicht sogar in der gleichen Firma, dann stellt der Betreffende dich dem Personalverantwortlichen unter Umständen persönlich vor oder legt zumindest ein gutes Wort für dich ein. Weil Arbeitgeber die Empfehlungen von Kollegen oder Mitarbeitern sehr schätzen, ist ein Netzwerk von Menschen, die in dem von dir angestrebten Beruf arbeiten, auf jeden Fall die Zeit und die Mühe wert, die du hineininvestierst.

Es ist wichtig, die Kontaktdaten der Menschen, mit denen du zu tun hast – also Namen, Telefonnummern und Adressen (postalisch und E-Mail) –, irgendwo zu speichern, damit du dich auch in Zukunft an sie wenden kannst. Bewahre diese Informationen in deinem Karriere-Portfolio (siehe Kapitel 5) auf.

Du kannst Namen von potenziellen Kontakten auch von folgenden Personen erfahren:

- Lehrern, Verwandten, frühere Vorgesetzte und Kollegen
- Menschen, mit denen du Informationsgespräche geführt hast
- Mitglieder gemeinnütziger Organisationen (wie Lions Club, Kiwanis, Rotary, Soroptimist International, Studentenvereinigungen etc.)
- Broschüren, Zeitungen und Kataloge: der Wirtschaftsteil deiner Tageszeitung oder deren Archive, die Website eines Unternehmens, Internetrecherche, Jahresberichte, PR-Berichte, die durch die Firmen selbst herausgegeben wurden

- Menschen, die du im Rahmen eines Teilzeitjobs oder einer ehrenamtlichen Tätigkeit kennen gelernt hast
- Deine Kontakte aus sozialen Netzwerken (schicke ihnen eine Anfrage über ein soziales Netzwerk oder über Twitter)

Wir werden später im Verlauf diese Kapitels noch näher auf deine Kontakte und dein Netzwerk eingehen, und zwar wenn wir uns ansehen, wie du deine Kampagne, um eine bestimmte Stelle zu bekommen, startest (siehe Seite 185).

Schritt Nr. 3: Interessante Unternehmen recherchieren

Du hast also jetzt deine Informationsgespräche geführt und deine Berufsziele festgelegt (Schritt Nr. 1) sowie deine Kontakte gepflegt und Netzwerke geschaffen (Schritt Nr. 2). Es ist also Zeit herauszufinden, welche Unternehmen genau den Job zu vergeben haben, den du ausüben willst. Häufig stehen viele verschiedene Firmen zur Auswahl. Deine Informationsgespräche und die übrige Recherche helfen dir, die Unternehmen auszuwählen, in denen du dich am wohlsten fühlst.

Zur gründlichen Recherche eignet sich nicht nur das Internet, man kann auch verschiedene andere Methoden anwenden, zum Beispiel:

- Schau dir die Archivberichte von Zeitungen oder Magazinen an, um schriftliche Informationen darüber zu finden.
- Schau dir die Websites der Firmen an, ebenso wie allgemein gehaltene Websites über das Themengebiet oder die Branche.
- Sprich mit Menschen, die jetzt (oder früher) für die Unternehmen tätig sind oder waren, an denen du interessiert bist. Suche auch den Kontakt zu Konkurrenzunternehmen (wenn es sich um einen profitorientierten Betrieb handelt) oder Agenturen und Verbänden (falls die von dir ausgewählte Firma im Non-Profit-Bereich arbeitet).

- Unterhalte dich mit Zulieferern oder Kunden eines Unternehmens oder einer bestimmten Abteilung der Firma.
- Bitte um Informationen von Geschäftsführern in der Umgebung. Wende dich an die örtliche Industrie- und Handelskammer oder an private Verbände. Auch die Agentur für Arbeit kann vielleicht Aufschluss geben.

Aber ich habe doch gar keine Kontakte ...

Du hast wahrscheinlich mehr Kontakte, als dir klar ist. Um nur ein paar zu nennen:

- Familienkreis – eng oder erweitert
- Freunde und Eltern von Freunden
- Jeder Freund auf Facebook oder in anderen sozialen Netzwerken
- Nachbarn
- Kollegen oder Arbeitgeber (vergangene und gegenwärtige)
- Beratungslehrer
- Sonstige Lehrer oder Professoren
- Dein Pastor, Rabbi, Mullah, Jugendgruppenleiter oder andere Mitglieder deiner spirituellen Gemeinschaft
- Menschen, die man in der Warteschlange im Kino, im Supermarkt oder im Urlaub trifft
- Mentoren oder die Menschen, bei denen du ein Tagespraktikum absolviert hast
- Deine Vorgesetzten im Freiwilligen Sozialen Jahr oder bei Schulprojekten

Wenn du Kontakt zu Personen aufnimmst, die für ein bestimmtes Unternehmen arbeiten oder arbeiteten, solltest du ihnen folgende Fragen stellen (wobei direkte Fragen immer so eine Sache sind; achte darauf, taktvoll vorzugehen.).

- Welche Art von Arbeit erledigen Sie dort?
- Welche Ziele versuchen Sie zu erreichen? Erreichen Sie diese Ziele tatsächlich? (Viele Firmen formulieren eine Mission oder ein übergeordnetes Firmenziel. Finde heraus, ob das auch in den Unternehmen, für die du dich interessierst, der Fall ist, und mach dich mit den entsprechenden Aussagen vertraut.)
- Wie sehen Ihre Bedürfnisse, Probleme und Herausforderungen aus?
- Mit welchen Hindernissen sehen Sie sich konfrontiert?
- Welchen Ruf hat die Firma in Ihrer Branche?
- Wie werden die Mitarbeiter behandelt?

Versuche auch herauszufinden, wie deine Fähigkeiten und dein Wissen dem Unternehmen, bei dem du arbeiten willst, weiterhelfen können. Menschen, die du interviewst, können dir hier bestimmt wertvolle Vorschläge machen. Schließlich willst du später in einem Vorstellungsgespräch zeigen können, dass du etwas zu bieten hast, etwas, das die Firma benötigt.

Die Menschen, die dir diese Fragen beantwortet haben, können dir auch konkrete Informationen über potenzielle Arbeitgeber geben. Außerdem kannst du durch sie auch ein Gefühl für die Arbeitsumgebung, die ein jedes Unternehmen dir bietet, bekommen. Betrachte Unternehmen in verschiedenen Branchen und Wirtschaftsfeldern – profitorientiert und nonprofit. Wahrscheinlich kannst du dich in etwa auf dein Bauchgefühl verlassen: Einige Firmen sprechen dich mehr an – oder passen besser zu dir als andere. Und genau das willst du ja herausfinden.

> »Ich wünschte, ich hätte mehr Fragen zur Zukunft der Architektur gestellt, bevor ich beschloss, Architekt zu werden. Wenn ich andere Architekten gefragt hätte, welche Veränderungen sie erwarteten, hätte ich ein paar der frustrierenden Erfahrungen, die ich jetzt in meinem Beruf habe, vorausahnen können.«
> SCOTT J. SMABY, preisgekrönter Architekt

Am Ende deiner Recherchen solltest du mindestens fünf bis zehn Firmen kennen, die als Arbeitgeber für dich infrage kämen. Wenn du gründlich nachgeforscht hast, wirst du auch wissen, welche davon Personen einstellen, die deinen Traumjob ausüben, und welche eine Arbeitsumgebung bieten, die am besten zu dir passt.

Schritt Nr. 4:
Starte deinen persönlichen Werbefeldzug

Wähle aus diesen Unternehmen nun die ersten fünf aus und starte deine Kampagne, um eingestellt zu werden. Identifizierte in allen fünf Unternehmen die Person, die befugt ist, dich einzustellen. (In kleineren Firmen kann das der Geschäftsführer oder Inhaber sein, in größeren ist es der Abteilungsleiter oder auch der Personalreferent.) Wenn du den Namen des Betreffenden kennst, solltest du dich mit ihm verabreden. Bitte um 20 Minuten seiner oder ihrer Zeit. Bei dieser Bitte kannst du sehr direkt vorgehen. Teile der Person mit, dass du die Möglichkeit, in ihrem Unternehmen zu arbeiten, mit ihr diskutieren möchtest.

Vorher solltest du noch alles notieren, was du im Rahmen der Informationsgespräche und deiner Recherchen über den Job und das Unternehmen in Erfahrung gebracht hast. Sei bereit, deine Fähigkeiten, deine Weiterbildung, Ausbildung, Erfahrung und deine Begeisterung für diese Arbeit in den Vordergrund zu rücken, damit dein Gesprächspartner realisiert, dass diese Qualitäten dich zu einem herausragenden Mitarbeiter machen würden.

Hast du eine Firma ausgekundschaftet, für die du arbeiten willst, kannst aber den Namen des Personalverantwortlichen nicht herausfinden, dann nutze deine Netzwerke – die persönlichen und beruflichen Kontakte. (Zu den beruflichen Kontakten gehören, wie erwähnt, auch die Menschen, mit denen du Informationsgespräche geführt hast.) Stelle deinen Kontakten folgende Fragen:

- Kennen Sie jemanden, der in der Firma arbeitet, in der ich eine Anstellung anstrebe?
- Können Sie mir den Namen des Personalverantwortlichen nennen?

Auch wenn es dir nicht gelingt, dich durch einen Anruf mit dem Betreffenden zu verabreden, kann dein Netzwerk von Nutzen sein. Stelle deinen Kontaktpersonen dann folgende Fragen:

- Kennen Sie die Person, mit der ich mich treffen will?
- Kennen Sie irgendjemanden, der die Person kennt, mit der ich mich treffen will?

Online gehen?

Professionelle Chatrooms und Internetforen sind eine hervorragende Methode, um online zu netzwerken. Suche nach Menschen, die dir deine Fragen zu Job und Karriere beantworten können, zum Beispiel unter groups.google.de. Bei der Benutzung des Internet solltest du auf jeden Fall diese grundlegenden Sicherheitsregeln beachten:

- Gib niemals deinen vollen Namen, deine Adresse oder Telefonnummer an.
- Wenn jemand etwas schreibt, das dir Angst einjagt, brich den Kontakt ab und vertrau dich einem Erwachsenen an.

Erkundige dich, ob deine Kontaktperson dich dem Personalverantwortlichen entweder vorstellen oder ihn zumindest anrufen kann. Vielleicht kann sie ja auch eine Empfehlung aussprechen.

Sind von den ersten fünf Unternehmen keine Stellen zu erwarten, wähle die nächsten fünf aus, die die Jobs haben, die du dir wünschst. Recherchiere weiter, unterhalte dich mit Mitarbeitern weiterer Firmen, erweitere dein Netzwerk beständig und bitte so lange um Interviews, bis du ein Jobangebot bekommst. Einige ganz clevere Leute fahren sogar dann noch mit ihrer Jobsuche fort, wenn sie schon ein Stellenangebot in der Tasche haben. Manchmal finden sie dadurch eine noch bessere Gelegenheit.

Während du die Initiative ergreifst und Kontakt zu den Unternehmen aufnimmst, in denen du gern arbeiten möchtest, solltest du zusätzlich auch die Stellenausschreibungen in den Zeitungen und den Jobbörsen im Netz studieren. Besuche regelmäßig die Websites der für dich interessanten Organisationen und Firmen und halte nach den Stellenanzeigen Ausschau. Existiert keine Website, dann ruf in der Personalabteilung an, um herauszufinden, wie man von freien Stellen erfahren kann. Informiere sowohl dein privates als auch dein berufliches Netzwerk, dass du diese spezielle Art von Arbeit suchst. Je mehr Wege du beschreitest (aus der nachfolgenden Liste sollten es bis zu vier Methoden sein), um deinen Traumjob zu finden – und je mehr Menschen wissen, wonach genau du suchst –, umso wahrscheinlicher ist es, dass du eher früher als später einen Job findest.

Heißer Tipp: Es ist keineswegs leichter, einen Job zu finden, der dir nicht gefällt, als einen, der dir zusagt. Das ist auf zwei Tatsachen zurückzuführen:
1. Du ersinnst mutmaßlich jede Menge Entschuldigungen, um nicht nach dem Job zu suchen, der dich nicht interessiert.
2. Du konkurrierst mit Personen, die diesen Job – den du nicht willst – für einen Traumjob halten. Ihr Enthusiasmus wird einen potenziellen Arbeitgeber beeindrucken. Deine mangelnde Begeisterung wird das nicht können.

Die Grundlagen der Jobsuche

Du kennst jetzt die vier Schritte, mit deren Hilfe du den Job, den du dir wünschst, suchst und findest. Wir wollen jetzt einen scharfen Blick auf die Grundlagen werfen, die dir bei jedem dieser Schritte eine Stütze sein können.

Was du für deine Jobsuche benötigst

Du musst deine Jobsuche effizient gestalten, um erfolgreich zu sein. Dazu benötigst du Folgendes:

- Einen Schreibtisch. Im Notfall tut es auch eine Bibliothek oder der Tisch in einem Café.
- Ein Ablage- und Organisationssystem für die von dir gesammelten Informationen – entweder online oder in Form handschriftlicher Notizen – über dich, potenzielle Arbeitgeber und die Personen, mit denen du Kontakt aufgenommen hast.
- Eine Mailbox, um telefonische Nachrichten von Arbeitgebern und anderen Kontaktpersonen aufzuzeichnen. Die Mailbox kann den ersten Eindruck prägen, den ein Arbeitgeber von dir hat – sorge dafür, dass er gut ist. Die Begrüßungsworte sollten geschäftsmäßig klingen. Dein Vor- und Nachname sollte deutlich zu verstehen sein. Vielleicht willst du sogar deine Jobsuche an dieser Stelle schon erwähnen. Die folgende Botschaft soll als Beispiel dienen:

Hallo, hier spricht Jessica Wong. Leider kann ich Ihren Anruf im Augenblick nicht persönlich entgegennehmen. Bitte hinterlassen Sie eine Nachricht nach dem Signalton. Ich bin momentan auf der Suche nach einem Arbeitsplatz in der Buchhaltung eines Krankenhauses oder einer größeren Arztpraxis. Wenn Sie von Stellenausschreibungen wissen oder wichtige Kontakte für mich haben, hinterlassen Sie diese doch bitte ebenfalls, zusammen mit Ihrer Telefonnummer. Vielen Dank.

Die besten Methoden bei der Suche nach einem Arbeitsplatz

Gebräuchliche Methoden	Effektivität
Selbst ein Stellengesuch aufgeben	1%
Sich an die Arbeitsagentur wenden	6-8%
Stellenausschreibungen im Internet suchen	bis zu 12%
Initiativbewerbungsunterlagen verschicken	13%
Beantwortung von Anzeigen in Tages- und Fachpresse	bis zu 24%
Sich an private Arbeitsagenturen wenden	5-28%*
Freunde und Familie nach Hinweisen auf freie Stellen fragen	33%
Persönlich bei Unternehmen nachfragen, egal ob in dem betreffenden Unternehmen eine Stelle ausgeschrieben ist oder nicht	47%
Auf eigene Faust die Gelben Seiten durchforsten, um potenzielle Arbeitgeber ausfindig zu machen	bis zu 70%
Die oben genannten Aktivitäten in einer Gruppe gemeinsam ausführen.	84%
Als Job-Detektiv arbeiten	86%**

* Die Spanne hat etwas mit den Gehaltsvorstellungen zu tun. Je höher die Gehaltsvorstellungen, umso weniger Jobsuchende, die einen Job finden, indem sie sich ausschließlich auf diese eine Methode verlassen.

** Ein »Job-Detektiv« folgt den Strategien, die in diesem Buch vorgestellt werden. Er recherchiert eigenständig, findet Jobs, die seinen Fähigkeiten und Interessen entsprechen, identifiziert Firmen und Unternehmen, die derlei Jobs anbieten, und findet dann den Namen des Personalverantwortlichen heraus, der ihn einstellen könnte. Dieses Konzept fußt in weiten Teilen auf dem Konzept des Personal-Trainers Brian McIvor, das er in seinem (leider nicht in deutscher Sprache erhältlichen) Buch *Career Detection: Finding and Managing Your Career*, Management Briefs, 2009, vorstellt. Sehr hilfreich mag auch die Lektüre des Kapitels »Die besten und die schlechtesten Methoden der Jobsuche« in Richard Nelson Bolles, *Durchstarten zum Traumjob*. Campus, 2012, sein.

Die Erfolgsquote der Job-Detektiv-Methode ist fast sechsmal höher als das Verschicken von Bewerbungsunterlagen im Rahmen einer Initiativbewerbung.

Nimm deine Botschaft drinnen auf und achte darauf, dass keine Hintergrundgeräusche zu hören sind (wie bellende Hunde oder laute Musik). Sprich langsam. Hör dir die Aufnahme noch einmal an, um dich davon zu überzeugen, dass man dich deutlich verstehen kann.

Du benötigst ferner:

- Eine E-Mail-Adresse, deren Posteingang du mindestens einmal am Tag prüfst. Google, Hotmail und Yahoo! sowie gmx-Adressen sind kostenlos. Deine Adresse sollte förmlich und geschäftsmäßig sein. Wieder sind hier der erste Buchstabe deines Vornamens und der Nachname die beste Wahl. (Wer keinen Computer mit Internetzugang hat, kann sich beispielsweise an öffentliche Bibliotheken wenden).

- Eine professionelle Online-Web-Präsenz wie ein Profil in Xing, in dem man seinen Lebenslauf posten, die eigenen Leistungen auflisten und Empfehlungen etc. anhängen kann.
- Ein verlässliches Verkehrsmittel, das dich erst zu deinen Gesprächen und später an deinen Arbeitsplatz bringt.
- Angemessene Kleidung, die du bereits bei den Informationsgesprächen trägst. Sieh dir an, wie die Mitarbeiter der Unternehmen gekleidet sind, in denen du arbeiten willst. Bei einem Informations- oder gar Vorstellungsgespräch sollte deine eigene Kleidung ein kleines bisschen förmlicher sein als die der Mitarbeiter. Wenn du dir keine tollen Klamotten leisten kannst, dann wende dich an entsprechende Organisationen in deiner Gemeinde oder an Secondhand-Läden. Dort bekommst du repräsentative Kleidung für kleines Geld.

Heißer Tipp: Jobsuchende berichten, dass sie Arbeitgeber oder Personalverantwortliche persönlich am besten zu den folgenden Zeiten erreichten:

- Ganz früh morgens und ganz spät nachmittags.
- Freitags, gleich vor oder nach der Mittagspause.

Alles für eine erfolgreiche Jobsuche

Die folgenden Techniken und Vorschläge werden dir bei deiner Jobsuche zum Erfolg verhelfen:

Vollzeit-Engagement

Wenn du die Schule bereits hinter dir hast, solltest du die Jobsuche als Vollzeitjob betrachten. Verbringe sechs Stunden täglich, und das mindestens vier Tage die Woche, mit der Jobsuche. Du fragst dich vielleicht jetzt: »Womit kann ich mich denn da sechs Stunden täglich befassen?« Zunächst einmal kannst du dein Fallschirm-Diagramm ausfüllen und die vier Schritte auf dem Weg zum Traumjob immer wieder durchgehen, bis du eingestellt wirst. Je mehr Zeit du mit der aktiven Suche nach einem Arbeitsplatz verbringst, umso schneller geht es voran. Der durchschnittliche Arbeitssuchende verbringt etwa nur fünf Stunden in der Woche mit der Jobsuche und spricht nur mit zwei Arbeitgebern pro Woche. Es überrascht deshalb nicht, dass die durchschnittliche Jobsuche etwa sieben Monate umfasst.

Die Zeit, die du der Jobsuche widmest, ist heilig

Schalte sämtliche Störfaktoren aus. Wenn du gerade arbeitslos bist, sind deine Familie und deine Freunde vielleicht versucht, dich um den ein oder anderen Gefallen zu bitten. Sag ihnen, dass du ihnen gern hilfst, wenn du deine täglichen Aufgaben im Hinblick auf die Jobsuche erledigt hast. Sag ihnen, dass dies nicht vor 15 Uhr der Fall sein wird. Wenn sie sehen, dass du es ernst meinst und tatsächlich mindestens sechs Stunden täglich deiner Jobsuche widmest, sollten sie respektieren, dass du diese Zeit brauchst. (Und vielleicht nehmen sie dich ja sogar zum Vorbild, um sich ebenfalls einen Job zu suchen, der das Richtige für sie ist!)

Viele freie Stellen werden nicht ausgeschrieben

Rufe dir immer ins Gedächtnis, dass die meisten freien Stellen nicht ausgeschrieben werden. Neuere Untersuchungen haben ergeben, dass 75 bis 80 Prozent aller offenen Positionen nicht in den Medien, in Zeitungen oder anderswo auftauchen. Durch Informationsgespräche und die Pflege deiner Netzwerke wirst du diese nicht offiziell ausgeschriebenen Arbeitsplätze also am ehesten finden. Natürlich solltest du auch die Stellenanzeigen durchforsten und dich auf jede ausgeschriebene freie Stelle, die für dich von Interesse ist, bewerben. Indem du verschiedene Methoden der Jobsuche kombinierst, erhöhst du deine Erfolgschancen um ein Vielfaches.

Telefoniere viel

Wenn du bei Schritt Nr. 4 angelangt bist, solltest du jeden Morgen mindestens 20 Telefonate führen. Telefoniere, bis du mindestens zwei Arbeitgeber pro Tag gefunden hast, die bereit sind, dir etwas Zeit zu widmen.

Glückssache

Manchmal ist es eben einfach nur Glückssache: Man ist zur richtigen Zeit am richtigen Ort. Glück spielt bei der Jobsuche eine entscheidende Rolle. Aber dabei handelt es sich nicht um reines Glück, sondern um das Ergebnis guter Recherche und kluger Netzwerkpflege. Mit je mehr Menschen du dich unterhältst, die den Job innehaben, den du anstrebst, umso besser ist dein berufliches und privates Netzwerk über das informiert, was du suchst, und umso wahrscheinlicher ist es, dass du »Glück« hast.

Wen rufst du an? Beginne mit den Arbeitgebern, bei denen du am liebsten arbeiten möchtest. Wenn du dort keine Angebote erhältst, dann knöpfe dir die Gelben Seiten vor (wahlweise von deiner Umgebung oder von der Gegend, in der du arbeiten willst). Rufe bei Büros, Firmen, Agenturen oder Verbänden an, von denen du annimmst, dass sie entsprechende Positionen zu vergeben haben. Frage immer nach dem Namen des Managers oder Personalverantwortlichen.

Was sagst du dann am besten?

Überlege dir eine 20- bis 30-sekündige Eröffnung. Nenne deinen Namen, die Arbeit, die du suchst, zwei oder drei deiner besten Fähigkeiten, Maschinen oder Ausrüstungsgegenstände, mit denen du gut umgehen kannst, oder die Computerprogramme, die du kennst. Außerdem solltest du zusätzliche wichtige Informationen über deine Fähigkeiten und über frühere Arbeitserfahrungen parat haben, die du innerhalb von 10 oder 20 Sekunden einflechten kannst, wenn es sich im Gespräch ergibt. Falls du schon einmal gearbeitet hast und du das Gefühl hast, dass es einen guten Eindruck macht, kannst du auch den Namen deines früheren Arbeitgebers nennen.

Was willst du erreichen? Bitte um eine viertelstündige Unterredung, um dich weiter über dein Potenzial als Angestellter zu unterhalten. Wenn jemand bereit ist, sich mit dir zu treffen, dann musst du dich auch entsprechend präsentieren und verkaufen! Wenn es keine offenen Stellen gibt, jemand dich aber trotzdem einlädt, solltest du auf jeden Fall hingehen. Nutze die Zeit, um mehr über die Branche und über den Zustand des jeweiligen Industriezweigs in Erfahrung zu bringen. Zudem bekommst du durch derlei Gespräche mehr Praxis darin, dich selbst zu präsentieren. Wenn es keine freien Stellen gibt, und die personalverantwortliche Person dich auch nicht einlädt, dann frage den Betreffenden, ob er oder sie jemanden kennt, für den deine Fähigkeiten von Interesse sind. Die Hälfte der Leute, die diese Methode anwenden, wird innerhalb von fünf Wochen eingestellt, und 85 Prozent haben innerhalb von zehn Wochen einen Job.

Übe deine Eröffnungsworte

Notiere dir die Formulierungen, die du zur Eröffnung benutzt, und übe sie so lange, bis sie dir flüssig über die Lippen kommen. Bitte zwei oder drei Leute, dir zuzuhören und Feedback zu geben. Werden deine Eröffnungsworte das Interesse des Arbeitgebers wecken, sodass er sich auf einen Termin mit dir einlässt? Hier ist ein gutes Beispiel:

Ich heiße Shannon O'Neal. Ich suche nach Lagerarbeit. Ich besitze einen Gabelstapler-Führerschein und kann mit entsprechen-

den Logistik-Programmen umgehen: Ich kann Lieferungen eingeben und ihren Ausgang nachvollziehen. Außerdem kann ich den Eingang der Lieferungen festhalten und Lösungen entwickeln, wie man sie lagert, sodass sie in Zukunft leichter den Regalen zu entnehmen sind. Meine Spezialität besteht darin, Lieferungen so zu verpacken, dass der LKW-Fahrer die Auslieferung auf organisierte und logische Weise vornehmen kann. Ich würde gerne mal vorbeikommen und mich mit Ihnen über mögliche Berufsperspektiven bei Ihnen unterhalten.

Konzentriere dich auf kleine Unternehmen

Zwar hört man mehr über die großen Firmen, aber tatsächlich kommt ein Großteil der Jobsuchenden bei kleineren Unternehmen unter. Beginne deine Jobsuche bei Firmen mit 25 Angestellten oder weniger. Wenn es in einer solch kleinen Firma die Arbeit, die du dir wünschst, nicht gibt, dann wähle das nächstgrößere Unternehmen. Achte aber darauf, immer bei kleinen Unternehmen nachzuforschen. Normalerweise ist es leichter, Personalverantwortliche kleinerer Firmen ausfindig zu machen und sie zu einem Termin zu überreden. Außerdem können kleinere Firmen häufig schneller entscheiden, ob sie jemanden einstellen wollen oder nicht. Zwar ziehen sie Mitarbeiter mit Erfahrung vor, aber manchmal können sie sich nur Anfängergehälter leisten. Diese Budgetbegrenzung kannst du zu deinen Gunsten nutzen.

Referenzen vorbereiten

Wenn du dir zum ersten Mal einen Job suchst, dann mache auch drei oder vier nicht mit dir verwandte Menschen ausfindig, die bereit sind, dir einen positiven Leumund zu geben. Arbeitgeber wollen alles über deine Zuverlässigkeit und deine Persönlichkeit erfahren. Hast du freiwillig in deiner Kirchengemeinde oder bei einer wohltätigen Organisation gearbeitet? Gehörst du einem Verein oder einer Gruppe an? Gibt es einen Lehrer, den du besonders magst, oder einen, in dessen Kurs du dir besondere Mühe gegeben hast? All diese Menschen haben dich bei der Arbeit beobachtet (auch wenn sie vielleicht nicht bezahlt war) und kennen dich als Student oder freiwilligen Mitarbeiter.

Unterhalte dich mit den Leuten, die dir Referenzen ausstellen könnten. Sag ihnen, dass du nach deinem ersten eigenen, bezahlten Job Ausschau hältst, und frag sie, ob sie dich gut genug zu kennen glauben, um dir und deinen Bemühungen eine gute schriftliche Beurteilung auszustellen. Einige sind sicher bereit, dir Referenzen zu geben. Andere wiederum telefonieren lieber. Versuche, mindestens zwei oder drei schriftliche Referenzen parat zu haben, damit du sie schnell präsentieren kannst, wenn du darum gebeten wirst.

Wenn du keine Erfahrung mit Ehrenämtern hast, dann schließe dich einer Gruppe an, die dich interessiert. Dabei ist es wirklich wichtig, nicht nur passiv an den Meetings teilzunehmen. Melde dich freiwillig, um Events oder Zusammenkünfte zu planen und zu organisieren. Lerne die Gruppenleitung gut genug kennen, dass sie eine positive Meinung zu dir hat.

Wie man eine erfolgreiche Jobsuche startet

- Arbeite den ganzen Tag daran.
- Erkläre die Zeit der Jobsuche für tabu.
- Denk daran, dass viele freie Stellen nicht öffentlich ausgeschrieben werden.
- Telefoniere viel.
- Übe deine Eröffnungsrede.
- Konzentriere dich auf kleine Unternehmen.
- Stelle dich darauf ein, Referenzen zu präsentieren.
- Ziehe eine ehrenamtliche Tätigkeit in Betracht.
- Verlass dich nicht einzig und allein auf deine Bewerbungsunterlagen.
- Sorge für dich selbst.

Ziehe eine ehrenamtliche Tätigkeiten in Betracht

Wer während der Jobsuche nebenher noch ehrenamtlich tätig ist, sammelt wertvolle Arbeitserfahrung und sichert sich nebenbei noch ein paar gute Referenzen. In der Schule könntest du dich für schwache Schüler engagieren und Nachhilfe geben, dem Schüler-Sanitätsdienst beitreten oder in der Schülervertretung mitwirken. Als Schüler und Student hast du zudem die Möglichkeit, in Zusammenarbeit mit den Lehrkräften als Tutor tätig zu werden. In deiner Gemeinde könntest dich in der Kinder- und Jugendarbeit engagieren, könntest freiwilligen Dienst bei einer gemeinnützigen Organisation verrichten oder sogar ein Unternehmen in der Nähe finden, bei dem du umsonst mitarbeiten darfst. Bei deiner freiwilligen Arbeit kannst du nicht nur zupacken, sondern auch deine beruflichen Fähigkeiten verbessern. Erkundige dich, ob der Verband oder die Agentur, für die du arbeiten willst, tatsächlich freiwillige Mitarbeiter auf ehrenamtlicher Basis einsetzt. Wenn ja, dann finde heraus, wie du dort ein freiwilliges Praktikum machen kannst. Dies ist die beste Methode, um ein Unternehmen von innen heraus zu beleuchten. Außerdem erhält man Referenzen von den Mitarbeitern der Firma. Damit dein Vorgesetzter dich auch wirklich kennen lernt, solltest du wenigstens einmal die Woche freiwillig dort aushelfen, und zwar mindestens sechs bis acht Wochen lang.

Aufgrund der ökonomischen Gesamtsituation avanciert die Kenntnis, wie man den besten Job ergattert, zur überlebenswichtigen Technik. Lerne, wie du dir in guten und in schlechten Zeiten einen Job suchst. Manchmal muss die Suche nach dem Traumjob zurücktreten, weil du zunächst einmal ein vernünftiges Einkommen benötigst. Suche dann nach einer Arbeit, die dich zumindest in etwa interessiert, auch wenn du sie nur des Geldes halber ausführst und sie »nur eine Übergangslösung ist«. Du kannst dich mit Sicherheit besser verkaufen, wenn du deine Arbeit magst.

Wie bitte? Bewerbungsunterlagen kann man sich sparen?

Vielleicht fragst du dich schon etwas länger, warum wir bislang noch kein Wort über Lebensläufe verloren haben. Das hat mehrere Gründe:

- Es gibt viele andere Quellen, die dir dabei helfen können, einen Lebenslauf zu schreiben und Bewerbungsunterlagen zusammenzustellen (das Arbeitsamt, andere Ratgeber, Websites zu Beruf und Karriere, die Seiten der einschlägigen Jobbörsen).
- Bewerbungsunterlagen sind kein besonders effektives Bewerbungs-Tool. Und für jüngere Menschen, die nicht viel Erfahrung auf dem Gebiet, in dem sie arbeiten wollen, vorzuweisen haben, sind sie sogar noch inneffizienter.
- Viele Menschen verlassen sich viel zu sehr darauf, dass das Verschicken ihrer Bewerbungsunterlagen ihnen über kurz oder lang schon einen Job verschaffen wird. Viel wichtiger aber ist es, die eigenen besten Fähigkeiten und Interessen herauszuarbeiten.
- Man kann Informationsgespräche auch ohne Lebenslauf oder komplette Bewerbungsunterlagen führen. Tatsächlich wird dein Lebenslauf oder deine schriftliche Bewerbung nach den Informationsgesprächen viel besser sein.

Wenn du mehr darüber wissen willst, wie und wann du Bewerbungsunterlagen im Rahmen deiner Jobsuche einsetzen solltest, empfehlen wir folgende Bücher:

- Püttjer, Christian und Uwe Schnierda, *Das große Bewerbungshandbuch*. Campus, 2006, 3. Auflage.
- Püttjer, Christian und Uwe Schnierda, *Perfekte Bewerbungsunterlagen für Hochschulabsolventen*. Campus, 2010, 7. Auflage.

Sorge für dich selbst

Eine Jobsuche kann zwar reiche Früchte tragen, aber sie ist selten einfach. Sie erfordert deine ganze physische, mentale und emotionale Energie. Man sollte sich also immer wieder ins Gedächtnis rufen, dass die Suche nach einem Job wie alles andere auch – Zeit braucht! Sei während der Jobsuche also nett zu dir selbst.

Weil die Jobsuche so anstrengend ist, kann sie sogar das Selbstvertrauen des positivsten Menschen zerstören. Um damit besser umgehen zu können, schlagen wir vor, dass du dich nicht darauf konzentrierst, ob du den erwünschten Job ergattert hast oder nicht. Stattdessen solltest du lieber kontrollieren, wie viele Telefonate, Informationsgespräche, Vorstellungsgespräche oder neue Kontakte du täglich zu verzeichnen hast. Diese Zahlen zeigen dir, dass deine Jobsuche effektiv ist. Vielleicht denkst du sogar einmal darüber nach, eine Art »Beratungsausschuss« für deine Jobsuche ins Leben zu rufen. Triff dich einmal im Monat mit Menschen, die mutmaßlich gut darin sind, Jobs zu bekommen, die ihnen gefallen (vielleicht mit jemandem, den du in den Informationsgesprächen kennen gelernt hast), mit Menschen, die viel über die Branche oder das Fachgebiet wissen, in dem du arbeiten willst, oder mit Personen, die dich unterstützen, auch wenn es einmal hart auf hart kommt. Bitte zwei oder drei Leute, sich einmal im Monat mit dir zu treffen, um ihren Rat, ihre Vorschläge oder einfach nur ihre Unterstützung bei der Jobsuche zu bekommen.

Interview-Tipp: Arbeitgeber bevorzugen Bewerber, die mindestens ein Praktikum – am besten aber mehrere – absolviert haben. Warum? Neueinstellungen mit praktischer Erfahrung werden schneller produktiv und sind nicht so betreuungsintensiv. Außerdem brechen sie ihre Ausbildung oder ihr Traineeship nicht so schnell ab. Sie wissen nämlich, was auf sie zukommt, und haben sich darauf eingestellt.

Außerdem solltest du deinen körperlichen Bedürfnissen Rechnung tragen. Iss das Richtige, sorge für ausreichend Schlaf. Trinke acht Gläser Wasser am Tag und meide negativ eingestellte Menschen, denn sie haben eine negative Auswirkung auf deine Ausstrahlung und dämpfen deine Energie. Treibe an vier bis fünf Tagen in der Woche Sport, höre dir Motivations-Hörbücher an, triff dich mit guten Freunden und schau dir Kinofilme an, die dich zum Lachen bringen und dir Hoffnung geben. Und wenn es noch etwas anderes gibt, das du gern tust und das zu deinem Wohlbefinden beiträgt, dann integriere das auf jeden Fall in deine freie Zeit.

Tipps fürs Vorstellungsgespräch

Vorstellungsgespräche können sehr anstrengend sein. Oft werden sie mit Blind Dates verglichen, weil die Menschen, die sich für einen Job beworben haben und nun zum Gespräch geladen sind, oft gar nichts über ihr »date« (also den Gesprächspartner, die Firma, das Unternehmen oder die Agentur, bei der sie sich beworben haben) wissen. Je besser du vorbereitet bist, umso besser wird auch dein Vorstellungsgespräch verlaufen. Stell dir doch einmal folgendes Szenario vor:

Du bist Arbeitgeber. Du interviewst zwei Bewerber für ein und denselben Job. Die erste Bewerberin ist entweder verängstigt oder gelangweilt, wobei du nicht sagen kannst, was von beidem zutrifft. Ihre Antworten sind kurz und knapp. Als du sie fragst, warum sie diesen Job haben will, antwortet sie, dass die Bezahlung gut ist und der Weg zur Arbeit nicht weit. Die andere Bewerberin dankt dir zunächst einmal für die Einladung zum Vorstellungsgespräch. Dann berichtet sie von den Kursen, die sie belegt hat, um sich auf die hiesige Tätigkeit vorzubereiten, und von den Praktika, durch die sie jobrelevante Fähigkeiten erworben hat. Auf die Frage, warum sie diesen Job haben will, antwortet sie, dass sie für deine Firma arbeiten will, weil diese einen hervorragenden Ruf hat und sie sehr hofft, dass man ihr eine Chance gibt. Falls sie aber nicht eingestellt wird, wird sie sich weiterhin für ähnliche Jobs bewerben, denn an dieser Art von Tätigkeit hängt ihr Herz, und sie ist fest davon überzeugt, dass sie diesen Beruf ausüben sollte.

Welche Bewerberin würdest du einstellen? Engagement, geeignete Qualifikationen und Begeisterung machen dich zu einem herausragenden Kandidaten. Du solltest also so viel wie möglich über den Job deiner Träume in Erfahrung bringen, ebenso wie über das Unternehmen, für das du arbeiten willst. Außerdem solltest du genau Bescheid wissen, welche deiner Fähigkeiten dich für diesen Job prädestinieren. Lies dir die folgenden Tipps genau durch, die dich vor, während und nach dem Vorstellungsgespräch begleiten sollen. Sie werden dir dabei helfen, einen hervorragenden Eindruck zu hinterlassen.

Heißer Tipp: Vor dem Vorstellungsgespräch solltest du die Firma oder das Büro schon einmal aufsuchen. Finde heraus, wie lange du am Tag des Vorstellungsgesprächs zur gleichen Uhrzeit für den Weg benötigst. Schau dir die Parkmöglichkeiten an oder welchen Bus du nehmen kannst, wo der Eingang des Bürogebäudes ist und so weiter. Wenn du das vor dem Vorstellungsgespräch erledigst, bist du am Tag des Interviews weniger gestresst. Und je entspannter du bist, umso selbstbewusster wirst du auftreten.

Vor dem Vorstellungsgespräch

So schlimm sind Vorstellungsgespräche eigentlich gar nicht. Man muss nur wissen, wie man ein konzentriertes Gespräch führt. Je gewissenhafter du deine Hausaufgaben über dich selbst gemacht hast, über den Job, den du dir wünschst, und über die Firma, in der du das Vorstellungsgespräch hast, umso besser wird es für dich laufen.

Vor dem Interview solltest du über diese beiden grundlegenden Fragen nachdenken:

1. Was muss ich über diesen Job bei dieser Firma noch in Erfahrung bringen?
2. Was sollte ich meinem Gesprächspartner noch über mich selbst berichten?

Um dich auf das Vorstellungsgespräch vorzubereiten, solltest du die Antworten auf typische Fragen üben. (Hier können dir die Literaturempfehlungen am Ende dieses Kapitels gut weiterhelfen.) Rufe dir ins Gedächtnis, dass sämtliche in einem Vorstellungsgespräch gestellten Fragen nur Variationen der folgenden Fragen sind:

- Warum sind Sie hier?
- Was können Sie für uns tun?
- Kann ich Sie mir leisten?
- Was sind Sie für ein Mensch? Will ich, dass Sie für mich arbeiten?
- Was unterscheidet Sie von den 19 anderen Bewerbern, die die gleiche Qualifikation haben wie Sie?

Das sollte man im Vorstellungsgespräch vermeiden

- Zu spät kommen
- Schlechte Körperhygiene
- Zu viel Parfüm
- Unangemessene Kleidung
- Fehlenden Augenkontakt
- Den Namen des Gesprächspartners falsch auszusprechen
- Schlechte Manieren

- Einen schlaffen Händedruck
- Die Kopfhörer des iPod oder MP3-Players weiterhin um den Hals baumeln zu lassen
- Das Handy nicht auszuschalten

Egal, wie eine Frage formuliert wird, wenn man weiß, was das Gegenüber tatsächlich wissen will, kann man die beste Information über sich selbst schon im Vorfeld auswählen. Überlege dir Beispiele aus deiner Arbeitserfahrung, um zu demonstrieren, dass du die Fähigkeiten, die für diesen Job erforderlich sind, besitzt, oder um zu zeigen, dass du dir schnell neue Fähigkeiten aneignen kannst. Nehmen wir an, du hast dich für eine Anstellung als Arzthelferin beworben. Wenn man dich fragt: »Was können Sie für uns tun?«, dann könntest du antworten, dass du während der Schulzeit stundenweise in einem Versicherungsunternehmen gearbeitet hast, wo die Besetzung der Telefonzentrale zu deinen Aufgaben gehörte. Als freiwillige Mitarbeiterin des Malteser Hilfsdienstes konntest du dir einiges medizinisches Vokabular aneignen, und du bist geschult im Umgang mit Kranken.

Bewerbungsexperten berichten, dass Menschen etwa sieben Vorstellungsgespräche führen müssen, um sich in dieser Situation auch wohl in ihrer Haut fühlen zu können. Auch das ist wieder ein guter Grund, viele Übungsgespräche zu führen, bevor du mit den richtigen Interviews anfängst. Bitte Erwachsene oder Freunde, denen du vertraust, mit dir zu üben. Und lass sie auch deinen Händedruck prüfen – er sollte weder zu stark noch zu schwach sein. Derlei Übungen tragen dazu bei, dass du hinterher genau weißt, was du sagen willst und wie du reden musst, dass du daran denkst, auch mal zwischendurch Luft zu holen, und dass du klar denken kannst, auch wenn es stressig wird.

Während des Vorstellungsgesprächs

Personalverantwortliche haben uns versichert, dass die Entscheidung für oder gegen einen Kandidaten oft schon in den ersten 30 Sekunden fällt. In der restlichen Zeit forschen sie nach Gründen, die ihre Entscheidung rechtfertigen. Hier sind die drei Faktoren, die den ersten Eindruck deines Gesprächspartners beeinflussen:

1. Bist du pünktlich zum Gesprächstermin erschienen?
2. Hast du deinem Gegenüber bei der Begrüßung in die Augen gesehen?
3. Wie war dein Händedruck?

Auch deine Einstellung versuchen die Personalverantwortlichen zu überprüfen. Wahrscheinlich bemerken sie sofort, ob du

- ein angenehmer Zeitgenosse bist – oder nicht,
- an anderen Menschen interessiert bist – oder dich nur mit dir selbst beschäftigst,
- mit dir und der Welt im Reinen bist – oder unter dem ruhigen Äußeren einen wütenden, aggressiven Kern verbirgst,
- ob du extrovertiert oder introvertiert bist,
- kommunikativ oder einsilbig bist,
- lieber gibst – oder nur nimmst,
- dein Bestmöglichstes gibst – oder deine Aufgaben eher mechanisch erfüllst.

Was Personalreferenten oder Vorgesetzte beim Vorstellungsgespräch bemerken

Eine vor ein paar Jahren durchgeführte detaillierte Studie, die Albert Merhabian an der University of California, Los Angeles, durchführte, ergab ein paar überraschende Erkenntnisse in Bezug auf das, worauf Personalverantwortliche beim Interview achten. Es hat sich herausgestellt, dass die Betreffenden mit nonverbaler Kommunikation vollauf beschäftigt sind. Sie gleichen die Gestik und Mimik mit dem ab, was der Befragte sagt (und wenn beides nicht zusammenpasst, hat der Bewerber schon schlechte Karten).

Aufmerksamkeit in Prozent	Konzentration auf
7 %	WORTE: Wähle deine Worte sorgfältig. Erkläre auf drei unterschiedliche Weisen, welche Fähigkeiten, Erfahrungen oder welche Ausbildung dich für diesen Job besonders qualifizieren.
38 %	STIMMQUALITÄT Vermeide zu viel Koffein vor einem Vorstellungsgespräch. Wenn deine Stimme dazu neigt, bei Nervosität zu hoch zu klingen, nimm eine Thermoskanne mit warmem Wasser mit und trink ein paar Schlucke vor dem Gespräch.
55 %	NONVERBALE BOTSCHAFTEN (Händedruck, Körperhaltung, Gestik, nervöse Manierismen, Augenkontakt usw.) Es ist nicht ratsam, dem Fragenden ständig in die Augen zu sehen. Das wird manchmal als bedrohlich erlebt. Wechsele direkten Blickkontakt mit Blicken ab, die wahlweise an seinem Ohr vorbei- oder über seinen Kopf hinwegziehen.

Dein Interviewer bemerkt auch, ob du Energie und Enthusiasmus ausstrahlst oder dich nur so weit wie nötig anstrengst und ansonsten eher miesepetrig daherkommst. In vielen Fällen ist diese persönliche Einstellung viel wichtiger als deine Fähigkeiten, denn sie ist ein Hinweis darauf, wie hart du zu arbeiten bereit bist und ob du mit anderen Menschen gut zusammenarbeiten kannst. Arbeitgeber stellen eher jemanden mit weniger Fähigkeiten, aber dafür einer positiven Grundeinstellung ein statt eine erfahrenere Person mit einer schlechten Grundhaltung.

Erwarte von deinem Gesprächspartner nicht, dass er auf deine Erfahrung zu sprechen kommt oder auf deinen Lebenslauf oder deine Fähigkeit, diesen Arbeitsplatz auszufüllen, auch dann nicht, wenn du den gleichen Job schon einmal ausgeübt hast. Du musst deine Erfahrungen und Fähigkeiten von selbst erläutern und dem Personalverantwortlichen darlegen, dass du für diesen Job qualifiziert bist. Junge Menschen sind häufig überrascht, wie wichtig es ist, sich in Vorstellungsgesprächen selbst zu verkaufen, sogar wenn ihr Gesprächspartner sie kennt.

Der Interviewende versucht zudem abzuschätzen, wie schnell du nach einer Einstellung produktiv werden kannst. Die Art und Weise, wie du dich im Vorstellungsgespräch verhältst, gibt Aufschluss darüber, was für ein Mitarbeiter du sein wirst. Hier sind ein paar hilfreiche Hinweise für effektive Vorstellungsgespräche:

- Achte darauf, dass du nicht nur sprichst, sondern auch zuhörst, sodass das Vorstellungsgespräch wie eine freundliche Unterhaltung wirkt. Menschen stellen andere Menschen nur ein, wenn sie ihnen sympathisch sind. Wenn dein Gesprächspartner sich nicht wohl mit dir fühlt, wird er dir wohl kaum einen Job anbieten.
- Beantworte sämtliche Fragen, die der Gesprächsleiter an dich hat. Versuche keinesfalls, auszuweichen. Deine Antworten sollten zwischen 20 Sekunden und zwei Minuten dauern.
- Sprich gut oder gar nicht über ehemalige Arbeitgeber. Wenn du keine guten Erfahrungen mit ihnen gemacht hast, überlege dir, wie du deine Tätigkeit und das, was du gelernt hast, beschreiben kannst, ohne über sie herzuziehen.

Lass dich nicht entmutigen

Wenn dein Glaube an die Möglichkeit, deinen Traumjob zu finden, schwindet, solltest du dich an deine Kontakte wenden und Menschen ausfindig machen, die es geschafft haben. Bitte sie, dir zu schildern, wie sie an ihren Job kamen. Vielleicht können sie dir ja helfen, ihre Erkenntnisse auf deine Jobsuche anzuwenden. Suche dir inspirierende Bücher oder Artikel über Menschen, die ihre Arbeit lieben. Die Geschichten der anderen verhelfen dir zu einer positiven Sichtweise.

Einige Leute ergattern ihre Traumjobs vom Fleck weg. Doch die Mehrheit gelangt in vielen kleinen und verschiedenen Schritten dorthin. Nach jedem Rückschlag solltest du deine Anstrengungen verdoppeln und dir Leute suchen, die genau den Beruf ausüben, den du anstrebst – je jünger sie sind, umso besser. Wenn du weiter daran arbeitest, wirst du zum Ziel gelangen.

Rufe dir ins Gedächtnis, dass Anya Kamenetz ihr erstes Praktikum mit 15 Jahren machte. Nach dem Abitur machte sie weitere Praktikumsstellen ausfindig und nahm Jobs bei Zeitschriften an, sodass sie ihr Schreibtalent weiter ausbauen konnte. Es dauerte noch weitere zwölf Jahre, bis sie eine erfolgreiche und gut bezahlte Autorin war. Lies Anyas Profil nochmals durch (Seite 176).

Es ist vielleicht schwer zu glauben, aber viele Interviewer sind während des Vorstellungsgesprächs genauso nervös und unruhig wie du selbst. Sie wollen nämlich keinen Fehler machen und einen unfähigen Mitarbeiter einstellen. Deshalb gereicht es dir eindeutig zum Vorteil, wenn du für eine entspannte Atmosphäre sorgst. Denke daran, dem Personalverantwortlichen genauso viele Fragen zu stellen wie er dir. Durch deine Fragen sammelst du die notwendige Information, um entscheiden zu können, ob dies die richtige Stelle und das richtige Unternehmen für dich ist.

Heiße Tipps fürs Vorstellungsgespräch

Stelle dir vor dem Gespräch folgende Fragen:

- *Welche Informationen sollte ich meinem Gegenüber über mich selbst geben?*
- *Was muss ich über diesen Job oder das Unternehmen noch wissen?*

Im Vorstellungsgespräch selbst:

- Sei pünktlich.
- Sieh deinem Gesprächspartner in die Augen, wenn du ihn oder sie begrüßt.
- Achte auf einen herzlichen und festen Händedruck.
- Stelle deinem Gegenüber folgende Fragen:

  Welche Aufgaben umfasst dieser Job (aus der Perspektive des Arbeitgebers)?
  Welche Fähigkeiten muss ein besonders guter Mitarbeiter in diesem Beruf haben?

- Stelle dir selbst folgende Fragen:
  Will ich mit diesen Menschen zusammenarbeiten?
  Bin ich den Aufgaben gewachsen? Will ich die Aufgaben ausführen?
  Wenn dieser Job zu mir passt, kann ich dem Unternehmen klarmachen, inwiefern ich mich von anderen Menschen unterscheide, die die gleichen Fähigkeiten haben wie ich?

Nach dem Interview:

- Denke immer an den Dankesbrief.

Deine Fragen beeinflussen das Urteil des Interviewers genauso wie deine Antworten. Sie zeigen, wie viel du über die Arbeit, die Branche oder das Themengebiet und das Unternehmen weißt.

Zwei wichtige Fragen solltest du dabei auf gar keinen Fall vergessen.

1. *Welche Aufgaben umfasst dieser Job?* Du willst genau wissen, welche Aufgaben du erfüllen musst, um entscheiden zu können, ob dir diese Tätigkeit liegt und du sie tatsächlich ausführen willst. Falls du entsprechende Informationsgespräche mit Praktikern geführt hast, kannst du im Vorstellungsgespräch erwähnen, was der Job in anderen Unternehmen für Aufgaben umfasst. Selbst wenn du hervorragend über diesen Job und den Arbeitgeber recherchiert hast, stellst du vielleicht fest, dass dein Gesprächspartner zusätzliche oder ganz andere Vorstellungen hinsichtlich der Arbeitsplatzbeschreibung hat. Du musst die Erwartungen deines Gegenübers kennen. Dann kannst du ihm entsprechende Fähigkeiten oder Erfahrungen schildern, um ihm zu zeigen, dass du den Aufgaben durchaus gewachsen bist und die Erwartungen erfüllen wirst.
2. *Welche Fähigkeiten muss ein besonders guter Mitarbeiter in diesem Beruf haben?* Du willst wissen, ob deine Fähigkeiten den Vorstellungen des Arbeitgebers von einem Top-Mitarbeiter entsprechen. Diese Fähigkeiten solltest du nicht nur kennen, sondern auch Beispiele dafür anführen können, dass du sie besitzt und schon angewandt hast.

Wie bereits erwähnt stellst du deinem Gegenüber ebenfalls Fragen. Aber damit nicht genug: Manche Fragen richtest du nur an dich selbst:

1. *Will ich mit diesen Menschen zusammenarbeiten?* Achte auf dein Bauchgefühl. Manchmal gibt dir dein Gesprächspartner die »richtigen« Antworten auf deine Fragen, aber du bist dennoch nicht zufrieden. Du willst herausfinden, ob du mit diesen Menschen zusammenarbeiten kannst und ob sie die gleichen Wertvorstellungen haben wie du. Du wünschst dir eine Arbeitsumgebung, in der du dich weiterentwickeln kannst. Guy Kawasaki, Autor und Experte am Risiko-Kapi-

talmarkt, formulierte es vergleichsweise schonungslos: »In einem Job besteht deine tatsächliche Aufgabe darin, deinen Boss gut aussehen zu lassen.« Frage dich in einem Vorstellungsgespräch also auch: »Gehört dieser Typ hier zu den Menschen, für die ich hart zu arbeiten bereit bin, damit er (oder sie) gut dasteht?«

2. *Bin ich den Aufgaben gewachsen? Will ich die Aufgaben ausführen?* In Kapitel 1 sprachen wir über »Kann-ich«- und »Will-ich«-Fähigkeiten. Mache dir im Vorfeld klar, welche deiner Fähigkeiten du in einem Job wirklich einsetzen willst. Du wirst in einem Beruf, in dem eine Vielzahl deiner Fähigkeiten verlangt wird, glücklicher sein als anderswo.

3. *Kann ich meinem Gesprächspartner klarmachen, inwiefern ich mich von anderen Menschen unterscheide, die die gleichen Fähigkeiten haben wie ich?* Es ist wichtig, gerade auf diese Frage eine Antwort zu formulieren, bevor du ins Vorstellungsgespräch gehst. Du musst wissen, wie du arbeitest, und in der Lage sein, es auch zu beschreiben. Wie arbeitest du am liebsten (z. B. unabhängig, gemeinschaftlich, schnell, sorgfältig usw.)? Idealerweise sollte dein persönlicher Stil zu dem passen, was dein möglicher und erhoffter Arbeitgeber sucht.

Ein Interview mit Finesse beenden

Ein Vorstellungsgespräch läuft gut, wenn sich die Fragen nur am Anfang auf die Vergangenheit beziehen und schließlich der Zukunft zuwenden. Wenn du den Job unbedingt haben willst, solltest du grundsätzlich die folgenden fünf Fragen am Ende des Gesprächs stellen. Keine falsche Scheu! Immerhin brauchst du jetzt Antworten.

1. Können Sie mir den Job anbieten? (Wenn du sicher bist, dass du die Stelle tatsächlich willst, dann stell dich darauf ein, dass

du vielleicht danach fragen musst. 20 Prozent der Personen, die nach einem Job fragen, bekommen ihn auch.)
2. Wollen Sie mich zu einem weiteren Gespräch einladen, vielleicht mit einem weiteren Entscheidungsträger?
3. Wann werde ich von Ihnen hören?
4. Bis wann haben Sie Ihre Entscheidung getroffen?
5. Darf ich Sie nach unserem Gespräch noch einmal anrufen, falls Sie sich aus irgendeinem Grund dann noch nicht bei mir gemeldet haben?

Wenn eindeutig klar ist, dass dein Gesprächspartner dich nicht für geeignet hält, ist dennoch nicht alles verloren. Dann bleiben dir noch zwei Fragen:

1. Haben Sie denn Arbeit für mich, für die ich qualifiziert bin?
2. Kennen Sie noch jemand anders, der daran interessiert sein könnte, mich einzustellen?

Nach dem Vorstellungsgespräch

Denke immer daran, deinem Gesprächspartner einen Dankesbrief zu schreiben. Wenn mehr als eine Person an dem Vorstellungsgespräch beteiligt waren, dann schicke jedem der Beteiligten ein Dankesschreiben. (Die Grundlagen dieser Kunst kannst du in Kapitel 4 nachlesen.)

Schwierigkeiten mit dem Dankesschreiben?

Viele hilfreiche Tipps und Musterbriefe findest du im Internet, z. B. unter www.karrierebibel.de

- Danke deinem Gesprächspartner, dass er dir seine Zeit gewidmet hat.
- War das Gespräch angenehm für dich, dann erwähne das.
- Rufe deinem Gesprächspartner ein bis zwei Details aus deinem persönlichen Background ins Gedächtnis (Fähigkeiten, Zusatzausbildung, vorherige Jobs), die dich besonders für den Job qualifizieren. Achte darauf, dass dein Dankesschreiben nicht zu lang wird.

Beispiel-Dankesschreiben (Datum)

Sehr geehrter Herr Monroe,
herzlichen Dank für das Vorstellungsgespräch für den Job als Krankenpfleger. Ich war sehr beeindruckt, dass Sie sich sogar die Zeit genommen haben, mir Ihr Haus zu zeigen und mich anderen Mitarbeitern vorzustellen.

Ich glaube, dass meine Ausbildung mich sehr für diesen Arbeitsplatz qualifiziert. Als ich meiner Großmutter nach ihrer letzten Operation half, konnte ich Erfahrungen im Umgang mit älteren Patienten sammeln, die krank oder leicht verwirrt sind.

Ich hoffe, wie von Ihnen avisiert, am Freitag von Ihnen zu hören. Falls Sie nicht dazu kommen, werde ich Sie nächste Woche anrufen.

Mit freundlichen Grüßen,
Sean Jones

Ein Brief, der nur drei oder vier Abschnitte umfasst (mit nur drei bis vier Sätzen in jedem Abschnitt), lässt sich schnell durchlesen. Ein längerer Brief könnte in deinem Gesprächspartner den Verdacht aufkommen lassen, dass du einfach nur alles noch einmal zusammenfassen willst, statt dich nur zu bedanken. Achte darauf, dass dein Brief – egal ob postalisch verschickt oder als E-Mail – grammatikalisch korrekt und ohne Rechtschreibfehler ist. Verschicke dein Dankesschreiben auf jeden Fall innerhalb von 24 Stunden nach dem Gespräch.

Du bist eingestellt! Und jetzt?

Gratulation! Deine ganze harte Arbeit hat sich gelohnt, und du wurdest eingestellt. In den kommenden Wochen solltest du deine Kontakte und dein berufliches Netzwerk darüber informieren, dass deine Jobsuche erfolgreich war. Genieße diesen Erfolg und feiere ihn.

Jetzt wirst du an deinem neuen Arbeitsplatz loslegen. Gibt es etwas, das du noch tun solltest? Der verstorbene John Crystal, Autor und kreativer Pionier in Sachen Jobsuche, formulierte es einmal folgendermaßen: »Um deinen eigenen beruflichen Werdegang in die Hand zu nehmen, darfst du nicht nur so weit blicken, wie deine Scheinwerfer die Straße beleuchten. Schon am ersten Arbeitstag beginnt deine nächste Jobsuche.«

Uff! Das wolltest du jetzt wahrscheinlich nicht hören. Aber um deine Karriere in die Hand zu nehmen, musst du in der Tat mit dem, was du bisher getan hast, weitermachen: deine Fähigkeiten und Interessen zu identifizieren, deine potenziellen Traumjobs zu benennen, angemessene Weiterbildungs- oder Ausbildungsmaßnahmen einzuleiten und für diesen speziellen Job zu recherchieren und Informationsgespräche zu führen. Es ist gut möglich, dass der Job, den du gerade ergattert hast, nicht zu deinen Traumjobs gehört, aber du solltest ihn als Schritt auf dem Weg betrachten, der dich letztlich zu diesem Traumjob hinführt. Damit du auf diesem Weg weiter voranschreiten kannst, haben wir hier ein paar Empfehlungen für dich:

Führe ein Jobtagebuch

Verbringe jede Woche zehn bis 15 Minuten damit zu notieren, welche Aufgaben du in den vergangenen sieben Tagen erledigt hast. (Freitags nach der Mittagspause ist der ideale Zeitpunkt dafür.) Notiere die Namen von Projekten, Aufgaben, Aktivitäten oder wichtigen Meetings. Schreibe auf, was in ein zukünftiges Job-Portfolio hineingehört. Versehe alle Aufgaben, die dir gefallen haben, mit einem +, alle, die dir weniger gefallen haben, mit einem –. Vergiss nicht, Komitees zu erwähnen, bei denen du mitwirken solltest, und die Namen von Verbänden, denen du dich womöglich angeschlossen hast. (Notiere auch etwaige Ämter, die du innehast.)

Nach ein paar Monaten hat man leicht vergessen, was man geleistet hat. Indem du sämtliche Aufgaben und Verantwortungsbereiche notierst, kannst du das verhindern. Dein Job-Tagebuch wird eines Tages eine wertvolle Ressource sein, wenn es um Leistungsbeurteilungen und Selbstbewertung geht. Auch bei der Suche nach dem nächsten Job oder dem nächsten Schritt auf dem Weg zum Traumjob kann es ein wertvolles Hilfsmittel sein.

Finde heraus, wer zur »Führungsmannschaft« gehört

Je vertrauter du mit deiner neuen Arbeitsumgebung wirst, umso intensiver solltest du darauf achten, viel mit Menschen aus der gesamten Firma zusammenzukommen und sie zu beobachten. Wer sind die Aufsteiger? Gibt es einen Abteilungsleiter, für den du besonders gern arbeiten würdest, oder eine Abteilung, die du für reizvoll hältst? Lerne Menschen kennen, deren Jobs du gern hättest. Auch ihre Vorgesetzten solltest du auf jeden Fall kennen lernen. Aber natürlich musst du jetzt nicht herumposaunen: »Ich will deinen Job.« Auf diese Weise würdest du wohl kaum ein gutes Verhältnis zu deinen Kollegen aufbauen. Erkundige dich, was ihre genauen Aufgaben sind. Es handelt sich um Informationsgespräche am Arbeitsplatz, durch die du einen Plan für den nächsten Schritt in deiner Karriere festlegen kannst.

Schau hin, hör zu und lerne

In jeder Firma oder Abteilung mit mehr als zwei Menschen muss man sich im Klaren darüber sein, dass die Mitarbeiterkonstellation eine Geschichte hat. Dort herrschen Dynamiken und Machtkämpfe, von denen du noch gar keine Ahnung hast. Langsam lernst du alles kennen, beobachtest alles und jeden. Gib nicht zu viel persönliche Informationen preis und reagiere auch nicht übertrieben freundlich, bevor du die Motive deines Gegenübers nicht kennst. Nachdem du die ganze Sache ein paar Wochen lang beobachtet hast, hast du dir wahrscheinlich ein recht realistisches Bild von den Gegebenheiten machen können.

Such dir einen Mentor

Beziehungsweise: Such dir mehrere Mentoren. Wenn du in einem Unternehmen eingestellt wurdest, in dem du bleiben und eine längerfristige Karriere aufbauen möchtest, ist ein Mentor innerhalb der Firma sinnvoll. (Mehr zum Thema Mentoren findest du in Kapitel 5.) Liegt dir die Branche oder das Fachgebiet, kannst du dir auch Mentoren außerhalb deiner Firma suchen. Du kannst dir Menschen suchen, die immer noch berufstätig sind, aber auch solche, die längst pensioniert sind. Wähle jemanden aus, der diejenige Position erreicht hat, die du anstrebst. Triff dich zweimal im Jahr mit deinen Mentoren.

Das war jetzt ein ganz schön langes Kapitel. Kein Wunder, denn du musst ganz schön viel lernen, wenn du bei deiner Jobsuche Erfolg haben willst. Wir hoffen, du hast viel darüber erfahren, wie du nach deinem Traumjob suchst und ihn findest. Im nächsten Kapitel schauen wir uns die zehn häufigsten Fehler an, die Jobsuchende in aller Regel machen – und wie man diese Fehler vermeiden kann.

Weitere Informationen

Allgemeine Informationen zu Jobsuche, Bewerbungsunterlagen, Vorstellungsgespräch etc.:
- Bolles, Richard Nelson, *Jobs finden in harten Zeiten. Der Survival-Guide.* Campus, 2010.
- Bolles, Richard Nelson, *Durchstarten zum Traumjob.* Campus, 2012.
- Hesse, Jürgen; Schrader, Hans-Christian, *Die perfekte Bewerbungsmappe für Führungskräfte: Die besten Beispiele erfolgreicher Kandidaten.* Eichborn, 2006.
- Kugel, Stefan; Hesse, Jürgen; Schrader, Hans-Christian, *Training – Vorstellungsgespräch: Vorbereitung – Fragen und Antworten – Körpersprache und Rhetorik: Vorbereitung – Fragen und Antworten Videos und Trainings-Tools auf CD-ROM.* Stark Verlagsgesellschaft, 2012.
- Hesse, Jürgen; Schrader, Hans-Christian, *Das perfekte Vorstellungsgespräch: Professionell vorbereiten und überzeugen.* Stark Verlagsgesellschaft, 2012.
- Hesse, Jürgen; Schrader, Hans-Christian, *Das große Hesse/Schrader-Bewerbungshandbuch: Alles, was Sie für ein erfolgreiches Berufsleben wissen müssen.* Stark Verlagsgesellschaft, 2012.
- Hesse, Jürgen; Schrader, Hans-Christian, *Die 100 häufigsten Fragen im Vorstellungsgespräch: Richtig formulieren, verstehen, verhandeln.* Stark Verlagsgesellschaft, 2011.
- Pape, Christian, *Traum! Job! Now! Die Geheimnisse der erfolgreichen Jobsuche.* Heyne, 2010.
- Püttjer, Christian; Schnierda, Uwe, *Perfekte Bewerbungsunterlagen für Hochschulabsolventen: Erfolgreich zum Traumjob – auch für Online-Bewerbungen Bachelor – Master – Diplom – Magister – Staatsexamen – Promotion.* Campus, 2011.
- Püttjer, Christian; Schnierda, Uwe, *So gewinnen Führungskräfte im Vorstellungsgespräch: Die 220 entscheidenden Fragen und die besten Antworten.* Campus, 2010.
- Püttjer, Christian; Schnierda, Uwe, *Souverän im Vorstellungsgespräch: So schaffen Sie den Jobwechsel.* Campus, 2011.

Mentoring und Networking:
Nützliche Links
- **www.mentoring-d.de** (für Frauen)
- Mentoring-Programme an Hochschulen betreut das Bundesweite Forum Mentoring e.V.: **www.forum-mentoring.de**

Literatur:
- Ferrazzi, Keith; Raz, Thal, *Geh nie alleine essen! Und andere Geheimnisse rund um Networking und Erfolg.* Börsenmedien, 2007.
- Megginson, David; Clutterbuck, David, *Coaching und Mentoring: Individuelle Beratung für individuelle Berufskarrieren.* Spektrum Akademischer Verlag, 2008.
- Scherer, Hermann, *Wie man Bill Clinton nach Deutschland holt: Networking.* Campus, 2006.
- Smith, Lynn, *Mentoring für Frauen. Wie Frauen Frauen fördern, stärken, unterstützen.* Brunnen-Verlag, 2007. (Dieses Buch richtet sich zwar an Frauen, ist aber auch allgemein ein nützlicher Ratgeber über die Chancen des Mentoring und enthält Tipps, wie man einen Mentor findet.)

Natürlich kann man sich auch an Verbände oder Serviceclubs wenden, beispielsweise an die Rotarier oder den Lions-Club.
- **www.rotary.de**
- **www.lions.de**
- **www.verbaende.com** Hier findet man Adressen von 12 000 Verbänden und Organisationen in Deutschland.

Gehaltsverhandlungen
- Holzapfel, Nicola, *Ich verdiene mehr Gehalt!: Was Sie für Ihre erfolgreiche Gehaltsverhandlung wissen müssen.* Campus, 2009.

Informationen zu Gehältern findet man im Netz z. B. unter:
- **www.gehaltscheck.de**
- **www.gehaltsvergleich.com**
- **www.nettolohn.de**
- **www.personalmarkt.de**

10

Die 10 häufigsten Fehler von Jobsuchenden – und wie du sie vermeiden kannst

Du hast jetzt diverse Strategien und Techniken zur Jobsuche kennen gelernt. Wenn du nun auch noch die klassischen Fehler vieler Arbeitssuchender vermeidest, wirst du das Spiel gewinnen. Dies sind die häufigsten Fehler, und wie du sie vermeiden kannst:

1. Sich zu verhalten, als ob dir jemand einen Job schuldig wäre

Denk immer dran, dass dir niemand einen Job schuldet. Den musst du dir schon selbst verdienen. Erfolgreiche Arbeitssuchende verhalten sich auch nicht so, sondern sie setzen alles daran, den potenziellen Arbeitgeber wissen zu lassen, dass sie ein exzellenter Mitarbeiter wären, und setzen darauf, dass sie ihn mit ihrem Enthusiasmus und ihrer Einstellung beeindrucken. Wenn du einen speziellen Job unbedingt ergattern willst, dann gib dein Allerbestes und nutze alles, was du über dich selbst und über die effektive Jobsuche gelernt hast.

> »Du bist deine eigene Grenze. Erhebe dich darüber.«
> Schamsoddin Mohammad Hafes (1325–90), pers. Lyriker und Mystiker

2. Zu wenig Zeit für die Arbeitssuche aufzuwenden

Erfolgreiche Jobsuchende lernen schnell, dass ihr Erfolg in direkt proportionalem Verhältnis zu der Zeit, die sie mit der Jobsuche verbringen, steht. Zwei Drittel aller Arbeitssuchenden verbringen wöchentlich fünf oder weniger Stunden mit der Jobsuche. Als Angestellter wirst du überrascht sein, wie viel man mit 20 Minuten täglich bewirkt – nämlich nicht allzu viel. Nehmen wir an, du benötigst rund 200 Stunden, um einen neuen Job zu erlangen. Wenn du sechs Stunden am Tag investierst, und das fünf Stunden die Woche, dann ist es keineswegs unmöglich, dass du in sieben Wochen schon einen Arbeitsplatz gefunden hast. Doch mit nur einer Stunde am Tag, ebenfalls an fünf Tagen die Woche, benötigst du 40 Wochen (also zehn Monate), um einen Arbeitsplatz aufzutun. Welchen Ansatz findest du besser?

Offensichtlich kann man nicht genau prognostizieren, wie lange man benötigt, um einen Job zu finden, weil die Jobsuche voller Faktoren ist, die man weder voraussagen noch kontrollieren kann. Solltest du bei einem Engagement von sechs Stunden täglich (oder 20 Minuten, wenn du dich in einem Anstellungsverhältnis befindest) keine Resultate bei deiner Jobsuche vorweisen können, dann triff dich mit Gleichgesinnten oder suche deinen persönlichen Berater bei der Arbeitsagentur auf. Schildere diesen Menschen deine bisherigen Aktivitäten und bitte sie um Verbesserungsvorschläge.

> »Was macht den Unterschied zwischen Größe und Mittelmaß aus? Außerordentliche Motivation und Energie.«
> **BENJAMIN BLOOM**

3. Immer wieder Techniken anzuwenden, die einfach nicht funktionieren

Erfolgreiche Jobsuchende verändern ihre Taktik, wenn Veränderung notwendig ist. Führt also ein bestimmtes Verhalten, eine Einstellung oder eine Vorgehensweise nicht zum Erfolg, dann probiere etwas anderes aus. Durch die Lektüre von Kapitel 9 kannst du dir die verschiedenen Methoden nochmals vor Augen führen. Hast du zum Beispiel einen Monat lang eine bestimmte Technik der Jobsuche angewandt, vielleicht die Versendung deiner Bewerbungsunterlagen oder die Beantwortung von Anzeigen, bist aber immer noch nicht zum Vorstellungsgespräch eingeladen worden, dann verändere diese Taktik. Führe ab sofort mehr Informationsgespräche und verbringe mehr Zeit mit Recherchen über die Unternehmen und Verbände, die du interessant findest.

Erweitere deine bisherigen Kenntnisse über effektive Methoden der Jobsuche durch die Lektüre weiterer guter Bücher zur Jobsuche und indem du dich auch online weiter informierst. (Siehe dazu die weiterführenden Literaturangaben und Websites am Ende der jeweiligen Kapitel.) Unterhalte dich mit erfolgreichen Jobsuchenden und erkundige dich, was bei ihnen gut funktioniert hat. Suche dir eine Selbsthilfegruppe für Arbeitssuchende. Vielleicht kann dir die Arbeitsagentur da weiterhelfen, sicherlich auch die Kirche oder ähnliche Institutionen.

4. Zu ignorieren, was andere gelernt und erfahren haben

Leute, die bei der Jobsuche erfolgreich sind, pflegen den Austausch mit anderen erfolgreichen Jobsuchenden. Wie wir schon bei Fehler Nr. 3 andeuteten, ist es wichtig, sich mit erfolgreichen Menschen zu unterhalten, die einen Job gefunden haben, den sie lieben. Lerne von den Meistern auf diesem Gebiet.

Bitte Verwandte, Freunde, Lehrer und andere in deinem persönlichen und professionellen Netzwerk, dir bei der Suche nach Menschen zu helfen, die einen befriedigenden Job gefunden haben. Sprich mit mindestens vier Personen, die in den vergangenen sechs Monaten eine Anstellung gefunden haben und sich in ihrem Beruf wohlfühlen. Setze jegliche Methode ein, die auch sie angewandt haben. Wenn nötig, musst du die Techniken modifizieren, damit sie zu dem Job passen, den du suchst.

Auch Mentoren können bei der Suche nach einer Anstellung sehr nützlich sein. Man braucht mehr als nur eine Perspektive, um seinen Standpunkt zu finden. Bitte also zwei bis vier Leute, dich bei deiner Jobsuche regelmäßig zu beraten. Frage Menschen, von denen du besonders viel hältst, ob sie bereit sind, sich einmal pro Monat mit dir zu treffen. Setze sie jedes Mal darüber ins Bild, was du an Schritten unternommen hast. Bitte sie um Input, was man noch verbessern könnte.

> »Ich erhielt eine E-Mail von jemandem, der in der Mikroelektronik tätig war. Er wollte sich innerhalb seiner Branche verändern. Erst nachdem er sich mit 1 400 Leuten unterhalten hatte, wurde ihm klar, dass die Jobs, die er anstrebte, fast ausschließlich nach Asien transferiert worden waren. Eigentlich sollte man schon nach zehn Befragungen, bei denen immer wieder davon die Rede ist, dass es keine freien Stellen gibt, entweder seine geografischen Suchkriterien erweitern oder sich ein anderes berufliches Ziel suchen.«
> MARTY NEMKO; Karriere-Coach und Autor von *Cool Careers for Dummies*

5. Die Jobsuche als Spiel zu betrachten

Erfolgreiche Jobsuchende betrachten diese Aufgabe als Job und nicht als Spiel. Stell dir vor, du hättest einen Vollzeitjob (leider ohne Bezahlung), dem du an jedem Tag der Woche nachgehen müsstest. Sei an jedem Wochentag um neun Uhr morgens geduscht, gekämmt und in legerer, aber diensttauglicher Kleidung bereit zum Arbeiten. Wenn du nicht sicher bist, wie du dich kleiden sollst, dann schau dir an, wie die Mitarbeiter in den Firmen, in denen du arbeiten möchtest, gekleidet sind. Du selbst wählst dann Klamotten, die einen Tick förmlicher sind. So kannst du ganz spontan das Haus verlassen, wenn jemand am Telefon sagt: »Sie können sofort vorbeikommen.« Jobsuchende mit einer hohen Erfolgsquote bei Vorstellungsgesprächen berichten, dass sie fünf bis acht Stunden täglich mit der Jobsuche befasst sind: Sie überlegen sich eine Gesamtstrategie, denken über ihre Fähigkeiten und Erfahrungen nach, die für die gewünschte Tätigkeit relevant sein könnten, identifizieren berufliche Ziele, knüpfen Kontakte, lesen Artikel zu Methoden der Jobsuche, recherchieren im Internet, bereiten Informationsgespräche vor und schreiben Dankesbriefe.

6. Finanziell nicht vorbereitet zu sein

Erfolgreiche Jobsuchende schätzen ihre finanzielle Situation realistisch ein – erfolglose sind dazu nicht in der Lage. Wahrscheinlich dauert deine Jobsuche zwischen fünf und 20 Wochen, auch wenn du sie als Vollzeitjob betrachtest. Bereite dich mental und finanziell auf deine Jobsuche vor. Geh davon aus, dass sie länger dauern wird, als du jetzt annimmst. Stelle dir dann die folgenden drei Fragen:

- Wenn ich sämtliche Finanzquellen in Betracht ziehe – das Geld im Portemonnaie, auf dem Bankkonto, dem Sparkonto, im Sparschwein oder woanders –, wie lange kann ich mir ein Leben ohne Arbeit leisten?

- Kann ich Hilfe oder Zuschüsse für die Anschaffung von Kleidung, für Vorstellungsgespräche, Fahrtkosten, Telefonkosten oder Internetzugang beantragen?
- Kann ich insgesamt staatliche Fördermittel für Schüler in Anspruch nehmen (z. B. Schulbeihilfe, Berufsausbildungsbeihilfe, etc.)?
- Lebe ich noch im Elternhaus oder könnte ich dorthin zurückziehen?
- Inwiefern können meine Eltern mich unterstützen? (Frage deine Eltern, wie lange sie bereit sind, dich während deiner Jobsuche finanziell zu unterstützen. Gehe keinesfalls davon aus, dass der Geldfluss nicht irgendwann doch versiegt.)
- Kann ich meine Ausgaben minimieren? (Prüfe genau, welche finanziellen Mittel du zur Verfügung hast, und zieh die Notbremse bei unnötigen Ausgaben.)
- Kann ich in ein preiswerteres Zimmer/Wohnung/eine preisgünstigere Stadt ziehen?
- Kann ich vielleicht einen Teil meiner Miete durch Arbeiten im Haus oder im Haushalt begleichen?

7. Zu schnell oder zu leicht aufzugeben

Erfolgreiche Jobsuchende sind beharrlich. Verschiedenste Studien deuten darauf hin, dass ein Drittel aller Jobsuchenden innerhalb der ersten beiden Monate ihrer Jobsuche aufgeben. Das tun sie, weil sie davon ausgehen, dass ihre Suche einfach, schnell und leicht vonstattengehen wird. (Dabei schätzen Experten, dass Jobsuchende in Krisenzeiten bis zu 200 Kontakte knüpfen müssen, bevor sie Erfolg haben.)

Viele Arbeitgeber schließen Kandidaten schon aufgrund ihres Verhaltens bei der Jobsuche aus – insbesondere wenn ihnen jegliche Initiative oder Ausdauer fehlt. Mit anderen Worten: Lass dich nicht beirren, bis du einen Arbeitsplatz gefunden hast. Im Folgenden findest du ein paar Beispiele für Hartnäckigkeit.

- Den Lebenslauf per E-Mail verschicken, dann die Bewerbungsunterlagen per Post zusenden, dann ein paar Tage später telefonisch nachhaken.
- Bereit zu sein, sich nochmals an Firmen zu wenden, die du interessant fandest, und nachzufragen, ob sie immer noch »keine freien Stellen« dort haben oder ob sie jetzt mehr Interesse an dir haben als zuvor.
- Dir immer wieder die Frage zu stellen: »Welche Unternehmen und Sparten benötigen jemanden mit meinen Fähigkeiten und meinem Wissen?«, bis du jemanden gefunden hast, der dich einstellt.
- Das vierte, fünfte oder sechste Telefonat zu führen, um jemanden zu finden, der die Namen der Personalverantwortlichen in der Firma, in der du arbeiten willst, kennt.

8. Nur ein berufliches Ziel zu haben

Erfolgreiche Jobsuchende haben mehr als ein Berufsziel. Du weißt ja jetzt schon, dass Jobs in unserer schnelllebigen Welt auch schnell wieder verschwinden. Deshalb nutze deine Interessen, deine Erfahrung, deine Werte, deine besten Fähigkeiten und was immer in einem Job für dich wichtig ist, um drei oder vier andere berufliche Alternativen zu identifizieren, die dir ebenfalls gefallen würden. Setze niemals alles auf eine Karte. Sei für neue Möglichkeiten offen.

> »Niemand bekommt im Leben genau das, was er erwartet. Aber wenn Sie wirklich hart arbeiten und freundlich sind, dann werden erstaunliche Dinge geschehen. Das kann ich Ihnen versichern!«
> CONAN O'BRIEN

Beschränke dich nicht auf eine einzige Sache. Definiere dich nicht über deine momentane oder frühere Berufsbezeichnung. Du bist nicht Mitarbeiter in einem Fast-Food-Restaurant oder Einzelhandelsverkäuferin oder Tierarzt. Definiere dich über die Fähigkeiten, die du besitzt – über das, was du weißt und was du tun kannst.

Ironischerweise ist es genauso schädlich, sich selbst – und die Jobsuche – zu weit zu fassen. Sag niemals, dass du »irgendetwas« suchst. Mache genaue Angaben, was für einen Job du dir wünschst.

9. Die Jobsuche auf das Angebot »da draußen« beschränken

Erfolgreiche Jobsuchende konzentrieren sich auf die Jobs, die sie sich am meisten wünschen, auch wenn diese Jobs nicht offiziell ausgeschrieben wurden. Das kannst du auch. Denk dran, dass du wahrscheinlich eher das finden wirst, was du dir wünschst, wenn du auch danach suchst. (Schau dir nochmals die »Vier Schritte auf dem Weg zu deinem Traumjob« in Kapitel 9 an.)

10. Zu glauben, dass du alles selbst tun musst

Erfolgreiche Jobsuchende bitten um Hilfe. Wenn du weißt, welche Art von Arbeit du suchst, zückst du dein Adressbuch, nimmst Kontakt zu sämtlichen Leuten auf deinem Blackberry auf, verschickst Tweets, postest eine Nachricht auf deiner Facebook-Pinnwand oder verschickst eine Nachricht über MySpace. Ruf jeden an, den du kennst. Sag deinen Ansprechpartnern, welche Arbeit du dir wünschst, und frage sie, ob sie jemanden kennen, der einen solchen Beruf innehat. Wenn du weißt, wo du arbeiten willst, dann frag sie, ob sie jemanden kennen, der in der betreffenden Firma arbeitet. Frag deine Eltern, deine Familie, Freunde, die Eltern der Freunde, Lehrer, Menschen in deiner Gemeinde und aktuelle oder frühere Kollegen, ob sie dir die Namen anderer Personen nennen können, zu denen du Kontakt aufnehmen könntest. Folge jeder Spur, die sich aus diesen Fragen ergibt.

Die effektivste – und am seltensten genutzte – Jobstrategie besteht darin, mindestens zwölf Menschen kennen zu lernen, die wenigstens den gleichen Beruf ausüben, den du dir für dich wünschst, oder die in der gleichen Branche arbeiten. Bitte die Betreffenden, dich zu benachrichtigen, wenn sie von freien Stellen erfahren, die in etwa dem entsprechen, wonach du suchst. Diese zwölf Menschen verwandeln sich in zwölf Paar Augen und Ohren, die dir bei der Jobsuche helfen können.

Heißer Tipp: Such dir einen Kumpel, der mit dir auf Jobsuche geht. Kennst du (oder jemand in deinem persönlichen oder beruflichen Netzwerk) jemanden, der nach Arbeit sucht? Du bist mit Sicherheit beharrlicher, bekommst mehr Unterstützung, erkennst mehr Hinweise und hast sogar noch mehr Spaß, wenn du deine Jobsuche mit einem Freund oder einer Freundin zusammen durchführst.

Wenn du diese zehn häufigsten Fehler vermeidest, verwandelst du dich schon bald in einen erfolgreichen Jobsuchenden. Um dir die Basics der Jobsuche nochmals vor Augen zu führen, lies dir die Liste noch einmal durch. Wenn du weißt, was du nicht tun darfst – und sogar noch wichtiger, wenn du weißt, was du tun sollst –, bist du weniger entschlossenen Jobsuchenden deutlich voraus.

11
Neue Berufe ausfindig machen:
Grüne Berufe und Nachhaltigkeit

Die Wirtschaft verändert sich so schnell, dass du einen beruflichen Werdegang nur zielstrebig verfolgen kannst, indem du immer wieder lernst, wie du deine Karriere weiter vorantreibst. Du musst deine Fähigkeiten stets auf dem neuesten Stand halten und andere Werdegänge im Auge behalten, besonders solche in neuen Berufsfeldern.

Wenn du nicht mehr zur Schule gehst und angestellt bist, kannst du von deinem Arbeitgeber nicht verlangen, dass er dein berufliches Fortkommen für dich plant. Nur du selbst hast deine Karriere in der Hand. Personalchefs und Manager schlagen vor, dass ihre Klienten an jedem Neujahrstag einen neuen Lebenslauf schreiben sollten, ob sie nun auf Jobsuche sind oder nicht. In Wirklichkeit verbringen die meisten Menschen wahrscheinlich mehr Zeit damit, sich die Nägel zu feilen, als damit, eine Strategie zu ersinnen, wie sie die Jobs ergattern und behalten, die ihnen gefallen.

Obwohl ein jährliches Update deines Lebenslaufs sicher nicht das Schlechteste ist, handelt es sich nicht um eine funktionierende Strategie, um die berufliche Weiterentwicklung zu forcieren. Du nutzt deine Zeit viel besser, indem du neue Jobs eruierst, die dich interessieren, und neue Trends ausmachst, die sich in deinem beruflichen Spezialgebiet ergeben. Eine gute Methode, um Veränderungen in bestimmten Branchen nicht zu verpassen, besteht darin, das Gespräch mit Mentoren und Kollegen zu suchen und aufmerksam zu beobachten, wie Arbeitsabläufe sich verändern. Die Fähigkeiten, die im Berufsleben vonnöten sind, unterliegen einem ständigen Wandel. Deshalb stellst du vielleicht fest, dass dein nächster Karriereschritt dich in einen Beruf führt, er gerade erst neu entstanden ist.

Ein Trend ist das Entstehen und Wachstum »grüner Berufe« und die Ökologisierung des Berufslebens im Allgemeinen. Ökojobs schießen in fast jeder Branche wie Pilze aus dem Boden. Unsere moderne Wegwerfgesellschaft entwickelt ein gesteigertes Bewusstsein für begrenzte Ressourcen und die Notwendigkeit, sie zu erhalten. Wenn du, wie so viele, deinen Lebensunterhalt verdienen möchtest, indem du einen sinnvollen Beitrag zum Schutz der Umwelt leistest, stellst du vielleicht sogar fest, dass dein Fallschirm grün ist!

Was sind ökologische Jobs?

In einem Artikel des *Zeit Online Magazins* vom 2. Februar 2012 wird darauf hingewiesen, wie viele Chancen »grüne Jobs« Arbeitssuchenden bieten. »Der Umwelt- und Klimaschutz schafft grüne Arbeitsplätze«, wird Energieexpertin Claudia Kempfert vom Deutschen Institut für Wirtschaftsforschung hier zitiert. Sie mutmaßt, dass bis zu einer Million neuer Jobs in den kommenden zehn Jahren neu entstehen könnten.

Unter Ökojobs sind solche zu verstehen, die Produkte oder Dienstleistungen unter Zuhilfenahme erneuerbarer Energien anbieten, ferner Energieexperten, Energiedienstleister oder Energieberater, Mitarbeiter der Umweltschutzbranche (Müllverarbeitung, Recycling, Wasseraufbereitung etc.), Umweltforschung, Landschaftsplaner, Geologen, Geografen, die bei Naturschutzverbänden arbeiten, aber auch Fachleute im Marketingbereich, die grünes Gedankengut nach außen kommunizieren.

Öko- und Umweltberufe sind nach wie vor ein wichtiger Jobmotor mit Berufen in zahllosen Variationen. Ökoberufe finden sich buchstäblich in sämtlichen Branchen und Bereichen. Außerdem ist dies ein internationaler Trend. Ein paar dieser Berufe sind ganz neu entstanden, andere wiederum gibt es seit vielen Jahrzehnten. Einige sind Bürojobs im Ökobereich – was so viel heißt, dass man dort durchaus vertriebliche oder anderweitige Fähigkeiten benötigt, aber nicht unbedingt einen Universitätsabschluss. Einige erfordern nur wenig Aus- oder Weiterbildung. Für andere wiederum ist ein Studium mit Master-Abschluss oder sogar Promotion vonnöten. So können Menschen mit unterschiedlichstem Ausbildungshintergrund Ökojobs finden.

Welche Berufsfelder sind mit dem Thema Ökologie verquickt? Hier eine kleine Auswahl:

- Saubere und erneuerbare Energie
- Energieeffizienz
- Umweltschutz und Nachhaltigkeit
- Ökologisches Bauen und nachhaltiges Design
- Organische und recycelte (umweltfreundliche) Produkte
- Nachhaltige Unternehmenspraxis, wozu auch »Clean Tech« gehört – saubere, energieeffiziente Technologie, die die natürlichen Ressourcen schont

Welche beruflichen Tätigkeiten können zu Ökoberufen führen? Die Mehrheit dieser Jobs findet sich einem der folgenden sieben Karrierebereiche:

1. Ingenieurswesen und Maschinenbau
2. Umwelt-, Gesundheits- und Sicherheitsberufe sowie Jobs bei entsprechenden Behörden
3. Nachhaltiges Planen und Bauen, energieeffiziente Architektur
4. Ökonomische Nachhaltigkeit
5. Natural Resource Management, also nachhaltige Ressourcen-Bewirtschaftung
6. Naturwissenschaften oder Physiogeografie

7. Nachhaltige und ökologische Landwirtschaft

Jobs, die zu Beginn gar nicht »ökologisch« sind, können ökologisiert werden, wenn man weiß, wie man es anpacken muss, und einen Arbeitgeber hat, der dafür offen ist und seinen Mitarbeitern den Freiraum lässt.

Sowohl in gedruckter Form als auch im Netz findest du jede Menge Informationen über grüne Berufe. Einige wichtige Informationsquellen haben wir am Ende dieses Kapitels aufgelistet.

Nachhaltige Berufe

Die Begriffe »nachhaltig« und »Nachhaltigkeit« kennst du ja wahrscheinlich. Du wirst sie in den nächsten Jahren bestimmt noch häufiger hören. Wenn wir etwas als nachhaltig bezeichnen, dann bedeutet es, dass es leicht zu erhalten ist und erneuert werden kann. Außerdem wird der Terminus in Bezug auf die Nutzung natürlicher Ressourcen angewandt, ohne sie zu verbrauchen oder das ökologische Gleichgewicht zu zerstören. Das Konzept der Nachhaltigkeit hat diverse Auswirkungen auf unser Berufsleben.

Was ist eine nachhaltige Firma oder ein nachhaltiger Verband?

Es gibt keine allgemeingültigen Kriterien. Um als nachhaltig, ökologisch oder gar grün eingestuft zu werden, gelten folgende grundlegende Kriterien:

- geht mit Umweltregularien einher,
- achtet auf den Erhalt von Energie und Wasser,
- verhindert Umweltverschmutzung,
- reduziert, recyclet,
- nutzt erneuerbare Energien,

- ergreift verantwortungsbewusste Maßnahmen und Kontrollen zur Reduzierung des CO_2-Ausstoßes des Unternehmens.

Wichtige ökologische Berufe

Eine Auswahl akademischer und nicht akademischer ökologischer Berufe findest du im Folgenden.

- Abwassermeister
- Agrarbiologe
- Beamter Umweltverwaltung
- Betriebswirt Umweltökonomie
- Facharzt Hygiene- und Umweltmedizin
- Fachkraft Wasserversorgungstechnik
- Fachwirt Umweltschutz
- Immissionsschutzbeauftragter
- Ingenieur Erneuerbare Energien
- Ingenieur Umweltschutz
- Landwirtschaftsarchitekt Freiraumplanung
- Landwirtschaftlich-technischer Assistent
- Raumplaner
- Schornsteinfeger
- Sicherheitstechniker
- Techniker Umwelt-Landschaft
- Techniker Umweltschutz-Verfahrenstechnik
- Umweltanalytiker
- Umweltinformatiker
- Vermessungstechniker Geoinformatik
- Versorgungstechniker

Um deine Karriere erfolgreich zu gestalten, musst du die natürlichen Ressourcen, die du in dem von dir angestrebten Beruf nutzt oder beeinflusst, analysieren. Sind diese Ressourcen rar oder teurer? Genau wie früher Pelzmäntel als schick galten, heute aber kaum noch getragen werden, weil man weiß, wie antiökologisch die Jagd auf Nerz und Co. ist, werden auch Ressourcen ausgebeutet, werden immer teurer und führen zu entsprechendem Jobschwund. Wenn die Materialien für den von dir angestrebten Job nur noch schwer erhältlich sind oder ihre Tage mutmaßlich gezählt sind, dann solltest du dich lieber nach anderen Jobalternativen umsehen.

Finanzielle Nachhaltigkeit

Erinnerst du dich an unsere Definition von Nachhaltigkeit? »Wenn wir etwas als nachhaltig bezeichnen, dann bedeutet es, dass es leicht zu erhalten ist und erneuert werden kann.« Überschreiten dein Studiendarlehen und das überzogene Girokonto zwei Drittel deines mutmaßlichen Anfangsgehalts, wirst du deinen Unterhalt in Zukunft nur schwerlich selbst bestreiten können.

Bei einem finanziell nachhaltigen Job deckt dein Einkommen die Höhe deiner Rechnungen (oder die der Personen, die von dir abhängig sind) ab und gestattet dir sogar noch ein paar Rücklagen. Wenn du dich für einen bestimmten Berufszweig entscheidest, solltest du darüber nachdenken, wie viel die Ausbildung, die Praktika oder auch das Studium dich kosten werden. Wie hoch wird dein Anfangsgehalt wohl sein? Wenn das notwendige Studium dir Schulden aufbürdet, die dein mutmaßliches Jahresgehalt als Berufsanfänger überschreiten, dann ist die Wahl dieses Fachgebiets finanziell nicht nachhaltig. Sowohl ein Traumjob als auch ein guter Job müssen dieses Kriterium jedoch erfüllen. Das heißt jetzt nicht gleich, dass du dir einen bestimmten Werdegang vollkommen aus dem Kopf schlagen musst, weil die Ausbildung zu kostspielig ist. Vielleicht musst du ein paar Jahre lang abwechselnd studieren und arbeiten, bis du es dir leisten kannst, genau das zu studieren, was du studieren willst. Hast du das

Vorwort zu diesem Buch noch im Kopf? Wenn es tatsächlich etwa zehn Jahre dauert, bis man finanziell unabhängig wird oder die Ausbildung und Erfahrung gesammelt hat, die man für den Traumjob benötigt, dann ist es umso notwendiger, dass du diesen Weg beschreitest und die Leiter emporsteigst.

In den letzten paar Jahren ist das Interesse der Menschen an ökologischen Berufen sehr gestiegen. Dieser Trend zeigt sich am häufigsten bei jungen Menschen.

Im Auftrag der Bundesregierung befragte im Jahre 2009 die Unternehmensberatung Roland Berger knapp 1500 deutsche Firmen der Umwelttechnologie. Auf der Basis der so gesammelten Daten erstellte sie einen Ökoatlas für Deutschland. Die Prognose, dass bis zum Jahre 2020 die Umweltbranche mehr Mitarbeiter haben wird als die Autoindustrie und damit zur Boombranche avanciert, scheint sich zu bewahrheiten.

Das Bundesministerium schätzt, dass bis zum Jahr 2020 etwa 150 000 neue Arbeitsplätze entstehen. Immerhin sind deutsche Unternehmen Weltmarktführer im Bereich der Energietechnik. So stellte Deutschland bereits im Jahre 2009 weltweit jede dritte Solarzelle her und produzierte fast jedes zweite Windrad.

Weitere Informationen unter: http://www.faz.net/aktuell/wirtschaft/karrieresprung-gruene-aufstiegswege-1926942.html.

Weitere Informationen

Unser besonderer Dank gilt dem Autor und Personalberater Jim Cassio, der uns viel Informationsmaterial über grüne Berufe zur Verfügung stellte. Zur weiterführenden Literatur sei beispielsweise folgender Ratgeber empfohlen:
- Domnik, Ivonne und Grit Zacharias, *Berufs- und Karriereplaner Erneuerbare Energien*. Springer Vieweg, 2012.

- Hafenmayer, Joana und Wolfgang Hafenmayer, *Die Zukunftsmacher: eine Reise zu Menschen, die die Welt verändern – und was Sie von ihnen lernen können.* Oekom, 2011.

Freiwilliges ökologisches Jahr
Gerade für Jugendliche ist die Option eines freiwilligen ökologischen Jahres noch sehr interessant. Es erstreckt sich über einen Zeitraum von 12 bis 18 Monaten. Jugendliche und junge Erwachsene bis zu einem Alter von 26 Jahren können sich hier ökologisch engagieren. Es kann an Organisationen abgeleistet werden, die im Bereich Natur- und Umweltschutz arbeiten. Es stärkt den nachhaltigen Umgang mit der Natur und soll das Umweltbewusstsein weiterentwickeln. Siehe hierzu: **www.foej.de**

Stellenangebote und weiterführende Information zu grünen Jobs kannst du beim Wissenschaftsladen Bonn erhalten: **www.wila-arbeitsmarkt.de**

Jobbörsen für Umweltfachkräfte
- **www.greenjobs.de**
- **www.eejobs.de/** (Jobbörse für erneuerbare Energien)
- **www.nachhaltigejobs.de/** (CSR-Jobs in den Bereichen Nachhaltigkeit und Umwelt. Das Kürzel CSR steht im Übrigen für »corporate social responsibility«)
- **www.jobvector.de** (keine wirklich grüne Jobbörse, aber ein Stellenmarkt für Naturwissenschaftler, Techniker und Ingenieure, oft mit Umweltbezug)
- **www.mygeo.info/geojobs.html** (Jobs in den Geowissenschaften)
- **www.biojob-boerse.de** (Jobbörse für die Biobranche)
- **www.gruenes-personal.de** (Fachkräftevermittlung im Gartenbau)
- **www.agrarjobboerse.de** (bundesweite Jobbörse der Landwirtschaftskammer Niedersachsen für Land-, Forst-, Hauswirtschaft etc.)
- **www.proplanta.de/Agrar-Stellenmarkt** (Agrarstellenmarkt)
- **www.gruener-stellenmarkt.de**
- **www.lmv-jobboerse.de** (Stellenmarkt von Lorenzen Consulting zu den Themen Energie, Umwelttechnik, Landwirtschaft und Agrarwissenschaft)

Weitere Adressen zum Thema Berufsfindung, Studium, Aus- und Weiterbildung
Neben der obligatorischen Bundesagentur für Arbeit existieren hier beispielsweise folgende Adressen
- **www.natur-und-umwelt.org** (Seite des Interconnections-Verlages)

- www.oekolandbau.de/service/beruf-und-bildung
- www.forschungsboerse.de

Diese Liste erhebt natürlich keinen Anspruch auf Vollständigkeit. Am besten recherchierst du selbst nochmals im Internet zu den entsprechenden Themen.

12
Über den Traumjob hinaus:
Das Leben, das du dir wünschst

Du hast wahrscheinlich die Leute schon oft sagen hören »Leben bedeutet mehr als nur Arbeit«. Wir können dem nur mit ganzem Herzen zustimmen und fügen hinzu, dass Leben auch noch mehr bedeutet als die gute und erfüllende Arbeit, die du hoffentlich in deinem Traumjob findest. Wir haben uns bislang zwar darauf konzentriert, dir das Auffinden dieses Traumjobs zu ermöglichen, doch eigentlich verfolgen wir mit diesem Buch einen tieferen Sinn. Wir wollen dir helfen, ein gutes und erfülltes Leben zu führen – das Leben, das du dir wünschst.

In diesem Kapitel wollen wir dich einladen, darüber zu reflektieren, welchen Sinn dein Leben für dich hat. Wir möchten dich bitten, über Menschen, Dinge und Aktivitäten nachzudenken, die du in dein Leben integrieren willst. Dann werden wir dich bitten, etwas tiefer zu schürfen und dir das Fundament deines Lebens genauer anzusehen – deine Werte und Überzeugungen, was wir als »Lebensphilosophie« bezeichnen. Danach ermutigen wir dich, die Menschen näher zu betrachten, die du respektierst und bewunderst – deine Vorbilder –, und darüber nachzudenken, wie sie dir helfen können, der Mensch zu werden, der du sein willst. Und schließlich sollst du einen Blick auf deine Mission, deinen Lebenssinn werfen – warum bist du auf Erden, was sollst du dort tun und wer soll aus dir werden? Für jeden dieser Bereiche bitten wir dich, dir Zeit zum Nachdenken zu nehmen. Du kannst natürlich aus den Antworten anderer nur lernen, aber wenn du das Leben erreichen willst, das du dir wünschst, musst du dir diese Fragen letztlich selbst beantworten und dir deine eigenen Gedanken darüber machen.

Eine Vision von deinem Leben entwickeln, deine Zukunft definieren

Was wünschst du dir für ein Leben? Zu wissen, was du willst, ist der erste Schritt, um es zu verwirklichen. Beim Durcharbeiten dieses Buches hast du viel Zeit damit verbracht zu entdecken, was du dir von deinem Traumjob erhoffst. Aber was willst du sonst noch? Wie möchtest du deine Freizeit ausfüllen? Was ist dir im Leben am wichtigsten? Hier sind ein paar Vorschläge, was für dich im Leben vielleicht unverzichtbar sein könnte:

- Freunde, Familie, ein Lebenspartner, Kinder, Haustiere
- Sport, Outdoor-Aktivitäten
- Kulturelle Aktivitäten (Theater, Musik, Tanz)
- Reisen und Zeit für Hobbys
- Engagement in der Gemeinde oder in religiösen Gemeinschaften
- Engagement für Politik und Umwelt

Offensichtlich gibt es noch viel mehr Dinge, die du in deiner freien Zeit tun kannst, aber wir hoffen, dass diese kurze Liste ausreicht, um dich zum Nachdenken zu bringen. Eine andere Möglichkeit der Betrachtung ergibt sich aus der Frage, was dir im Augenblick Spaß macht und was du auch weiterhin tun willst. Überlege dir auch, ob dir irgendetwas im Leben fehlt, das du in Zukunft integrieren willst.

Wie soll später dein Familienleben aussehen, insbesondere im Hinblick auf deinen Beruf? Soll deine Familie der ähneln, in der du jetzt lebst, oder soll sie anders sein? Kyle ist 15 und wünscht sich etwas anderes, denn sein »Vater versteckt sich hinter der

> »Die Macht der Vision ist einfach außerordentlich.«
> DeWITT JONES, preisgekrönter Fotograf für *National Geographic*

Arbeit«, wie er es formuliert. Heutzutage wird das Familienleben häufig vernachlässigt. Eltern verbringen 40 Prozent weniger Zeit mit ihren Kindern als noch in den Sechzigerjahren. Was für ein Vater oder eine Mutter willst du einmal sein, falls du überhaupt Kinder haben willst? Welche Art von Familienleben willst du führen?

Lisa ist 15 und wünscht sich ebenfalls etwas anderes. Sie sagt: »Manchmal machen Erwachsene einen glauben, dass sie nur noch arbeiten. Das macht das Erwachsensein nicht allzu attraktiv.« Was macht das Leben eines Erwachsenen attraktiv für dich? Kennst du Erwachsene, die du bewunderst – und warum bewunderst du sie?

Die folgende Übung hilft dir, dir deine Zukunft vorzustellen und eine Vision zu entwickeln, wie du dein Leben einmal führen willst und was und wer darin eine Rolle spielen soll. Tu so, als hätte jemand den Zauberstab über deinem Leben geschwungen und dir alles gegeben, das dir in deiner Idealvorstellung wichtig erscheint. Natürlich soll die Übung dir Spaß machen, aber denk auch darüber nach, was dir am wichtigsten ist. Du kannst dir für diese Übung auch viele Tage oder sogar ein paar Wochen Zeit lassen, damit das, was wirklich Bedeutung für dich hat, auch an die Oberfläche des Bewusstseins kommen kann. Das Ziel besteht darin, ein konkretes Bild vor Augen zu haben – eine Vision deines idealen Lebens.

DISCOVERY EXERCISE

Stell dir dein ideales Leben vor

Um diese Übung zu absolvieren, benötigst du folgende Materialien (wenn du gut mit dem Computer umgehen kannst und ein Händchen für Grafikprogramme hast, kannst du natürlich auch am PC arbeiten).

- Ein großes weißes Blatt Papier
- Farbige Buntstifte
- Alte Zeitschriften, die du zerschneiden kannst
- Schere
- Klebstoff

Male Bilder oder Symbole oder stelle eine Collage zusammen, um dir das Leben, das du einmal führen willst, optisch vor Augen zu führen. Mithilfe der folgenden Fragen kannst du darüber nachdenken, was du in dein Bild integrieren möchtest. (Lass nichts aus, was von Belang für dich sein könnte.):

- Wo willst du in deinem idealen Leben wohnen? (Stadt, Vorstadt, Land, Insel, Berge)
- Was für eine Wohnung oder was für ein Haus wünschst du dir?
- Wie soll deine unmittelbare Nachbarschaft aussehen?
- Wer ist bei dir (Freunde, Familie, Haustiere)?
- Wie verdienst du deinen Lebensunterhalt?
- Willst du viele Reisen machen? Wohin?
- Wo willst du Urlaub machen?
- An welchen Aktivitäten – sportlich, kulturell, religiös-spirituell, in der Familie, in der Gemeinde – willst du teilnehmen?

Vielleicht musst du mehrere Tage an deinem Bild arbeiten, bis du das Gefühl hast, dass es tatsächlich das Leben repräsentiert, das du dir für die Zukunft wünschst.

Sieh dir das Bild jetzt genau an. Nimm dir ein paar Minuten Zeit, um darüber nachzudenken, was du brauchst, um dieses ideale Leben tatsächlich zu verwirklichen. Du

> kannst nicht alles gleichzeitig angehen, also wähle einen Bereich aus, in dem du dafür jetzt schon etwas unternehmen kannst. (Vielleicht liest du dir nochmals Kapitel 7 durch, in dem es um kurzfristige und langfristige Ziele ging.) Eine Vision von dem zu haben, was du dir vom Leben wünschst, ist ein wichtiger Schritt, um es zu verwirklichen.

Sobald du eine konkrete Vorstellung von deiner Zukunft entwickelt hast, sollten wir noch mehr in die Tiefe gehen und erforschen, wie du dieses Leben führen willst und wer du wirklich sein willst. Du musst also den einzigartigen Beitrag, den du in dieser Welt zu leisten hast, und deinen Lebenssinn entdecken – sowohl in deinem eigenen Dasein als auch in dem, was dich umgibt. Während du lebst, liebst und mehr über das Leben lernst, schaffst du – ob explizit formuliert oder nicht – eine Lebensphilosophie, eine Art und Weise, wie du Lebensereignisse und Menschen deutest.

Eine Lebensphilosophie hilft dir auch dabei, Lebenserfahrungen zu interpretieren oder zu verstehen. Für manche hat sie ihre Wurzeln in ihrem religiösen oder spirituellen Glauben und dem Zusammenwirken dieser Überzeugungen mit den Lebensereignissen. Wir laden dich jetzt ein, dir ein paar Augenblicke lang Zeit zu lassen, um über deine Lebensphilosophie nachzudenken.

Sie prägt alles, was du tust, bist und wirst. Sie prägt sämtliche Aspekte deines Lebens. Das Bild von deinem idealen Leben hat dir dabei geholfen, eine konkrete Vision deiner Zukunft zu entwickeln. Genauso wird das Niederschreiben deiner Lebensphilosophie dazu beitragen, dass du artikulieren kannst, wie du dein Leben führen willst. Und wie bereits erwähnt: Zu wissen, was du willst, ist der erste Schritt hin zur Verwirklichung.

DISCOVERY EXERCISE

Deine Lebensphilosophie notieren

Jeder benötigt so etwas wie eine »Bedienungsanleitung« für sein oder ihr Leben. Und genau darum geht es bei der Lebensphilosophie. Sie zeigt dir, was du in deinem Leben am wertvollsten findest, und artikuliert, wie du dein Leben in Zukunft führen möchtest. Deine Lebensphilosophie ist also die Grundlage für deine Entscheidungen.

Beginne, indem du aufschreibst, was dir am wichtigsten ist (zum Beispiel Familie, Freunde, Geld, Kunst, Freiheit, was auch immer). Denk darüber nach, warum diese Faktoren dir wichtig sind und warum du sie zu einem Teil deines Lebens machen möchtest. Vielleicht stellst du fest, dass diese Übung sich mit der vorherigen überschneidet – Freunde und Familie beispielsweise kommen in beiden Übungen zur Sprache. Das ist gut so. Geh nun etwas weiter und überlege, welche speziellen Faktoren dir wichtig sind, wie Wahrheit, Integrität, Frieden, Mitgefühl oder Versöhnlichkeit.

Als Nächstes schreibst du die Überzeugungen auf, nach denen du dein Leben ausrichten möchtest (beispielsweise: alle Menschen sind gleich, die Schöpfung ist heilig, Liebe ist mächtiger als Hass). Dann überlege dir, wie du mit Krisen in deinem Leben umgehen willst. Wie kannst du auf Hindernisse reagieren, die dich an der Realisierung deiner Ziele hindern? Wie wirst du mit Verlust oder Frustration umgehen?

Gönne dir Zeit, um darüber nachzudenken, welche Werte und Überzeugungen du hast. Denk darüber nach, was deinem Leben einen Sinn gibt. Arbeite eine Woche lang etwa zehn Minuten täglich an deiner Lebensphilosophie oder widme der Frage ein oder zwei Monate lang einige Zeit am Wochenende. Warte ab, was beim Nachdenken über diese wichtigen Fragen an die Oberfläche des Bewusstseins kommt. Deine Lebensphilosophie wird sich auf diese Weise weiterentwickeln und wachsen. Schau dir die Liste der Fragen immer wieder an, um wiederholt darüber nachzudenken, was dir am wichtigsten im Leben ist.

In harten Zeiten kann dir eine Rückbesinnung auf deine Lebensphilosophie dabei helfen einzuschätzen, was schiefgelaufen ist und wie du wieder auf die richtige Spur kommen kannst. Wenn du enttäuscht über dich selbst oder dein Leben bist, dann stell dir diese Fragen:

- Achte ich auf das, was ich am meisten schätze?
- Geht meine Lebensführung mit meinem innersten Glauben einher?

Tipp: Ein guter Impuls, um über die eigene Lebensphilosophie nachzudenken, mag die englischsprachige, aber durchaus leicht verständliche Rede des Grammy-Gewinners John Legend sein, die den Titel »Living a Soulful Life« (dt.: Ein seelenvolles Leben führen) trägt.
Siehe: www.youtube.com/watch?v=NSIQszUAvow.

Der Mensch werden, der du sein willst

Du hast dir jetzt dein ideales Leben vorgestellt und deine Lebensphilosophie artikuliert. Nun gilt es, darüber zu reflektieren, was für ein Mensch du sein willst. Bei deinen Überlegungen kommen dir zweifellos Menschen in den Sinn, die dir wichtig sind – Menschen, die dir geholfen oder dich inspiriert haben, die dir Freund waren, dich unterstützt haben, die mit dir durch dick und dünn gegangen sind. Wer sind diese Menschen, die du respektierst und bewunderst? Wer sind deine Vorbilder? Nimm dir ein paar Augenblicke Zeit, um dir diese Personen vor Augen zu führen, die durch ihr Leben und ihr Beispiel dazu beitragen können, dass du der Mensch wirst, der du sein willst.

> »Diejenigen, die sich ihre Integrität bewahren, können durch die Stürme des Lebens nicht erschüttert werden. Sie werden nicht vom Wind geschüttelt wie die Blätter am Baum und folgen auch nicht blindlings der Herde. In ihrem Geist bewahren sie sich die ideale Einstellung und die ideale Lebensführung. Das ist nichts, was andere ihnen geben. Es liegt ihnen im Blut ... Es handelt sich um eine Stärke, die tief in ihrem Innern wohnt.«
> Anonym

Überlege, welchen Wesenszügen du besonderen Wert beimisst – jene, die du an den Menschen, die dir ein Vorbild sind, besonders bewunderst –, das hilft dir dabei, diese Wesenszüge auch in deinem Leben zu pflegen. Wenn du kannst, dann unterhalte dich mit ein paar deiner Vorbilder über einen bestimmten Persönlichkeitszug, den du an ihnen besonders schätzt. Das kann vieles sein: ihr Mitgefühl, ihr Intellekt, ihr Witz, ihre Ehrlichkeit oder ihre Fähigkeit, zu bewirken, dass andere sich in ihrer Gegenwart wohlfühlen. Frage die Person, wie sie diesen Charakterzug entwickelt hat und wer wiederum ihre Vorbilder waren und sind. Vielleicht hat der Betreffende ja sogar den ein oder anderen Vorschlag, wie du es bewerkstelligen kannst, diesen Wesenszug auch in dein Leben zu integrieren.

DISCOVERY EXERCISE

Meine Vorbilder

Nimm dir ein Blatt Papier im Querformat. Falte das Papier zwei Mal der Hälfte nach, sodass vier gleich breite Spalten entstehen.

Der ersten Spalte gibst du den Titel »Namen von Menschen, die ich bewundere«. Hier notierst du sämtliche Menschen, für die du dieses Gefühl empfindest. Es können reale Menschen sein, die du kennst oder einmal gekannt hast, historische Persönlichkeiten, fiktionale Charaktere aus Büchern, Filmen, Comics oder aus dem Fernsehen.

Die Überschrift über der zweiten Spalte lautet: »Was ich an ihnen oder an ihrem Leben bewundere.« Denke über jede Person in der ersten Spalte nach, und dann schreib auf, was du an ihr bewunderst.

Die dritte Spalte erhält die Überschrift: »Habe ich diesen Charakterzug ebenfalls?« Lies dir die Eigenschaften, die du jeder deiner bewunderten Persönlichkeiten zuschreibst, noch einmal durch. Stell dir die Frage: »Habe ich diesen Charakterzug ebenfalls? Möchte ich denn so sein?« Notiere deine Antworten in der dritten Spalte.

Über die vierte Spalte schreibst du »Wie kann ich diesen Charakterzug entwickeln?« Beantworte diese Frage für jeden Charakterzug und jede Eigenschaft, die du gerne weiterentwickeln oder intensivieren willst.

Deine Mission im Leben entdecken

Du hast jetzt über sehr wichtige Aspekte deines Lebens nachgedacht – wie du leben willst, was du am meisten schätzt, an was du glaubst und wen du am meisten bewunderst. Deine Überlegungen zu diesen Fragen werden dir mit den anderen Erkenntnissen, die du durch dieses Buch gewonnen hast, dabei helfen, einen Lebenssinn oder eine Mission zu finden – also das, warum du überhaupt am Leben bist. Jeder von uns lebt aus einem ganz bestimmten Grund, und dadurch, dass wir diese Mission erfüllen, nutzen wir unsere einzigartigen Talente, um unseren Beitrag zu dieser Welt zu leisten, sie zu einem besseren Ort zu machen, und zwar sowohl für uns als auch für nachfolgende Generationen. Diese Mission hat drei Aspekte:

1. Unser Leben soll nicht einfach mit Aktivität angefüllt sein; wer wir sind und wie wir unser Leben führen – also unser innerstes Sein – sind ebenfalls wichtig.
2. Wir sollen tun, was wir können – Augenblick für Augenblick, Tag für Tag –, um diese Welt zu verbessern. In jeder Situation müssen wir unser Bestes geben, um mehr Dankbarkeit, Freundlichkeit, Vergebung, Ehrlichkeit und Liebe in die Welt zu bringen.
3. Jeder von uns muss seinen Sinn im Leben entdecken: wie er das Talent nutzt, mit dem er auf die Welt gekommen ist. Darum müssen wir unsere größten Gaben suchen und finden, jene Begabung, die uns mit Freude erfüllt, wenn wir sie einsetzen – und zwar dort und bei den Menschen, die sie am meisten brauchen.

Bei der Suche nach deinem Lebenssinn solltest du dir stets vor Augen führen, dass du der Welt etwas Wichtiges zu bieten hast. Was du bist und was du gibst, ist einzigartig. Nur du kannst so sein. Nur du kannst deine ureigenste Mission erfüllen. Nur du kannst deine Gaben der Welt schenken und sie dadurch verbessern.

Was wir dir wünschen

Zum Abschluss wünschen wir dir alles Gute: Entdecke dich selbst, bestimme deine Zukunft und lebe die Mission deines Lebens. Nur du kannst den Job finden, den du dir wünschst, und dir das Leben schaffen, das du gern hättest. Mögest du Arbeit finden, die dich herausfordert, befriedigt und erfreut. Möge diese

> »Sei immer die erstklassige Version deiner selbst statt die zweitklassige Version eines anderen.«
> JUDY GARLAND, Sängerin und Schauspielerin

Arbeit Teil eines ganzen Lebens sein, das auf jede erdenkliche Weise gut und erfüllend ist. Mögest du deine Mission leben können und der Welt das geben, was nur du ihr geben kannst, um sie zu verbessern.

Du wächst jetzt vom Teenager zum Erwachsenen heran, und wir hoffen, dass du: Die Wahrheit sagst. Ein paar (vernünftige) Risiken eingehst. Ein bisschen vorsichtig bist. Gründlich bist. Beharrlich bist. Freundlich bist.

Sei bereit, dich mit den guten Seiten des Lebens ebenso auseinanderzusetzen wie mit den enttäuschenden. Lebe aus dem Vollen, liebe mit ganzem Herzen, und denke immer daran, dass du Schritt für Schritt und Tag für Tag dein Leben und deine Zukunft selbst erschaffst.

Die drei Säulen

Die drei Säulen der Charakterfindung und Charakterentwicklung sind: Mission, Vorbild und Spiegel. Dein ganzes Leben lang solltest du dein inneres Wachstum überprüfen und dir immer wieder folgende Fragen stellen:

- *Mission:* Was ist mein Lebenssinn? Wie kann ich diese Welt verbessern?
- *Vorbild:* Wen bewundere ich? Wer sind meine Vorbilder? Wer führt das Leben, das ich mir für mich wünsche?
- *Spiegel:* Bin ich der Mensch, der ich sein will?

ANHANG

Entscheidungsmatrix

Entscheidungsmatrix für 10 oder weniger Merkmale

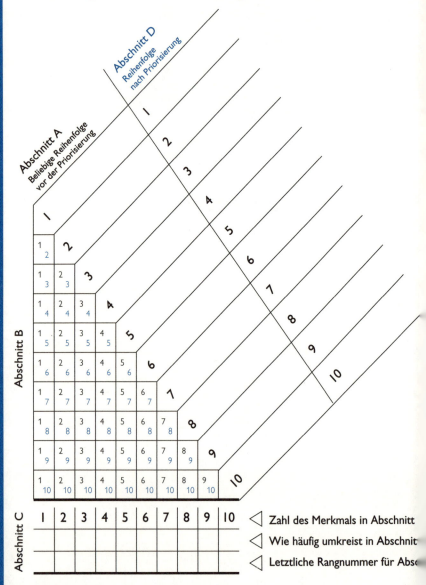

Copyright © 1989 Richard N. Bolles. Alle Rechte vorbehalten.

Was jeder wissen will: Wo sind die Jobs?

Eine normale Rezession hat Jobverluste in ein paar ausgewählten Sparten der Wirtschaft zur Folge. Bei schwerer Rezession ist *jede* Branche davon betroffen. Im Jahre 2009 erlebte auch Deutschland den Verlust zahlloser Jobs. Dieser negative Trend am Arbeitsmarkt konnte laut Bundesministerium für Arbeit seither jedoch vollständig wieder ausgeglichen werden.

Im November 2012 waren hierzulande 2,75 Millionen Arbeitslose registriert. Dem stehen 482 709 offene Arbeitsstellen gegenüber, die im Jahresdurchschnitt 2012 gemeldet waren.

Die meisten freien Stellen werden in technischen und naturwissenschaftlichen Berufen gemeldet. Hinzu kommen der Gesundheitsbereich und staatliche Behörden. Warum? Weil die Arbeitgeber nicht genügend Menschen finden, die für die freien Stellen ausreichend ausgebildet sind. Diese Diskrepanz zwischen den Fähigkeiten, die junge Leute zu benötigen glauben, und jenen, die tatsächlich am Arbeitsmarkt benötigt werden, ist ein weiterer Grund, warum es keine gute Erfolgsstrategie ist, die Karrieremöglichkeiten und Entscheidungsfindung erst nach Abschluss der Schulzeit auszuloten. Ein Großteil der momentan freien Jobs erfordert eine hervorragende Ausbildung. Oft handelt es sich um gut bezahlte, technische Jobs. Durch die Globalisierung ist man nicht mehr auf Arbeitskräfte aus dem Inland angewiesen. Wenn ein Arbeitgeber hierzulande keine hoch spezialisierte Kraft finden kann, wird er sich entsprechende Bewerber aus dem Ausland suchen.

Du hast die Wahl, auf welchen Fachbereich du dich spezialisierst, und zwar sowohl in der Schule als auch danach. Ist die wirtschaftliche Lage angespannt und die Arbeitslosenquote hoch, müssen Schüler und Studenten auf jeden Fall wissen, in welchen Berufsfeldern, die sich mit ihren Interessen decken, Bedarf herrscht. Das bedeutet nicht nur, dass man sich über verschiedene berufliche Werdegänge informieren muss, sondern dass wieder einmal Maßnahmen wie Job-Shadowing und Informationsgespräche notwendig sind, um Anstellungsmöglichkeiten zu erkunden und sich schlau zu machen, welche Aus- oder Weiterbildung erforderlich und verfügbar ist. Tausende von Schülern und Studenten haben bereits die Erfahrung gemacht, dass es viel einfacher ist, ins Berufsleben einzusteigen, wenn sie sich für Jobs entscheiden, die am Arbeitsmarkt gefragt sind.

Anmerkung der Autoren: Häufig stellt man uns folgende Frage: »Sollten sich junge Leute bei der Berufswahl eher an den Bedürfnissen des Arbeitsmarktes oder an ihren Neigungen orientieren?« Im letzten Jahrzehnt wurden Schüler und Studenten ermutigt, sich zunächst einmal danach zu richten, was sie gern tun. Das ist mit Sicherheit deutlich besser, als die Ratschläge, die man deinen Eltern oder Großeltern gegeben hat. »Hauptsache ein Job, egal welcher.« Damals hielt man es nicht für wichtig, seine Arbeit zu mögen. Aber es ist nicht einfach, in einem Job Erfolg zu haben, der keinen Spaß macht. Dennoch darf man den Bedarfsfaktor nicht übersehen. Du musst dich stets fragen, ob es einen Markt für die Jobs gibt, die dich interessieren. Ist die Nachfrage gering, solltest du prüfen, ob es Alternativen gibt, die erfolgversprechender sind, und bei denen du ebenfalls deine Fähigkeiten einsetzen und etwas Interessantes lernen kannst. Mit ein bisschen Engagement können Schüler und Studenten wahrscheinlich tatsächlich eine Tätigkeit finden, die nicht nur gute Einstellungsaussichten verspricht, sondern ihnen auch Freude bereitet.

Viele der freien Jobs stammen aus dem MINT-Bereich. MINT ist ein Akronym für Mathematik, Informatik, Naturwissenschaft

> »Wir werden glücklicher, viel glücklicher, wenn wir erkennen, dass das Leben eine Gelegenheit ist und keine Verpflichtung.«
> MARY AUGUSTINE GIESEN

und Technik. Seit Jahren fordern Arbeitgeber aus dem Hightechsektor mehr Studenten aus diesen Fachgebieten. Unglücklicherweise sind Absolventen der entsprechenden Studiengänge immer noch Mangelware, während Studenten aus anderen Ländern sich auf diese Fächer durchaus spezialisieren. Diese gut ausgebildeten Fachkräfte arbeiten hierzulande in jenen hoch technisierten, gut bezahlten MINT-Berufen.

MINT-Fähigkeiten fördern auch die Konjunktur. Man denke nur an die Veränderungen in den Vereinigten Staaten und auf internationaler Ebene, die durch den Boom in der Automobilindustrie der Fünfzigerjahre und in den Jahrzehnten nach der Entwicklung der Silicon-Valley-Mikrochips erfolgten. Wenn sich ein neuer Wirtschaftszweig auftut, werden direkt oder indirekt auch Millionen neuer Jobs geschaffen. Je weniger Schüler aus allen Schulformen mit den Grundlagen der Naturwissenschaften vertraut gemacht werden, umso mehr hinken die Wirtschaft und Jobmaschine der westlichen Welt hinterher.

Auch wenn Quantenphysik, anorganische Chemie oder die höheren Weihen der Trigonometrie nicht deine stärksten Fächer sind, solltest du zweierlei bedenken.

1. Schwächen in Mathematik oder den Naturwissenschaften können darauf hinweisen, dass dir der Stoff nicht richtig vermittelt wurde. Wenn du an MINT-Karrieren interessiert bist, diese Fächer aber eigentlich nicht zu deinen Stärken zählen, dann such dir einen Tutor oder nimm Nachhilfe. Die meisten Schüler interessieren sich durchaus für Mathematik und Naturwissenschaften, scheitern letztlich aber an Verständnisschwierigkeiten. Wird ihnen Mathematik so nahegebracht, dass sie sie nachvollziehen können, verstehen auch »unbegabte« Schüler den Stoff oft mühelos.

2. Selbst wenn du nie wirklich ein Technik-Freak wirst, kann ein Fachgebiet, das ökonomisch wächst, auch für dich gute Joboptionen bieten. In einer erfolgreichen Hightechfirma beispielsweise existieren auch unzählige nichttechnische Berufe. Ob in einem hoch modernen Forschungszentrum, einer hoch technisierten Fabrik oder in einem Multiblock-Rechenzentrum der Universität: Es gibt viele nichtwissenschaftliche Berufe vom Experten bis hin zum Arbeiter. Irgendjemand im Unternehmen verfasst die Marketingbroschüren, kümmert sich um die Buchhaltung, säubert die Büros, sorgt für die Sicherheit im Unternehmen, gibt juristischen Rat, repariert die Stromleitungen oder das Heizungs- und Klimaanlagensystem, betreibt die Cafeteria, designt effizienten Arbeitsraum und so weiter.

»Dauerhaft« ist ein ähnlicher Begriff wie »nachhaltig«. Etwas Dauerhaftes kann ohne Schaden lange überleben. So haben Schüler und Studenten, die sich auf die MINT-Fächer konzentrieren, gute Chancen auf eine dauerhafte Karriere. Natürlich lässt sich die Zukunft nur schwer voraussagen. Aber dennoch hat die Erfahrung gezeigt, dass auch weiterhin neue Technologien entstehen werden, die sich nicht nur als Jobmotor erweisen, sondern auch den Finanzmarkt und die Wirtschaft positiv beeinflussen.

Weitere Informationen

Gib den Begriff MINT-Berufe in deine Suchmaschine ein, und du erhältst jede Menge Links. Wir wollen dir hier vor allem die Websites www.arbeitsagentur.de und www.planet-beruf.de ans Herz legen.

Du willst auf die Uni?

Als Schüler der Oberstufe hältst du dich vermutlich für einen bewussten und klugen Konsumenten. Bevor du etwas kaufst, vergleichst du die Preise und überzeugst dich von einem guten Preis-Leistungs-Verhältnis. Mit deinen Freunden tauschst du dich regelmäßig über Schnäppchen und gute Gelegenheiten aus.

Wusstest du, dass der Bachelor-Abschluss von 40 000 bis zu 90 000 Euro kosten kann? Eine akademische Ausbildung ist vielleicht das Teuerste, was du in deinem Leben bisher je erworben hast.

Um eine Universität zu wählen, die gut für dich ist, solltest du also auf jeden Fall deine Fähigkeit als kritischer Konsument in die Waagschale werfen. Für eine gute Entscheidung musst du Folgendes wissen:

1. Brauche ich überhaupt einen Abschluss?

Eine Ausbildung, Zusatzausbildung oder Fortbildungsmaßnahme ist für einen Großteil der heutigen Jobs notwendig. Aber für weniger als 25 Prozent benötigt man tatsächlich einen akademischen Abschluss. Natürlich gibt es Berufe, die ohne Studium nicht denkbar sind. Hast du dich wirklich für so einen Job entschieden? Du kannst nicht davon ausgehen, dass ein Universitätsabschluss dir automatisch eine Stelle sichert. Wenn du dich täuschst, dann hast du nicht nur mehrere Zehntausend Euro, sondern auch einige Jahre deines Lebens vergeudet. Unterhalte dich mit fünf oder sechs Menschen, die genau den Beruf ausüben, von dem du träumst. Finde heraus, ob eine akademische Ausbildung tatsächlich notwendig ist. Wenn ja, dann können die Betreffenden dir vielleicht Unis empfehlen, die über außergewöhnliche Lehrstühle oder Programme verfügen, die dich im Studium nach vorn bringen.

2. Was kann ich mir leisten?

Nur etwa ein Drittel aller Studenten absolviert das Studium (also Bachelor- und Master-Studium) innerhalb der Regelstudienzeit. Die meisten studieren erheblich länger. (So wird zum Beispiel die Regelstudienzeit für den Diplom-Studiengang Volkswirtschaftslehre an der Universität Köln mit neun Semestern angegeben – die durchschnittliche Zeit beträgt jedoch 15,8 Semester.) Wenn du nebenher arbeiten musst oder nicht die richtigen Kurse belegen kannst, brauchst du allein schon für den Bachelor-Studiengang acht Semester, also vier Jahre. Wer geschickt wirtschaftet, kann zum Beispiel bis dahin an einer weniger kostspieligen Uni, an der keine Studiengebühren anfallen, oder im Osten des Landes, wo die Lebenshaltungskosten deutlich geringer sind, studieren und erst für den Master-Studiengang auf eine renommiertere Hochschule wechseln. Noch besser: Lerne zunächst ein begehrtes Handwerk, mit dem du dich und dein Studium finanzieren kannst, ohne ein Studiendarlehen aufnehmen zu müssen.

3. Wie kann ich eine Überschuldung vermeiden?

Laut KfW liegt die Höhe der durchschnittlichen Verschuldung eines Studenten nach dem Examen bei etwa 30 000 Euro. Private Kredite können die Schulden sogar noch stärker in die Höhe treiben. Deine Gesamtschuld sollte nicht mehr als zwei Drittel deines mutmaßlichen Anfangsgehalts betragen, sonst kannst du später deine Rechnungen nicht zahlen. Eine hohe Verschuldung ist nicht nur stressig, sondern kann auch deine beruflichen Möglichkeiten einschränken.

4. Welche Universitäten bieten Studiengänge mit hohem Praxisbezug an?

Arbeitgeber stellen besonders gerne solche Kandidaten ein, die schnell produktiv werden können. Praktika, Berufsakademien mit dualen Studiengängen, Service Learning (eine didaktische Methode, bei der das Studium an der Universität mit konkreten praktischen Projekten verquickt wird), Business Partnerships von Lehrstühlen und Unternehmen bzw. Wirtschaftsverbänden, Praktika oder Traineeprogramme im Ausland sowie Auslandssemester erhöhen deine Chancen auf dem Arbeitsmarkt. Wenn du bei einem Radiosender auf dem Campus oder einer Universitätszeitung arbeiten willst oder eine andere coole Tätigkeit deinen Referenzen hinzufügen willst, solltest du dir auf jeden Fall vor Augen führen, dass derlei Gelegenheiten sich an renommierten Hochschulen deutlich seltener ergeben.

5. Welche Universität bietet die besten Zusatzkurse an?

Endlich nicht mehr zu Hause zu wohnen ist ein aufregendes Erlebnis. Doch es kann ganz schön anstrengend sein, 24 Stunden am Tag mit Fremden zusammenzuleben, deren Gewohnheiten und Wertvorstellungen sich von deinen eigenen so sehr unterscheiden. Ein »briefmarkengroßes« Zimmer mit jemand anders zu teilen kann ebenfalls eine Herausforderung darstellen. Halte also nach Hochschulen Ausschau, die Zusatzkurse zum Thema wissenschaftliches Arbeiten, Selbstorganisation, Konfliktlösungsstrategien und Zeitmanagement anbieten. Durch derlei Veranstaltungen kannst du dir einen Überblick über Führungsqualitäten und Teamfähigkeit verschaffen und erhältst Einblicke, welche universitären Organisationen, Verbände oder Verbindungen es gibt, an die du dich gegebenenfalls wenden könntest.

Und vergiss nicht, auch bei deiner Arbeitsagentur vorstellig zu werden. Wenn du nicht weißt, welchen Job du nach dem Examen ergreifen kannst oder du vor dem Studium erst einmal arbeiten willst, benötigst du einen kompetenten Karriereberater.

Danksagungen

Ich danke von Herzen allen, die mir bei diesem Buch geholfen haben, insbesondere aber folgenden Menschen:

Phil Wood, weil er bei mir anrief und mich fragte, ob ich an einer Neufassung des englischen Originals *Was ist dein Ding? Einfach deinen Traumjob finden – durchstarten zum Traumjob für Teenager* Interesse hätte. Richard N. Bolles, der das Original, *Durchstarten zum Traumjob*, schrieb und dadurch zahllosen Menschen – ich selbst gehöre ebenfalls dazu – half, einen Job zu finden, den sie lieben. Winifred Wood, weil sie den Grundstein für dieses Buch legte. Außerdem danke ich Lily Binns, der Lektorin der ersten Ausgabe, sowie Lisa Westmoreland, die als Lektorin die zweite Auflage bearbeitete. Die beiden sind einfach die Besten, wenn es darum geht, Katzen oder Autoren zu betreuen. Lisa hat wirklich ein Händchen für Manuskripte. Die Zusammenarbeit mit ihr ist stets ein Vergnügen. Kristi Hein danke ich für ihre hervorragende Redaktion (ich bewundere ihre Fähigkeiten). Betsy Stromberg, die als Grafikerin für ein cooles Cover und eine ansprechende Gestaltung des Buches sorgte. Mein Dank gilt auch dem gesamten Team von Ten Speed/Random House, das für Design, Produktion, Publikation, Marketing, Verkauf sowie den weltweiten Vertrieb dieses Buches zuständig ist. Gemeinsam haben wir eine wunderbare Grundlage geschaffen, auf deren Basis Teenager ihren beruflichen Werdegang planen können. Ferner danke ich meinen Kollegen Jim Cassio, Sue Cullen, Rich Feller, Tanya Gilbert, Letta Hlavechek, Jim Kell, Tom Jackson, Brian McIvor, Marty Nemko, Daniel Porot, Patti Wilson und Robin Roman Wright, deren Anregungen mir sehr weitergeholfen haben. Danke, dass Sie alle mich an Ihren Gedanken teilhaben ließen. Mein Dank gilt zudem David Maxwell, dem Vorsitzenden der Wirtschaftsabteilung an der Ernest Righetti High School; sowie Jeff Stein und Matt Aydelott, die das Personalförderungsprojekt am Cuesta College leiten. Außerdem möchte ich Professor Jim Howland erwähnen, der das Technical/Professional Writing Program an der California Polytechnic State University in San Luis Obispo leitet, wo man mir die Zusammenarbeit mit den dortigen Studenten ermöglichte. Danke auch an die unzähligen Jugendlichen und jungen Erwachsenen, die ihre Erkenntnisse, Hoffnungen und Ängste mit mir teilten. Ich danke auch Cynthia Campbell, die eine fürsorgliche und einfühlsame Freundin war und immer genau wusste, wann es Zeit war, mich mal wieder anzurufen. Lieben Dank auch an Muriel Christen-Jones, meine Mutter, weil sie dieses Projekt und mich selbst so bedingungslos unterstützte. Ferner danke ich Dr. Serena Brewer, meiner Tochter, für die ständige Ermutigung. (Sie war stets da, um mich aufzufangen, wenn ich drohte zu fallen). Auch danke ich ihr für das Brainstorming, dafür, dass sie mir Zugang zu ihrem weltweiten Netzwerk gewährte, und – was am wichtigsten ist – weil sie sich die Zeit nahm, um einen beruflichen Weg einzuschlagen, der sie befriedigt. Schließlich und endlich gilt unendlicher Dank meinem besten Freund und liebevollen Ehemann, Joe Risser, für unzählige Tassen Tee. Du warst ein Fels in der Brandung, mit dir konnte ich jeden Gedanken ausdiskutieren, und du hast dafür gesorgt, dass CR Farms weiterlief, während ich mit anderen Dingen beschäftigt war. Deine Liebe ist mein Sicherheitsnetz.

In tiefer Dankbarkeit,
Carol Christen

Über die Autoren

Carol Christen arbeitet seit 1979 als Karriereberaterin. Als solche leitet sie Weiterbildungsmaßnahmen zum Thema Lebens- und Arbeitsplanung. Außerdem vermittelt sie Einzelkandidaten und Gruppen die Fähigkeiten zur Jobsuche, wobei sie sich auf die Arbeit mit Jugendlichen spezialisiert hat. Dabei nutzt sie international anerkannte Techniken. Insbesondere stützt sie sich auf Bolles' international anerkanntes Standardwerk *Durchstarten zum Traumjob*. Durch ihre Recherchen für die neueste Ausgabe dieses Buches ist Carol zu der Überzeugung gelangt, dass die Suche nach einem geeigneten beruflichen Werdegang für Jugendliche früher beginnen muss, damit die Jugendlichen die richtige Reife und gute Noten erlangen. Immerhin brauchen junge Erwachsene fast ein Jahrzehnt, um sich vom orientierungslosen Heranwachsenden zum etablierten, reifen Berufstätigen zu entwickeln. Was spricht also dagegen, schon im Alter von 15 Jahren mit der Berufsfindung zu beginnen? Immer wieder stellt sie sich die Frage: »Kann gute Planung Nachteile haben?« Mit ihrem Mann lebt Carol auf einem kleinen Bauernhof an der Zentralküste Kaliforniens. Dort züchtet sie bunte Blumen und bunte Hühner, die jede Menge bunte Eier legen. Wenn du Kontakt zu ihr aufnehmen willst, dann über ihre Website: www.carolchristen.com.

Richard N. Bolles ist seit 35 Jahren einer der führenden und prominentesten Köpfe auf dem Gebiet der Karriere- und Lebensplanung. Er studierte zunächst Chemische Verfahrenstechnik am MIT, dann Physik in Harvard, wo er sein Examen cum laude ablegte. In New York City absolvierte er ein Theologiestudium mit dem Schwerpunkt Neues Testament am Theologischen Seminar in New York City, wo er seinen Master machte. Zweimal wurde ihm die Ehrendoktorwürde angetragen, er ist ein Mitglied von MENSA, dem internationalen Dachverband für Menschen mit hohem Intelligenzquotienten, und ist im amerikanischen *Who's Who* ebenso verzeichnet wie im internationalen. Mit seiner Frau Marci wohnt er derzeit in der San Francisco Bay. Du kannst auch zu ihm über seine Website Kontakt aufnehmen, www.jobhuntersbible.com.

Jean M. Blomquist ist freiberufliche Redakteurin und Autorin mit Erfahrung im Bereich Studienberatung.